温州市文史研究馆　出品

籀园守门人

梅冷生

卢礼阳　编

温州学人印象丛书

文匯出版社

出版说明

在温州五千年的文明史进程中，涌现了一批载入史册的文化名人，正所谓“人物满东瓯”“永嘉前辈读书多”。这些人物在各自的领域推动了社会的发展、历史的进步。尤其晚清民国以来，温州人积极融入改革开放的历史变局，出现了多个知识群体，促进了中国现代化进程。

“一方水土养一方人。”这些人物成长，离不开温州这片土地的滋养。“东瓯人物”“永嘉前辈”烙着深深的温州文化印记。

为了加强温州历史文化名人研究，温州市文史研究馆策划出版“温州学人印象丛书”。这套丛书的研究对象以近现代学人为主，一人一册，收集回忆纪念该人物的“三亲”文章，原则上不收论文式的研究文章，突出史料性、系统性、可读性，以合乎“印象”之义，乃别样的人物传记。

文化名人是一座城市重要的软实力，希望通过这套“温州学人印象丛书”的出版，能为助力温州文化建设、传播温州良好城市形象贡献力量。让我们一起努力。

温州市文史研究馆

二〇二一年十月

青年梅冷生

老年梅冷生

籀园（邵度摄）

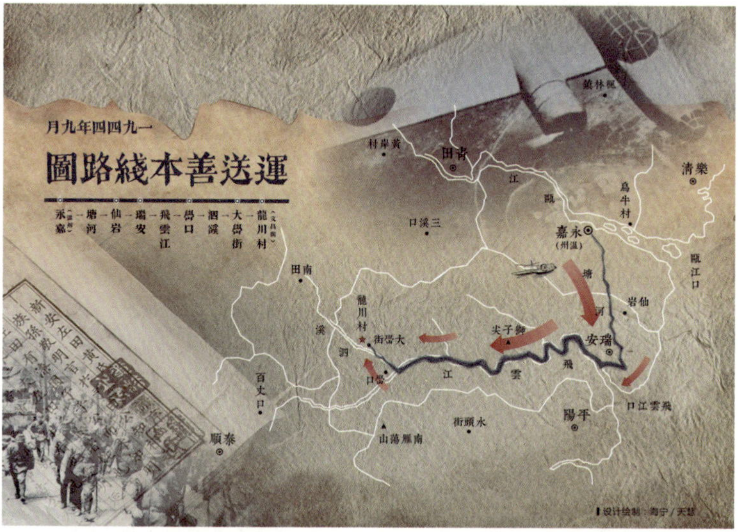

运送善本线路图（一九四四年）　曾海宁　赵天慧 绘

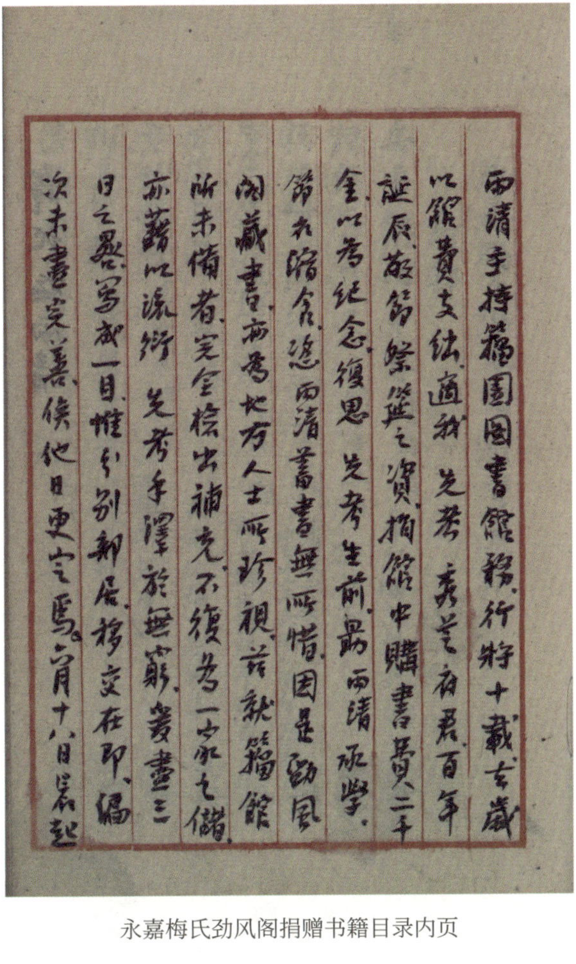

西清手持籀園圖書館務，行將十載，去歲以館費支絀，適我　先考　壽登百年誕辰，敬節祭筵之資，捐館中購書費二千金以為紀念。復思　先考生前，勗西清求學，節衣縮食，遺西清叢書無所惜，因是勁風閣藏書亦為地方人士所珍視。茲就籀館所未備者，完全檢出補充，不復為一家之儲，亦藉以流衍　先考手澤於無窮。爰盡三日之晷，寫成一目，惟分別部居，移交在即，編次未盡完善，俟他日更定焉。六月十八日晨起

永嘉梅氏劲风阁捐赠书籍目录内页

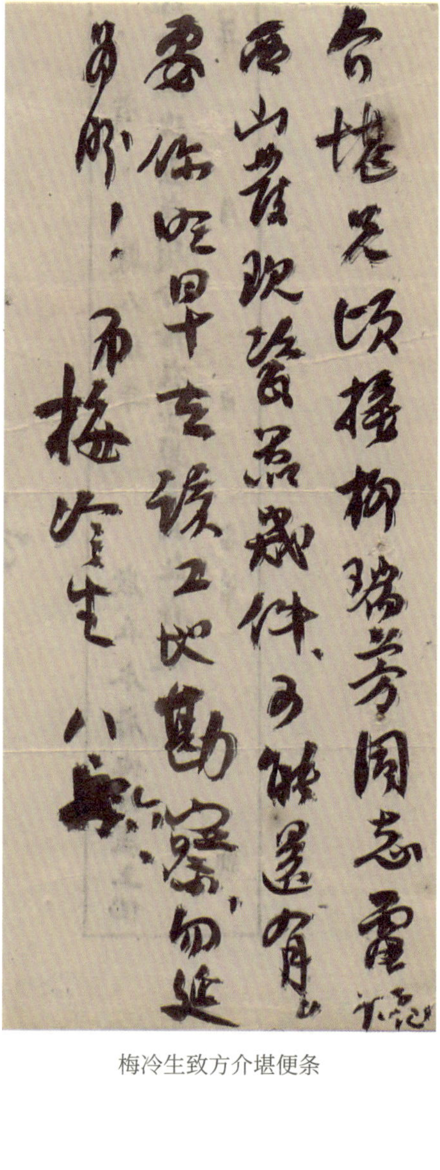

梅冷生致方介堪便条

目　录

天遣的文化使者
——记梅冷生先生

冯增荣

梅冷生先生辞世已三十二年了。温州市图书馆的同志让我写一篇有关梅先生的文章，自然是我无可推却也是不应推却的。

在梅先生去世十周年纪念之时，我写过一首诗：“十年悲怆籀园情，辞世犹留愤世声。海上惊涛师石激，学中遗老楷模兴。梅生寒岁梅偏发，人醉书香人亦馨。信是生命须臾物，敢凭铁砚四时青。”

诗很粗糙，也不记得有否公开发表过，但感情是真的。从诗中不难看出，出于对梅先生的敬重，我对文化专制主义有自己的理解、愤慨和反思。现在，我们国家强调民主法治，文化专制主义应当成为陈迹，被国人彻底抛弃了吧。可是梅先生已经看不见了。

梅先生是饱学之士，他对我们民族传统文化有至爱，并有很深的造诣。我不知道那祸国殃民的文化专制主义对他有没有直接的侵扰和加害，但可断言，他精神上的压抑、困惑和痛苦一定是十分深重的。

记得有人说过，人的境况，追根溯源是精神的境况；而人的价值首先在于思想。“文革”期间，文化专制已造其极，时属梅先生晚年，沉疴卧床。据说，他竟然直面所谓“红色恐怖”，破例吟唱不辍，出现其旧体诗词创作的高潮。这是多么令人惊诧和赞赏的举动啊。为了建构自己需要的精神境况和生存状态，以诗词为滋养枯涸心灵的甘露，那是良知未泯的老一代知识分子生命的需要，同时，恐怕更是梅老对多年思想高压的反抗吧。我想，一向大度的梅先生是被激怒了，他以最后一点生命的能量，拼力向文化专制主义掷出有生以来的第一枚投枪。这是梅先生和像他这样的中国知识分子的可贵之处。他们这种磅礴的永不衰败的精神，不正是我们伟大的中华民族之魂吗？

梅先生生于一八九五年，无愧是功在桑梓的乡贤前辈，自一九四一年以来，担任温州市图书馆（解放前称籀园图书馆）馆长达三十五年之久，尽心竭力，乐此不疲，贡献之巨，无可估量。他呀，似乎是天遣的文化使者呢。与其说图书馆工作是他自愿献身的事业，毋宁说是他生命的因子和生存的方式，图书馆离不开他，他也离不开图书馆了。图书馆本来就是一个城市的文化的标志。那时，社会文化机构不多，图书馆自然居于重要的地方文化中心，传播文化，启迪民众，造就学人，厥功甚伟。我想，无可置疑，梅先生这位天遣的文化使者默默地奉献，泽被乡里，实为温州学人之幸，温州之幸！

我年轻时候，在温州中学就读，随后在城区从事党的地下工作，其时正值梅先生接任图书馆长不久。我最爱去的地方就是籀园，我常到那里借阅革命理论书籍，也就是红色书籍，我还带动别的进步同学也去借这一类书。这是因为民族危亡的严峻形势，促使我们关心国事，探究救亡之道和革命的前途。我们知道唯有知识才能解惑和给我们力量，我们人虽小，而志向却很大。我们惊喜地发现，馆内此类图书存量颇巨，我们如获宝藏。据此足可证明梅先生思想的开明，学术眼光的弘博，以及办馆方针的正确了。先生年近半百，体态魁伟，宽衣博带，笑容可掬，曾几次亲自为我这个小读者取书，笑问：看得懂吗？在他的微笑里，隐隐地含着关切和赞赏。他那真情而慈善的笑容，令我毕生难忘。

建国初，我曾在温州当了三年文教局长。说来惭愧，我大半时日均耗于各种纷至沓来的政治运动，先与市委宣传部长高光一块搞宗教改革和取缔圣母军，接着是“镇反”和“三反”等等，其间为搞中学教师思想改造和教学改革试点，又在温州市中（即现温二中）待了一年。当我再次见到老馆长时，他已是年近六旬的老人了，但风度依旧，笑貌依旧，优雅豁达以至幽默也依旧，而操办图书文化事业的热诚则有增无减。当他得知我是他十年前的小读者时，更是喜不自胜，笑语盈室，倍感亲切。其时，国家拮据，用于文化建设的钱更是少得可怜。梅先生本人为图书馆捐书至为慷慨，扩展图书馆之心也一向很热切，但总是撙节使用那点有限的经费，精心调制他的“少米之炊”。记得有一次为了要购置一批新书，实在缺钱，不得已才跑来找我，我问他需要多少，他没多要，只要了四百多元，而且高高兴兴地走了。多年之后，我每忆及此事，仍然自责不已，虽然照批，但给的钱实在太少了。

在我的记忆中，老馆长有一点让人感到特别可爱的地方，那是不少人很难企及的。这就是心中无私，有长者之风和蓬勃向上之心，而决无倚老卖老、因循守旧之意；事必躬亲，但又大胆放手，从善如流。当年，随着图书馆业务的不断扩展，先后调派进了一些有图书馆学专业知识的干部。梅先生真情欢迎他们，认真听取他们的合理建议，充分发挥他们的专长并大力支持他们工作。于是，在他善为主持和新老骨干同心协力下，馆内各项改革工作进行得很顺利，图书的管理和流通更加科学合理，旧馆换新貌，图书馆的作用得到了更好的发挥。

温州文化积淀深厚，自古多文人名士，可说是群星璀璨，光照千秋。当时温州，有梅先生，还有刘景晨先生、方介堪先生等耆宿，对于他们，我是很敬重的。但是，回想起来，那时的敬重似只停留在统战的层面上，因为那时我所热衷的是苏联的一切，读的也是苏联的书，学习苏联压倒一切。对于传统文化往往轻视甚至忽视，现在检讨起来，实质上是一种民族虚无主义的态度。其实，这也是当年革命青年的通病。如溯其源，不知是否五四运动时期打倒孔家店的后遗症?非常遗憾，由于自己的幼稚和时代影响，我终于错失了向梅老等乡贤求教的机会。我人生的憾事不可计数，常教我仰天长叹，追悔莫及，此其一也。写到这里，不由我不由衷地想到了我的同学潘国存兄。为了抗日救亡，我们曾一同参加中华民族解放先锋队，他后去图书馆工作，追随梅先生多年，崇尚学术，钻研业务，学有所成，学术滋润和改写了他的人生，始终令我羡慕和赞叹不绝。由此，我们也就不难看出梅先生无可替代的作用和不能低估的价值了。

梅先生这位天遣的文化使者已经远去了，但他珍视知识，以知识养育人才的精神和理想应该永存！

二〇〇八年四月四日清明于杭州

原载《温州读书报》二〇〇八年第四期，收入《瓯歌二集——温州读书报文选》，温州读书报编辑室编，上海远东出版社二〇一四年十二月版，153至156页。

梅冷生先生传

胡福畴

吾温晚近不乏以诗文名世者，梅先生冷生其一也。先生名雨清，以字行。少颖异，稍长则与同里夏承焘、陈仲陶等组文学团体曰“慎社”，以文章气节相砥砺，并同从半樱词人吴兴林铁尊游。其所作词，林氏亟赏之，谓能得周草窗之神髓。番禺叶恭绰辑刊《广箧中词》，亦加选录焉。

先生早即殚心乡学，尝与里闬诸老宿合力征集乡邦文献，搜残访佚，雪纂露抄，历时两稔，先后征得乡先哲遗著凡四百馀种，多未刻之稿本，或刻而板已绝者。是皆前人心血所萃，乡国文化所系，不有先生等为之网罗珍护，厥后几历沧桑，其能免于五厄也几希！

籀园图书馆，即今温州市图书馆前身，系昔年旧温属六邑士民为纪念乡先哲、晚清朴学大师孙籀庼而设者也。建馆以还，先生从旁力加匡助，屡为计议，向各方征书，因而瑞安黄仲弢后人以其家蔘绥阁所藏万卷古籍悉数慨赠，继之吴兴刘承幹、海盐张元济、馀杭徐珂等海内名宿亦皆以其所刻所藏之佳椠纷纷寄贻。自此籀园藏书日富，植根乃固。迨先生接充馆长，则更惨淡经营，不遗馀力。其时适值抗战军兴，日寇迭侵温境，邑人四散避寇，道路流离。先生亲督人将藏书善本图书辗转移置山区。敌骑所至，邑人身家生命财产多遭蹂躏，而籀园数万缥缃，终获保全，无一亡缺。先生维护之功，殊不可没也。

洎乎解放，先生极为感奋，虽年将周甲而工作弥勤。未几，农村厉行土改，先生为收取地主藏书，下乡奔走，不辞劳瘁，穷搜博取，满载而归。馆藏古籍因又激增。古籍多线装，久置易遭蠹蚀霉腐，先生爱之若性命，频加检理，人或以为琐屑，而先生乐此不疲。尤热忱奖掖后学，其能笃志向学而处境屯困者，提携之唯恐或后。向之借书或问字，无不一一餍其望。故邑中士子得其助而于学卓然有所成者，实繁有徒。馆藏古籍虽连楹充栋，然迄无较完善之藏目。先生乃昕夕编摩，厘别部居，以古稀之年，积数岁之功，辑成《馆藏古书目录》十大本，录书凡一万五千馀种，都十四万馀册。尚有部分古籍，先生已作卡片，未及续编，终以病痹而中辍。而病中犹惦记不已，复令哲嗣之芳，不计酬劳，按卡片登录续成之。

先生博闻强记，平日涉猎群籍，所见有关吾温遗闻轶事至为繁夥，且多为乡乘失载或语焉不详者。皆悉心摭拾，央人誊录，并手自一一校点，编为《温州区地方史资料》，分类成帙，积帙盈尺。是不惟可供异日纂辑地方志之采择，尤可资为从事乡里四化建设之参考。奈其后亦以病而弗能赓续成编以竟其志，至可憾也。先生家有藏书楼曰“劲风阁”，所藏清人诗文集最为繁富，解放悉献充馆藏。

先生病痹后，一榻偃卧，十载缠绵。人或不能堪，而先生安之若素，伏枕读书，习以为常，吟事未斯须或废。常邀集朋侣，列坐榻前，煮茗谈艺，刻烛联吟。

先生觅句枕边，得诗反多于病前，从知其襟怀之旷达，神思之绵邈，与夫意志之坚毅，诚有非常人所能及者。卒以病久弗瘳，而于一九七六年七月归道山，享年八旬有一。其平素所作诗文大多散佚，尝自言诗句可传者，仅“微阳温落叶，残水答疏钟”一联而已。

先生卧病之日，正“四凶”猖獗之时。怵目世变，先生惄焉心伤，尝用明季抗清志士钱肃乐登孤屿谒文天祥祠堂词原韵，作《沁园春》以寄慨曰：“怅腥膻虽涤，举国犹狂。”其时予每往视疾，先生辄以晚清乡先辈孙衣言所云“务为有本之学”一语，予谓：“世事如斯，治学奚为?”先生复正色忠告曰：“子当为举世不为之学。”今者“四凶”翦除，学术昌明，先生畴昔之言果已应验。回首前尘，殊令人折服先生之能高瞻远瞩，谈言微中，深悔己之未能遵其教而徒自蹉跎岁月也。

先生待人以诚。其友平阳苏渊雷、乐清吴天五二先生皆博学工诗之名家，不意一九五七年间并遭贬遣。先生独不避时忌，怀之以诗曰：“琼楼玉宇逐臣心，斫桂人从谪籍寻。苏子吴郎南北雁，天风鸾鹤闷清音。”爱友怜才，一往情深。今二先生已沐恩昭雪，而先生墓有宿草，不留老眼以待天风鸾鹤重振清音于十年浩劫之后，呜呼痛哉！

小子不文，何足以传先生。惟曾谬承忘年下交，长逾卅载，于其平生行谊知之较稔，故不辞谫陋而为之传。

一九八一年岁次辛酉夏月，后学胡福畴谨撰。

原载《劲风阁遗稿》卷首，收入《温州文史资料》第七辑，温州市政协文史资料委员会编，一九九一年十二月铅印本，248 至 252 页。

梅冷生颂

汪远涵

在温州现代老知识分子中，对乡邦文教事业最具有献身精神的有金嵘轩先生、梅冷生先生等先辈人物。金老为温州中学，梅老为温州图书馆，都倾出了自己全部的精力。

在梅老之前，有好几位馆长尽管经纶满腹，但仅把籀园当作藏书楼，并不重视图书出借工作。当初书库以及管理员都高踞楼上，借书者要填好借书单放在一个垂下来的藤斗中，打铃通知管理人。藤斗被拉上去，过了好久，方才把书找到放下来。一天到晚虽不是门可罗雀，但实在很少有人光顾。

抗战期间，孙孟晋先生与梅老先后任馆长职，才把这个籀园图书馆，作了番改革，让藏书楼改成有吸引力的图书馆。首先将借书处与一部分新书迁移到楼下，让管理员和借书者见了面，给读者很大方便。而且管理人员也改由几位肯认真负责的青年人担任，以前高居楼台的老先生自动告退了。

当时图书馆除了若干亩涂田之外，经常费极少。梅老枵腹从公，还要到处奔走，设法筹款。求爷爷、告奶奶，好不容易弄得一些钱来添购新书。在此之前，馆内很少购备新书刊。

图书工作搞得比较像样了，梅老还经常邀请外地来温的学人开设讲坛。在解放前的温州，这种传播文化的活动是比较新鲜的事。他还极注重征求与保存乡邦文物资料，他曾亲自主持重印《永嘉县志》。

梅老是诗人，是学者，造诣之深，钻研之勤，人所难能。他在生命的最后，卧床十年，手不释卷；而且病中仍极关心国内外大事，每次晋谒问候，他总要我谈一些时事消息。

他自己对人民作出了贡献，特别尊重各方面对社会有贡献的人。尽管他们当时有过不应有的遭遇，他决不歧视；还曾为“文革”中过早逝去的人作诗悼念，如得悉吴百亨、杨国琛（原一医内科主任）等的亡故消息后，他都倚枕作诗，表达了痛惜与怀念的深情。有所爱，必有所憎，在病榻上听到林彪的死讯，他高兴得像一个小孩子，大笑大叫。

梅老对后辈的遭际极表关切。当时我厄运未退，他一度询及我的境况，我情绪低沉，随口念了一句李义山的诗“他生未卜此生休”。他很不以为然，对我作了批评和劝慰。并几次问我需要读什么书，可以让他设法去借。他也给我以考验的机会。一次他翻阅缪荃荪著作，发现宋朝温州宰相陈宜中的名字，他说不甚稔知陈的为人，嘱我查考一下。恰巧不久前我阅读过《宋史》，曾摘录了陈宜中的事迹，又曾在《指南录》序中读到有关陈宜中的记述，得知文天祥做丞相，可能就是接陈宜中的缺位，而陈宜中则是一个在祖国危难之秋的逃兵，决不能与文天祥相提并论。我把这些资料抄给他，他显得非常高兴。

我感激他在枕畔赠我一首七律，题为《汪远涵见过》，还作了注解。原诗如下：

东南坛坫早蜚声，文笔纵横见老成。
道铎固知今亦重，循墙尚信子能行。
吾鄹遗俗资新镜，真腊兴邦校旧型。
不遗皋比温一席，无端赤舌竟烧城。

《曝书亭集》有《吾鄹镜书跋》。吾鄹系日本某地名，此书即日本旧志。

元时永嘉人周达观有《真腊风土记》。真腊即今日柬埔寨。君前为东南日报记者，熟于外国史事，并善论世界大势。前执教温州师范学院，以谤疑去职，余为扼腕。汪容甫自序："余天谗司命，赤舌烧城。"

前辈对我的过誉实在不敢承受，但对我的关怀厚谊，我将永铭心底。

原载《怀梅集刊》，梅冷生先生纪念会编，一九八六年十二月油印本，20至22页。

停云录（七则）

吴鹭山

永嘉多诗人，而梅劲风（冷生）最负盛名，予识之亦最早。尝邂逅于中表赵氏处，时壁间悬有章太炎篆书“车箱入谷无回路；箭括通天有一门”联语，劲风再四吟讽，而未知谁作。予曰：“此杜子美咏西岳句也。”劲风惊叹，以为烂熟杜诗。翌日，辄承见赠二绝句。其一云：“胸中烂熟杜陵诗，文采风流乍见之。南戒山川尽雁荡，始知晚出独灵奇。”时予方弱冠也。

劲风尝作怀人绝句十数首，戛有金声。王逊庵（敬身）见之，击节叹赏。其中一绝云：“投荒万里逐臣心，斫桂人从谪籍寻。季子吴郎南北雁，天风鸾鹤閟清音。”季子吴郎，即指苏仲翔与予也。仲翔字渊雷，平阳人，工诗，执教华东师大，时亦以言事获咎，调往黑龙江师范学院，故有“投荒”之语。

劲风亦工填词，唯矜持不轻示人。素推服谢邻，每见新作，辄传诵不倦。龙忍寒为朱彊村授砚弟子，颇有词名，劲风则谓忍寒肤浅，不及谢邻远甚。又谓谢邻晚期词较之前期，精警稍逊。皆公论也。

谢邻遭牛蛇之厄，劲风与予亦皆揭帖株连。嗣传谢邻家复被抄，蓄款九万馀，悉冻结不许提取。劲风闻讯，感叹无已。尝于病榻上口占一联云："九万里云抟，存款直超许漱玉；三百年风雅，词名可继朱彝尊。"下联谢邻当之无愧，上联句是戏言，亦见微辞。盖劲风常以谢邻积而不散为未达也。许，永嘉富商。

劲风晚岁患瘫痪症，颠连床笫，苦痛不堪。有一女绿云，四十未字，朝夕侍护，仅免僵陨。昔予过江问疾，劲风怃然曰："龙湫宴坐，此生已无望矣。"以予寄怀诗曾有"迟翁宴坐亭"句也。虽在沈痼，神识未衰。

四十年前，予初识谢邻（夏瞿禅，承焘）于梅劲风（梅冷生）宅中。时劲风有母丧，吊客盈座，谢邻适自杭归，亦来会吊。劲风于缞绖中，特为绍介，曰："二君可契金兰。"予夙闻谢邻名，握手之顷，觉温雅照人，诚所谓珠玉在瓦石间也。遂尔定交。

予尝论永嘉诗人，当以梅劲风、谢邻为二妙。近得王景逊敬身，见以波澜老成，亦时涉理趣，可与梅、夏鼎峙而三矣。今岁初夏予过江，劲风招饮于石坦小楼，景逊亦在座，一见辄袖出见怀诗三绝句，语重心长，殊可感也。景逊为马湛翁及门，故文质皆有可观，晚经沧桑，隐于医以糊口，而吟讽不辍，亦可谓庸中佼佼者。其见怀诗末首云："藕花何日发西泠，珍重埋藏岁几更。散尽黄金居士老，雪飞九夏说无生。"予旧过西湖曲院风荷，有“珍重埋藏花底藕，明年须汝作芳菲”之句，故景逊及之。

《吴鹭山集》，卢礼阳、方韶毅编校，线装书局二〇一三年十二月版，下册，720至721页、707页、725页。

梅冷生先生事略

叶云帆

梅冷生先生（1895—1976），原名雨清，温州市人。出于书香门第，少年曾应清代科举县试。民国，以国学功底深固，善于诗词，颇受瓯海道道尹吴兴林鹍翔的赏识。一九二〇年，他与薛钟斗、宋慈抱、陈仲陶、夏瞿禅等创结“慎社”，提倡继承南宋永嘉学派，以文章气节相砥砺。他曾当过浙江省议会议员，先后在西安和杭州充任省级机关的幕僚，也曾与人合股经商，又分别在故乡各中学兼任过教课，所以他可说是涉足过政、商、学三界。他一生最大的贡献，却是对于地方文献的抢救和籀园图书馆藏书的充实。

一、抢救文献

民国初年，名士冒广生在任瓯海关监督时，收集了我温乡邦文献，辑成《永嘉诗人祠堂丛刻》，板片放在关署（即鹿城区政府现址）内。一九一七年夏，一支军阀部队跨过温州，暂驻该署，为了炊事，打算把《丛刻》板片作为柴烧。先生闻讯后，即挺身而出，与驻军交涉，抢救过来，移藏于籀园内，至今还由文管会保管。温州区首任专员许蟠云和刘景晨先生发起组织“乡先哲遗著征辑委员会”，邀请先生和同仁把四百多种没有刻本的遗著，费了两年时间，抄集校订在一起。光绪八年修的《永嘉县志》早有残缺，一九三四年刘先生又倡议集资补刻，请先生负责校字，他欣然受命，费时八月，终使该县志于次年秋刻板竣工，印刷发行。

先生任籀园图书馆馆长初期，正值抗战高峰。为了避免敌机轰炸或沦陷的浩劫，他曾先后把善本图书迁移到瞿溪严嶂、瑞安高楼、大峃（今属文成）等山区，保全了宝贵的文化遗产。

解放初期，各地展开“土改”运动，文物多被弃毁破坏。先生获悉后，深感痛心，俨然进谒军管会李培南同志，反映情况，请求当局重视和抢救。当局接受意见，转令各地土改队暂加保管，再交由市图书馆接收整理。先生为此披星戴月，废寝忘食，足足忙了好几个月。他还邀请当代金石家方介堪先生协助，同往瑞安、平阳、乐清等县乡区，调查文物散落情况，并立即搜集整理，装运来温，暂放置于籀园内。

由于文物品种繁多，除书籍之外，尚有字画、信札、金石、拓片、陶瓷等，与图书馆业务性质有所不同。先生因与王思本等同志商议，应另设机构，专责保管。经市第四届人代会协商委员会通过，决定组织“温州市文物保管委员会”，由先生充主任，并聘请各县收藏家吴天五、方介堪、孙孟晋、夏鼐、谢磊明等为委员，会址暂设籀园内。后为加强文保工作，原委员会提升入市府编制，改聘刘景晨为主任，先生和方介堪为副主任，并划拨江心屿西塔下兴庆寺为文保会会址。文保会业务由此迅速发展，先生曾及时向夏鼐、郑振铎等反映，得到他们热烈的支持和鼓励。

先生搜罗乡邦文物，不遗馀力；除注意名门旧家之外，甚至对造纸厂、废品站、流动小商贩也不轻易任其漏网放过。明万历年间修纂的《温州府志》，即是由他从废品堆中抢救过来的。在“破四旧”的浪潮中，他已卧病在床，但仍念念不忘地方文献的安危，时为“国宝”的沦亡而痛心疾首。

二、广集图书

早在接任籀园图书馆馆长之前，先生就从事搜集乡贤遗著三百多种，并写成《郡斋征书记》送交籀园。由于他对我温旧藏书了如指掌，在王毓英首任馆长时，他就怂恿王去瑞安，商洽接受黄氏蔘绥阁藏书九千多册。在刘绍宽先生任内，他又助刘发起征书运动，计集得吴兴刘翰怡、张石铭、周梦坡，海盐张菊生，杭县徐仲可诸家的刻本，其中以刘氏嘉业堂的最多。在孙孟晋先生任内，他又助孙把其前人钞本加以校订，交馆保藏；其中大部分为孙氏玉海楼旧藏书籍。

一九四一年二月他自己接任馆长以来，更致力于搜集图书工作，先后计征得永嘉潘鉴宗的“养心寄庐”遗书 5637 册，永嘉黄溯初的“敬乡楼”遗书近万册，瑞安“玉海楼”遗书 22000 册。

抗战胜利时，馆费尚无着落，更谈不到购书。先生于是开动脑筋，向温籍旅沪富商募钞，自称这种手法是“雅打秋风”。如今馆藏《古今图书集成》及《四部丛刊续篇》就是由先生分别劝说李鸿文和王国桐购赠而来的。他自己除把家藏劲风阁图书献馆之外，又在一九四八年将其父诞辰百年祭礼，折费二千金（初期金圆券）资助馆需。

解放后，他通过私人关系，陆续向吕灵士、徐心慧、张慕骞、项永厘、王庭侯等动员，捐赠其家藏书籍。又在当地政府协助下，把瑞安陈介石的“烛见知斋”、平阳吴祁甫的“培英馆”及刘次饶、项慎初、林公铎、戴炳骢等私人藏书，全部抢救过来，移交馆藏。该馆的古籍，从先生接任后至解放初期（1942—1949），短短七年间，就由四万三千册增至十万来册。他以馆为家的忘我精神，确实难能可贵。如今我温之所以能有独立的古籍部馆舍，饮水思源，也不得不归功于先生所奠定的基础。

古籍经先生多方搜集之后，连楹充栋，于是编目工作，就迫不及待。先生以古稀之年躬亲把关，费数载之功，辑成《馆藏古书目录》十大本，录书一万五千馀种，约十四万册。部分已制卡片，不幸以其病笃而中止！

三、发挥功能

有些人认为图书馆是个散闲文人的机构，可有可无；或认为设馆放几本书，是社会的装饰品。对于图书馆的功能，先生非常精辟地在其遗作——《我与籀园图书馆》中概括地说："善藏还要多读，……守旧还要谋新。"所以他任内就向这两方面前进而努力，他除千方百计充实藏书之外，还采取流通书库、巡回阅览、举办学术讲座等措施，藉以促进图书馆的工作和普及文化运动，从而"解决精神食粮饥荒"。

四、乐于助人

温州现代学人，对籀园图书馆都有无限的感情，这主要是由于先生在任时，奖掖后进，乐于助人之故。他一生讲究学问，对友朋能互相切磋，对后学肯多方启发。如一代词宗夏承焘教授早岁在治学过程中，关于搜集资料方面，就赖先生大力支持；有时还和他辨疑析难，使他引为"牙、旷知音"，感念不已。先生对好学的后辈，更是谆谆善诱，热情指导。如亲承謦欬的樊祖鼎、潘国存、郑张尚芳、胡福畴、胡珠生、周梦江以及他的表甥许思言等，就在他的关怀和帮助之下，分别在学术上各有所表现和成就。

五、古道热肠

先生古道热肠，鄙视炎凉世态。对于亲朋好友在蒙冤时期，仍一往情深，关怀如昔。平阳苏渊雷、乐清吴天五、上海许思言等，在风雨滂沱时，先生照旧拳拳致意，写诗寄感或常通音讯。又对王敬身及不才等，每有宴叙，即约邀参加，并不以当时身份关系而有所歧视或顾虑。

六、述而不作

先生才华横溢，学识渊博，不肯轻易撰著；偶有写作，大都随手散弃而不留稿。但他勤于笔记，对我温州人物和地方掌故，平时陆续辑成《温州区地方资料汇编》数十册，可补地方志之不足。又对故乡名胜古迹非常重视，曾手写《温州地方名胜古迹简编》，作了有系统的调查和简介。

早岁所写诗词，幸有少数散见于“慎社”“瓯社”丛刊及叶恭绰所编的《广箧中词》。晚岁卧病，和少数知交反多酬唱，因有不少诗词散见于《劲风楼酬唱集》及《桃花词》中。

一九八三年胡君福畴搜集其遗作，刊成《劲风阁遗稿》一册。

七、结语

先生大半生处于国家民族危难之秋。平时虚怀若谷，常对人说:“觉今是而昨非”，因而淡泊名利，认清形势，终身以保护地方文献、发展优良传统文化为己任。他主持我温图书馆，达三十多年之久，最后虽卧病十载，仍极度关怀地方文献和图书馆工作。同时，他还手不释卷，床头枕边，满是书籍，足见其好学勤读的精神。

先生于一九五六年七月加入民革组织，并被选为民革浙江省第四、五次代表大会代表。在一九五六年十二月又被选为温州市第二届人大常委会委员。从一九五九年十二月至一九六六年四月连续担任政协温州市第二、三届常务委员。

他育有两子三女，长子之荣现仍客居台湾，次子之芳亦为民革成员。长女之华，适瑞安贾家；次女之萼，未婚；三女之英，适南城叶家；现均去世。

原载《怀梅录》，温州市图书馆编，一九九五年十一月铅印本，2 至 4 页，转 13 页，收入《慈云居砖玉集》。

梅翁琐忆

周梦江

刚才听了叶云帆先生关于梅翁冷生先生的生平介绍后，我想简单谈谈梅翁二三事，作为补充。

一、梅翁是个爱馆如家的人。

一九四七年我从台湾回到温州，在籀园的隔壁一家报社任编辑，这时就认识梅翁，但不熟。一九五五年至一九五七年反右前夕，我几乎天天在沧河巷图书馆看书，每到中午，看到梅翁手持两个馒头，边吃边看书，有时巡视书库。我曾问他为什么不回家休息，中饭吃好点。他讲，上午和下午有时开会，有时代管理员收借图书，只有中午有空，借此可以看点馆中新购的书。

一九六一年上半年，我承梅翁雅意，由市文化局出面借用在图书馆，和张宋庼先生一起编《馆藏善本书目》两册。这时我白天晚上都在馆内，当时图书馆为了便于读者阅读，晚上也开放。梅翁这时已是花甲之年，他晚上也来，有时我为检阅善本以备明天编写（讲老实话，我晚上到图书馆去纯粹是自学，不是工作），有时则帮黄东君同志管理。几乎天天如此。检讨古籍部藏书颇丰，且有一些国内少见的善本、手钞本，这些都是梅翁在土改期间设法从瑞安、乐清、文成、平阳、青田等地收集来的。当时有些书到造纸厂当原料，梅翁亲自去一本一本地捡回来。据说今天馆藏所谓孙衣言《叶适年谱》，就是梅翁从卖糖担上买回的（我同意陈穆庵先生意见，这本年谱不可能是孙衣言所撰，请见拙著《几种叶适年谱读后》，杭州大学将出之《徐规先生执教五十周年纪念论文集》）。更难得的是，梅翁青年中年时期家境较佳，他曾自谓“一掷千金无吝色”，但晚年家中不宽裕了。他的劲风阁藏书颇丰，他几乎都送给了市图书馆。他时时说，老人要戒贪。章太炎晚节可议，有的也是受金钱之累。他和章先生之婿某氏是好友，言下不胜感叹。

二、梅翁学识渊博，经史子集无不浏览，特别是对清代文学和温州地方文献更是熟悉。他爱惜人才，培育后进，更是令人感动。

当时王景逊敬身襟丈困厄，他特加青眼。时常对我讲，温州有三位诗人，王景逊、吴天五、苏渊雷是也。吴、苏两先生当时也是所谓错划右派（关于吴先生是否错划，现在记不清），梅翁对他们优礼有加。讲到奖掖后进，我亲身有很深体会。一九五五年前后，我有幸得到他很多帮助，当时我在温四中任教中国古代史，由于少年家贫失学，读书不多。他教导我，你要泛览通史、学术史和书目……。他借给我《清代学术概论》《中国近三百年学术史》《四库全书提要》《资治通鉴》《续通鉴》等书。以后，我一度想看金钱会资料，他借给我《钱虏爰书》和孙衣言、孙锵鸣、黄漱兰以及瑞安另一些人的著作。我从徐规先生学习宋史，他借给我宋代永嘉学者的著作，如周行己《浮沚集》、许景衡《横塘集》、薛季宣《浪语集》、陈傅良《止斋集》和《水心文集》《别集》等等。我今天能粗涉经史，写出《叶适和永嘉学派》《叶适年谱》，校点《浮沚集》和《赵钧〈过来语〉辑录》以及七八十篇发于《中国史研究》、河南大学、杭州师院等学校的论文，饮水思源，可以说都受梅翁之赐。我至今仍记得他一句名言，“你要在学术上作出成就，屁股必须坐平。”今天，我也年届古稀，我要将他这句话转赠给乡亲们。

三、他对乡里掌故，对乡贤特别是那些忠义之士的生平很注意。

当我初读《横塘集》时，顺便浏览《四库提要》，它赞美许景衡“不与贾易诸人嚣争门户”。梅先生告诉我，据余嘉锡《四库提要辨证》，当时许景衡年幼，不可能参与贾易与苏轼争门户之事，又告诉我，《明史》有传的永嘉王瑞楠，应是王瑞旃之误。王氏字圣木，旃是檀香树，当以王瑞旃为是。现在《明史》已加订正，但姚雪垠《李自成》小说在讲到张献忠再度在谷城起义时，开列受贿官员名单，最后大书一笔：“不受献忠贿者，只王瑞楠一人而已。”仍误作王瑞楠。梅翁将“明亡，温州被清兵占领，王瑞旃自杀殉国。王瑞旃遗书，全国仅此一份”存于温州图书馆。梅翁又告诉我，王瑞旃住宅在晏公殿巷人民银行旁边，台门上有“进士第”匾额，解放初期仍在，后不见了。梅翁还讲到林梦龙事迹，认为蝉街林家大屋是他的住宅，江北罗浮是他老家。林梦龙在明亡后，曾在鲁王朱以海下面做幕僚，有“下笔千言”之誉。以后林梦龙回到永嘉城内，受到清兵羞辱，因而起兵反抗。

最后，还应该补充一点。一九六〇年中华书局编辑《水心文集》《别集》，定名《叶适集》，梅翁曾将《水心文集》的孙衣言校点本（由张㭎过录）和孙衣言《水心集校注》两册寄到上海，同时附寄我所拍摄的叶适塑像（今天包括《叶适集》在内的全国有关叶适的论著，都印用这张塑像）。但是编后记中没有提到温州图书馆对他们的帮助。一九八六年我在南京参加中国历史文献研究会年会时，曾因此为之不平，并在同年《中国历史文献研究》（二）的拙文《叶适著作版本及其他》说明此事，这也是梅翁对我们文献的贡献。

原载《怀梅录》，21 至 22 页。

怀念梅老

胡珠生

本年六月中旬，应邀参加章太炎逝世五十周年纪念会。同房间的史莽同志（前省文物局局长）一再谈起梅冷生先生，赞扬他在解放初期收集地方文献、文物的劳绩，委托我向他的后裔问好。碰到华东师大名教授陈旭麓同志，谈话间他首先提到："解放前我在顾廷龙家里碰到温州梅老先生，这人学问渊博，版本很熟，现在可还老健？"为什么梅老的光辉形象深深地印在革命前辈和学者名流的心目中呢？

结合老人对我的教导和帮助，我体会到这决不是偶然的。

一是为征集、保管、整理地方文献付出全部心血。

温州图书馆和博物馆收藏的许多善本书（包括孤本、珍本、钞本、稿本）在全国具有第一流的学术价值，至今已被学者整理发表的有《粤寇纪事诗》《山中草》《李尚扬自述》《过来语》《宋恕日记》《宋恕和章炳麟交往资料》等多种，经过馆际传抄受到全国重视的有《章太炎书札》和《六斋遗诗集》等，而这些重要文献之所以能在学术界受到重视，归根到底都出于梅老的努力。

例如《章太炎书札》四十封，两厚册，北京图书馆和上海图书馆曾抄去一份，汤志钧《章太炎年谱长编》曾多次引录，原系梅老亲往收藏者家中恳劝捐献的。《六斋遗诗集》录古近体诗四百六十四首，诗馀十阕，系梅老委托温圣涵先生整理的，虽然次序间有错乱，篇目又多轻易改动，但在当时（一九五七年）实不失为最完备的《宋恕诗集》。特别是《李尚扬自述》，我的印象最为深刻。当时温州刚经土改，正开展"三反""五反"，古籍无人问津，称斤出售，成车成捆送往收购站、造纸厂，梅老为了抢救祖国文化遗产，常常废寝忘食跟车奔跑，甚至到现场翻检。一天中午，把刚抢救到的一本《存斋偶编》给我。内有石达开、幼天王等自述，我见其中《李尚扬自述》尚未为世所知，便加以笺证，半月后在报上发表，从此李尚扬生平以及金钱会赵启和太平军的具体联系方才得到确实记载。如果没有梅老的努力，《章太炎书札》早已荡然无存，《六斋遗诗集》还得从头开始，《存斋偶编》也都灰飞烟灭了！

我多次到图书馆，不是看见老人手拿鸡毛帚，拂拭着成叠书籍的尘埃，便是看见他给新入藏的古籍编目，许多经过整理的乡邦文献钞本的天地头都有梅老的校语，今天重睹这些手迹，心情久久不能平静。梅老啊！您为地方文献付出的全部心血将永远留在后辈心中。

二是善于发掘人才、培育人才，是温州学者的伯乐。

梅老精熟四部，诗文名家，在温州享有崇高声誉。对后进爱护有加，一语称道，无不引为殊荣。钻研古籍的读者，老人极为关注。通过所借书目、研究专题、过去学历和著述，很快就掌握其特点。他不仅热情地取出书籍，还主动地提供未列借书单的必要资料，这就扩大了后学的眼界，丰富了后学的见闻。自学成家的陈湛若同志是梅老首先发现的，陈读过馆藏大量太平天国文献，梅老就把林大椿的诗集借给他，他在报上介绍了《粤寇纪事诗》，迅即受到学术界的重视，以后他评价了《中国史话》，发表了重要论文多篇，受到人民出版社和河南大学的重视。河大甚至欢迎他去任教。梅老对我的教导和支持尤为切至。当我想搞东瓯古史时，他就介绍了许笃仁的笔记；当我整理《宋恕选集》时，他就陆续不断拿来新发现的资料。清人手稿字迹非常难辨，一旦请教，无不及时解决。我之所以能够粗涉群籍，打开三个学术领域，如果不是老人允许我开架取书、允许我成捆地搬借古籍，是绝对不可能的。我知道这决不是老人对某个人的偏爱，受过老人教益的许多后起之秀（如郑张尚芳等专家学者）都有同样体会。正是这种无私地培育后进的崇高风格永远鼓舞着我们百折不挠地攀登科学高峰。在《青帮史初探》末尾我写过这么几个字："本文写成，得力于……已故梅冷生翁等的支持。敬此致谢，以示不忘！"我相信这绝不只是我一个人的由衷之言！

让梅老的伯乐精神永远发扬光大，使温州学者辈出，名家如林吧！

一九八六年八月

原载《怀梅集刊》，24至27页。

纪念温州市图书馆开馆七十周年
——并追怀梅冷生馆长

林炜然

温州市图书馆的前身——籀园图书馆开馆七十周年了!该馆是温州第一座向整个社会开放,供全市人民利用的文化机构。溯自籀园筹建附设藏书楼以来,规模逐步扩大,庋藏日益宏富,为提高文化水准,扶助学术研究,以至对政治改革、经济建设,直接间接地都起了没法估量的作用。这不能不归功于乡先辈的倡导赞助,和历任馆长的惨淡经营,以及多数馆员的敬业服务。

就我接触较多的古籍方面来说,如刘次饶前辈的全面整理黄氏蔘绥阁赠书,征集刘氏嘉业堂等的大量佳椠;孙孟晋丈的移录玉海楼所有乡先哲遗著,并择要校刊流布,都对乡邦文化留下重要业绩。尤其令人追怀不已,则是故友梅冷生同志。

回忆梅君继任馆长,正当抗日中期极其艰危之际,不数月,温州便遭第一次沦陷。一时骚乱流离,不堪言状。他不暇顾及身家性命,于情势万分慌乱中邀约相知有素的同事,将馆藏善本抢移幽僻处所,加以伪装,才免被发现。敌军撤退,复鉴于日本军国主义者的贪欲成性，虽当戎马倥偬，也不忽略文化掠夺；即在不及掠夺时，还出于忌刻心理，必尽量予以摧毁。而温州濒海，当时防守空虚，随时有被占领的危险。故即多次相度僻远山区，筹划转移。终于择定瑞安龙川（今属文成）独处村外的文昌阁。即督率装箱，亲自押运、庋藏。并由潘国存同志自炊独食，长期株守。以故温州虽续经数次沦陷，但迄于胜利复员，该馆图书终得完好如旧，无稍缺失。

又，当解放后土改之际，各处图书大量流散。梅君不辞劳瘁，以市馆馆长身份，前往各县尽力收集。除以各类图书充实市馆外，并将所遇文物以及其他文献遗存分送市文物、档案两馆（会）保存。其在瑞安，所得尤夥。一时厨柜叠满申明里胡氏大厦楼上。梅君顾念该县文风一直较盛，而玉海、蔘绥两处图书又已尽数捐献省、市。故凡遇市馆已有的版本，包括善本和未刊钞本，都留交该县文物馆。复徇瑞中校长王从廉同志之请，以其余复本充实该校图书馆。人们只知瑞安文物馆已无玉海楼原物，而不知该馆实际集中了该县其余故家的大部精华，并经李孟楚教授和版本学家张宋庼先生编目庋藏。而瑞中图书馆，就重点完全中学设备标准言，古籍实已达到应有尽有的程度。王君退休后也曾予分类编目。所望两处负责同志善加爱护，并适度开放利用，以副梅氏厚意！

另外，还得提明两事。“文革”前，梅君与谈编辑各专类书目时，触及彼此年龄。我即建议，宁早物色继任人员，梅深韪其言。及梅病痹，幸得张宪文同志权理馆事；梅卒，因继其任。此固驾轻就熟，才得胜任愉快。“文革”后，又与张君提及市馆腾出依绿园原址，当时情势原非得已，但沧河巷绝非藏书善地。实则张君久已忧心忡忡，而为此奔走呼吁。拨乱反正，终得市领导特别重视，决定于东郊文化区专建古籍部新楼。

前岁古籍部落成，所有图书都已移进，分别部居，更新架阁。并于高层特辟工场，将残蛀破弊本子分批修补，以利保存。今当开馆七十周年纪念前夕，故不揣九秩髦龄荒疏衰疲，勉缀此文，聊申庆祝微忱！

原载《七十春秋录——温州市图书馆馆庆纪念集》，一九八九年十月印行，35 至 37 页，收入《籀园芳馨》，223 至 224 页。

〔附〕

浙江省瑞安中学致梅冷生函（一九五五年八月八日）

迳启者。你处所收集的各县旧书，前春曾荷拨给我校一部分，旋因我校没有高中，而图书设备特别贫乏，当由我校教师董朴垞、林炜然两先生口头接洽，请将有复本的再拨一部分移付我校应用，曾蒙惠允。

兹闻你处整理这项书籍业已就绪，用由董先生前来接洽分拨事宜，所有应拨书籍并即由董先生接收带校，另备领条奉缴可也。

此致

梅冷生馆长

浙江省瑞安中学启

一九五五年八月八日

温州市图书馆档案，藏书建设类，F 7, 第 60 页。

市中心阅览室创办亲历记

冯　坚

图书馆是我的精神餐馆，早在学生时代，我就与它结下了不解之缘。记得一九四六年七月，我从浙江大学放暑假返里，向温州大学生联谊会（简称“大联”）提出建议：在市中心开办一个报刊阅览室，以便民众在市中心有个阅览报刊的地方。经费可向地方富商殷户募集，办法可与籀园图书馆或民众教育馆联合举办。这个建议被“大联”采纳了，同时推我负责筹办这件事。我对图书工作也饶有兴趣，便欣然同意。

首先要在市中心选择一个地址，先是到鼓楼民众教育馆去看了一下，那里的阅览室被隔得很小，又没桌椅，于是转到五马街国货公司，看到这公司的二楼全是空着，我想，要是这个地方肯借给我们办市中心阅览室，那是多么理想。那天下午，我就以“大联”的名义去找该公司的经理翁来科。那时候，由于“大联”在永嘉学生维护航权，反对英商太古轮船公司“南昌轮”驶温事件中的表现，声誉鹊起，或许是这个原因，翁经理没有拒绝借房，只是说你们为公益事业，应当支持。接着，我们又请籀园图书馆馆长梅冷先生出面再说一说，最后落实了免费借用。

为了筹集经费，八月六日下午，我们邀请本城钱庄、工商界头面人物在五马街味雅菜馆二楼召开座谈会，说明我们举办市中心阅览室的宗旨，要求大家大力支持，慷慨解囊。会上叶志超、杨雨农、叶如舟、吴百亨、王纯侯、邱百川等十余人都在募捐簿上写下了捐款数目，会后依名单一一登门取款，并将该款交与籀园图书馆办理阅览室开张事宜。

八月二十日，“大联”“籀园”合办的市中心阅览室开幕了。这天没有放鞭炮，也没有剪彩仪式，只是在门口贴了一张海报，而民众来参加的却非常踊跃，阅览室里挤满了人，橱架上陈列了《文萃》《民主》《世界知识》《时代》《时与文》《文艺生活》及苏联驻华大使馆赠送的进步刊物，计五十多种。读者抢着阅览，情绪十分热烈。

我们没有发任何阅览证，让读者自由出入，但阅览室里秩序井然，并没有发生喧哗和吵闹的现象，每日陈列的报刊都没有缺少，可见读者很自觉，表现了他们对这个阅览室，也是对我们工作的最大支持。

管理员徐笑中，是籀园图书馆派来的，她工作很负责，每天早出晚归，在酷热的暑天里，在热气腾腾的阅览室内，她独自一人既要看管那么多的报纸杂志，又要照顾好众多的读者，真够她辛苦的。然而，这里没有任何额外的补贴，尽管她汗流浃背，连一根冰条也没有，全是义务劳动，为市民服务。读者每日纷至沓来，络绎不绝，就是给我们最大的安慰。

九月初，我们“大联”学生都要回校上课，市中心阅览室的一切工作，全部由籀园图书馆负责管理。九月底，国货公司二楼要收回自用，阅览室便搬迁到鼓楼街民众教育馆楼上继续开放。到一九四八年年底，由于形势的变化而被迫停办。

市中心阅览室的出现，只不过是温州历史上的一朵小花，微不足道，但反映了四十年代温州社会精神面貌的一个方面。

原载《鹿城文史资料》第九辑，温州市鹿城区政协文史委一九九五年三月铅印本，189 至 195 页，收入《温州市图书馆建馆八十周年纪念集》，一九九九年十一月印行。

记梅冷生先生

杨苏流

一

苏流生也晚，与冷生先生的年龄，相差一大截。虽然认识，但无交情。不过，他是温州一位有名的诗人与饱学的前辈。解放前，瑞安孙孟晋氏任籀园图书馆馆长时组织“永嘉区征辑乡先哲遗著委员会”，他出任委员。孙升省图书馆馆长，他接任馆长，对乡邦文物的征辑收集，做过很多工作，尤其是温州三次沦陷，他为了避免古籍珍本图书落入敌手，千方百计地将图书散藏各处，甚至在危急之间，冒险将图书运到邻县山区，至今得以保存。厥功至伟，有口皆碑。

一九五三年起，我为了谋生一直寄居上海，彼此之间，信息不通。“文革”初期，我突患癌症，手术后，长期休假，得有回乡探亲访友的时间。某一次回乡在挚友胡长庚医生家中，得知他遭劫后卧病在家。可是每日探望他的朋友，济济一堂，大概都是与他气味相投的好友，长庚也是其中的一个。有一次长庚对我说，“冷生知道你在温州”，他的言下之意，要我去看看冷生先生。我对长庚说：“冷生先生家的客人都是诗人墨客，我这个不三不四的人去，没有意思，还是免了罢。”长庚对我只摇头。

后来我在上海，陆续知道冷生先生在“文革”中的遭遇，他是作为反动学术权威受到冲击，被关进“牛棚”，审查批斗，不在话下。当时他年逾七旬，又有多种疾病，在一次批斗后，突然中风，生命垂危，“四凶”的代表不得不把他放出来就医。命虽保存，而全身瘫痪，只得回家治疗，就这样在床上待了将近十年的时间。他死于一九七六年“四凶”覆灭的前夕，没有等到“四凶”彻底完蛋的这一天，这对他来说是一件最大的憾事。不久，温州文化界及党政机关为他举行隆重的追悼会，总算为他平反昭雪，扬眉吐气！

冷生先生既是学者，更是一位诗人，在卧病的十年中，怀着对“四凶”最大的怨愤，与许多志同道合的朋友，用隐晦的笔触，写下了不少谴责“四人帮”的诗篇。这些诗篇，以后都刊载在《劲风楼酬唱集》与《桃花词》里，其气概近似“天安门”祭吊周总理的诗词。尤以《桃花词》诗集中，冷生先生首唱前言，提出“当属冬令，先说春妍”，透露信息。

二

前年我又一次来温，与冷生先生哲嗣之芳晤面，偶然谈起他父亲在病榻上提起我的事。之芳说，他父亲在病榻上提起我是有原因的，因为他风闻我这些年不好的遭遇，表示同情，还惦念我，同时联想到他自己在一九四七年间，担任籀园图书馆馆长任内，为了募捐购书，充实庋藏，亲自到上海向旅沪富商募捐的事。他赴沪募捐之前，曾请我温耆宿刘贞晦先生写信，给上海同乡 ×××。× 某当时是上海“闻人”之一，担任好几个极为重要的职务，还挂名为温州旅沪同乡会会长，既是金融界巨头，又是工商界领袖，更是民意机关的负责人，声名显赫，炙手可热。冷生先生原以为由刘贞晦先生写信介绍，请 × 带头募捐，其他同乡会热烈响应，不料 × 某读了刘老先生的介绍信后，无动于衷，捐助更不必谈了。而其他温州同乡，却慷慨解囊，乐为故乡的文化事业出力。冷生先生受到 × 某这种出人意料的冷遇，极为气愤！回温后，曾向刘老先生面述经过，大骂 × 某一毛不拔，并套用司马迁的一句话“余非亚父，孰与竖子为谋”。

接着，他写了一篇题为《访书日记》的文章，先送温州几家大报刊登。这几家大报均拒不接受，后来送到我任职的《地方新闻》，我报即予发表，有他所作《访书日记》的报纸，由籀园图书馆直接寄给上海这位有名的“闻人”。之芳转述这件近四十年前的事，我早已忘记，而冷生先生却牢记在心，因爱屋及乌，使他对我也留下了一个好印象。

世上没有完人，冷生先生也如此。但他对温州的文化事业，不论在抗战前与抗战中，以及在解放后，确确实实做过很多工作，作出不可磨灭的贡献。至于他在学术方面的成就，尤其在旧体诗词方面的造诣，留下许许多多的作品，有些名句，至今还在人们中间传诵，成为温州文坛的宝贵财富。这决不是我的溢美之词。

另外，他敢于作文痛骂那些一毛不拔的所谓名流阔佬的硬骨头精神，更值得我们后辈学习。我深悔自己不听长庚兄的话，在冷生先生病中去拜访他，而今不仅先生的墓木已拱，而长庚兄也已殁去五年了。回忆两位益友良师的音容气度，我的心情久久不能平静。

一九八六年十一月于故乡

原载《怀梅集刊》，梅冷生先生纪念会编，一九八六年十二月油印本，22 至 24 页。

籀园，何时回家？

郑立于

籀园，对我这个出生于浙闽边界山窝里的矾都矿区的人来说，并不陌生。抗战胜利后，我到瑞安高中念书，就经常到孙衣言、孙诒让父子故居玉海楼看看，也到仲容文化馆借阅书刊，早就知道，温州有个籀园，是为了纪念国学大师孙诒让而建的。

一九四八年，同乡前辈张达生先生带我去观瞻籀园，看了籀公祠、图书馆等，绕了一圈，留在脑海最深的印象还是门台上张謇所题的“籀园”二字和首任温属图书馆馆长王毓英撰、杜师预书的温属图书馆碑志，碑志除了记叙建园宗旨、筹建经历外，其中有的文字我认为写得很好。文曰:“是馆也，南面落霞潭，西枕曾祠，东北接放生池，四面波光，潆洄环绕，加上松台岚影，普觉钟声，耳目之间，会心不远，无非为读书稽古之助也。”

第二次到籀园，记得是一九五〇年春天，仍是张达生先生带我去。梅冷生先生已在工作室里等候。经介绍，我向梅先生鞠了一躬。梅、张二先生就谈开了。我记得，他俩除谈了图书征集、文人交往一些情形外，梅先生还称道了张先生国文教得好，文章也作得好:“去年你为温州庆祝解放大会撰的对联，有不少人说撰得好,表达了温州人民的心声。”谈到平阳为纪念刘绍宽先生，在平中的校园、凤山之麓建了刘公祠（后改为刘公堂）时，梅冷生先生将追思悼念刘绍宽的一副楹联手稿放在桌子上，请张达生先生指教。联云:

蕺山讲学，原父传经，记从慎社抠衣，茅塞独惭津逮者；
七略区分，三长综擅，私幸籀园掌录，芸编犹见典型存。

联中提到的慎社、籀园，都是当时文化人活动的重要场地。他俩谈了一些。我插话:“当时筹建刘公祠，我正在平中读书，整个过程我都亲眼看到。时任平中校长的姜伯先先生，是刘先生的女婿，显得格外出力。”梅先生点点头。

方介堪先生来了，张先生又给我作了介绍，他们三人就天南地北地谈。其中也谈到叶适、永嘉学派。我是第一次见到方先生，他们的造诣很深，我很钦佩。后来为了文物考古，文字训诂等方面的事情，多次请教过方先生，所以方先生逝世时，我也撰了一副悼联，登在当时的报刊上，又由其门生林剑丹书写收进我的楹联选集里。

温州市图书馆的前身就是一九一九年在籀园创立的旧温属

公立图书馆。在中国书籍出版社一九九四年出版的《浙江省图书馆志》里，还收录了《旧温属联立籀园图书馆简章》和《旧温属联立籀园图书馆理事会章程》，这些章程到当今有些条款还是有参考价值的。旧温属联立籀园图书馆理事，除温州行政专员外，各县主管文教的科长，也为当然理事；另有聘任理事，就旧温属各县内聘定热心图书事业者若干人担任之，如刘绍宽先生，一九二五年曾接任馆长。这样看来，这个图书馆是各县共同办起来的，大家都视为各县共同的图书馆。怕重要文献佚失，温州图书馆曾下各县征集文献图书，各县也主动将重要文献送给温州图书馆收藏的。如平阳刘绍宽先生的已刊行著作、未刊手稿，尤其他亲手用十行笺撰写的《厚庄日记》，计四千零八十六页，装订为四十册，全部由温州市图书馆收藏。一九八六年编纂《平阳县志》时，又从温图复印了《厚庄日记》手稿，由县志常务副主编陈镇波等数人加以抄录，由陈镇波选编为《厚庄日记选编》，油印刊行，供各地方部门修志时参考。如今《厚庄日记》全文已由方浦仁、陈盛奖二君点校整理，快要付梓了。这是我温州地区又一个文化工程，工程之圆满完成，真是功德无量！

温州人士于一九一三年集资营建籀园，随后又在籀园创建旧温属公立籀园图书馆，直到如今的温州市图书馆，已经走了百年路程，为我们温州地区的文化建设作出巨大贡献。

看了《温州读书报》《温州图书馆学刊》和《籀园》馆刊，

才知道籀园如今还被某单位占用，而且林斤澜、蔡钢铁、胡雪冈、李珍、陈锡仁、陈增杰、卢礼阳等各界人士，有的提建议，有的忆往事，有的谈未来，概括一句话，要求籀园回家，回到温州人民的精神乐园里，回到中共十七届六中全会轨道上来。有关人士，包括领导都是大大小小的知识分子，再在籀园回家一事讲过多的话，都不必要，让籀园回家就是了。如果迟迟未能回家，将会被世人讽为：这些人乃出于“竹苞堂”之大人物也。

二〇一一年十一月

原载《籀园》二〇一二年第一期，收入《郑立于文集》第三卷，浙江工商大学出版社二〇一六年九月版，92 至 93 页。

怀念籀园

胡雪冈

我少年时期就开始到籀园借书，起因在于参加瓯海中学的一个读书会，活动地点就在籀园东侧的一条弄内，从此与籀园结下不解之缘，使我终身受益并留下美好的记忆。

籀园是为纪念孙诒让先生而建立的，坐落在落霞潭畔，波光粼粼，湖边有一株倾斜的大榕树，不远处为松台山，水色山光两相映衬，显得十分清幽秀美。

门口是庭院式的灰色围墙，青石门额“籀园”两字为张謇所手书，苍劲有力，至今记忆犹新。入内，右为传达室，左有花墙相隔，廊边有斑剥的籀园图书馆碑志。再前左侧为报刊阅览室，前后两门相通，走廊外是木栏杆，有月洞门可到清冽的河畔和对面黄色的准提寺。入内是鹅卵石铺成的小路，周边是小花园，有亭有石桌有小池有假山，假山上铺满紫藤，两侧杂花小树，佳木繁荫，中间一株古柳高丈许，摇曳多姿。左面为籀公祠，门柱有对联，祠前松柏森森长青不凋，左右有花墙，有拱门状墙垛，墙边种花芭蕉，置身其中，使人顿生敬仰之情。

通过水泥坦，一幢西式二层楼房耸立于前，正门上有“书库”两字。入内，窗明几净，左侧为借书处，右侧排列目录柜，中间放置长桌和靠椅，填了借书单便可借书阅读，在当时可说是开放型的，为读者提供了极大的方便。我陆续地借阅了张天翼的童话《大林和小林》《秃秃大王》、叶圣陶的《稻草人》、冰心的《寄小读者》等，这是我第一次看这么多书，从而打开了知识的天地，增进了阅读和求知的乐趣。而持有借书证的读者，如所借的书存放在楼上书库的话，馆员则将借书条放在一个藤筐里用绳吊上去，书放进后拉响了铃将藤筐吊下来。我当时十分羡慕这些借书的读者，因他们借的都是大部头的书，而且可以借回去阅读。

当时籀园图书馆还经常而不定期地举办各种讲座，地点就在报刊阅览室，座位三四十人，坐的是条凳，听讲者大多为中年知识分子，也有老年人，我们因年纪小不敢进去，唯有一次后面位置有空，终于进去了。主持者平头，戴着一副黑边眼镜，穿着黑色的长袍，语气平缓，态度安详，以后得知此人就是馆长梅冷生先生。他介绍了今天所讲的题目为《西厢记》，并介绍了演讲者王季思先生。王先生用温州话讲，既深入浅出又十分生动。至今我仍记得崔莺莺和红娘以及“破蒲鞋索取凑成双”的俗谚。另一次是关于抗日战争形势的报告，听的人很多，座无虚席，我们只得站在窗外听讲，但仍留下了难以磨灭的印记，真是国难当头，匹夫有责！

旧社会民不聊生，长期为失学失业所困扰，但籀园是难得的一方净土，我仍经常到此借阅图书，除了中国古典的、现代的小说外，还阅读了大量的俄罗斯小说，如屠格涅夫的《罗亭》等。晚上在昏暗的豆油灯下，几乎手不释卷，每每读到深更半夜，真是获益良多，为我的自学打下初步的基础。

五十年代初，我到温州中学教书，才开始认识梅冷生先生和潘国存同志。梅先生集诗人的气质和学者的襟怀于一身，或借书或答题，谆谆善诱，有求必应，我是心怀敬仰和感激之心的。他任馆长达三十五年之久，鞠躬尽瘁，功莫大焉！潘国存同志是籀园图书馆的老馆员，是一位地方文献的资深学者，对籀园怀有刻骨铭心的感情，我们可说是通过“书”的纽带，建立了半个世纪无私的友情。

有位学者在一篇文章中写道：“北大，北大，北大究竟在哪里呢？”他的答案是在未名湖畔的燕园北大图书馆，并深情地赞颂说：“在这里触摸到北大的灵魂。”这话说得多好，多深刻，放射着睿智的光辉，可谓体察深切之论！

籀园代表着一种人文精神，它启发我对知识的渴求，使我一生受用不尽。籀园是难忘的，我永远怀念它！

原载《籀园》复刊号，二〇一一年第一期，收入《籀园芳馨》，146至147页。

良师与益友
——记梅冷生先生二三事

沈 沉

梅冷生先生是我们温州的大学问家，又是一位循循善诱的好导师，五十年代他担任温州市图书馆馆长期间，许多有志于文学的青年都受过他的教诲，终身受用不尽。今天，市政协等有关单位举办这样隆重的会议来纪念梅先生诞辰一百周年，也足见梅先生的精神感人至深。这里，我把自己在五十年代中与梅先生有关的几件事情说一下，或许可以说明梅先生对待青年学子的关怀和爱护。

一九五六年，我从温州市京剧团调到市创作室工作，那时候温州爱好文学的人很多，老中青都有。我们创作室的几个人酝酿着办一个文学知识讲座，苦于没有合适的场地。有人怂恿我去和梅先生商量，因为当时市图书馆（就是现在沧河巷文物处后面的楼上）的阅览室晚上是不开放的，可以容纳一百多人。我抱着试试看的心情去拜访梅先生，说明了来意，梅先生对此事大为赞赏，说：“真是好主意！”他还建议要办就办两个，一个是古典文学讲座；另一个就是我们要办的文学知识讲座，每个星期一次，时间定在星期六的晚上。古典文学讲座由市图书馆负责，文学知识讲座由我们市创作室负责。

创作室是个新建立的单位，暂时依附在市文化馆，基本上没有活动经费，要搞一些社会性的活动，在经费方面实在非常困难。梅先生了解这一情况后，就把我们讲座的电费和场地租金都免了，还免费供应开水。我们这个讲座连续办了两年，每半年一期，总共四期，每期前来听课的学员约七十人。梅先生有许多朋友是知名人士，每逢他们来温州，梅先生都要请他们来讲课，先后有我国著名考古学家夏鼐，著名学者夏承焘、苏渊雷、董每戡、吴鹭山等约十人。我觉得讲座和学校教育不同，听讲座是那些有成就的人现身说法，往往会有意外的收获，就像人们常说的："聆君一席话，胜读十年书。"由于梅先生的精心安排，对我们这些求知欲很高的青年来说，真是获益匪浅。

梅先生有一位老朋友，就是孙宰万先生。他是瑞安朴学大师孙诒让的孙子，由于人们不难理解的原因，解放以后他穷愁潦倒，衣食无着。孙宰万先生对京剧有独到的研究，而且非常爱好，梅先生并没有因为他的阶级成分不好而嫌弃他，把他安排到江心文物馆，还特地给他一个小房间，为他提供了可以安心创作的条件。不久，他的剧本《第二碑》完成，梅先生把它推荐给了我。我读了剧本以后非常赞赏，觉得这是一个有相当水平的剧作，也很敬佩孙宰万老先生在如此艰难的条件下居然能够完成如此高质量的作品，于是就和当时文化处常务副处长郁宗鉴商量，决定以临时工的方式请孙宰万先生暂时到文化处工作。但是，我们文化处无法给他安排住宿，梅先生就在府前街钟楼边上给他找了一个小房间，文化处还决定从艺人之家救济贫困艺人的棉衣中调出一套给了孙先生，每月发给他二十五元生活补助费。这样一来，孙宰万先生一家三口的衣食就有了着落。这也说明梅先生对人才的爱护与对朋友的照顾。孙先生在文化处工作成绩斐然，和我一起创作了京剧《斗玄坛》《英雄泪》等，他还单独写了连台本戏《封神榜》以及《粉妆楼》等多部京剧作品，为繁荣我市的戏曲艺术作出了贡献。

我从十几岁开始就爱好诗词，我知道梅先生在这方面有高深的修养，所以就常常向他讨教，梅先生总是尽心指点，有时候还不厌其烦地举出好多例子。他说我还不会用虚字，所以写出来的东西就比较生硬。他说，写词的关键是要把虚字用好，虚字用好了，即使意境差一些，也像一首词。虽说我直到现在对于诗词一道也还不过是一知半解，但梅先生的教诲却使我终生受用不尽。

反右以后，我一度在市图书馆劳动，大办钢铁时就住在梅先生的老屋石坦巷。这使我有更多的机会接触市图书馆所藏的大量地方文献。我戴着一顶“右派”帽子，不愿牵连别人，就连朝夕见面的梅先生，我也是主动避开。梅先生却没有嫌弃我，也不怕受牵连，还像以前一样诲人不倦，他知道我对戏曲史很感兴趣，就主动给我找来一些当时极难见到的善本。像《王静安先生全集》《雍熙乐府》《增订曲苑》等书，要按图书馆的规定，我只能一本一本地借了还，还了再借。梅先生对我却是特别破格，允许我一次借一部，而且还不限制时间，这使我非常感动。有一次我悄悄跟梅先生说：“我是右派，你对我那么好，不怕人家说你立场有问题？”他笑了，“我是个读书人，人家也知道我从来不过问政治，我也不知道右派究竟是什么。”确实，文化系统各单位的负责人集中到文化处批判我的右派言行，不下十次，我从未听见梅先生发过一次言。

在复杂而动荡的五十年代，梅冷生先生的为人，体现了我国正直的知识分子的传统美德，使我们能从他的精神中感受到一种人格的力量。

《怀梅录》，16 至 17 页，转 20 页。

感念温图

周瑞光

我家住在福建省福鼎县城所在的桐山镇，由于福鼎县建县时间短（清乾隆四年始从霞浦县析出），才两百多年光景，加之历经兵灾动乱，以致地方文献几乎荡然无存，这给有志于研究地方史志的工作者带来了莫大的困难。幸亏离福鼎百里之遥的温州有一个闻名遐迩的籀园图书馆，即现今的温州图书馆，其藏书之丰，在浙南、闽北地区可谓首屈一指。近一个甲子以来，我一直是它的忠实读者和热心的访问者，源源不断地从它那里汲取学术研究的养分。例如，本人今年出版的《迟园挹翠》一书，是有清一代闽浙民间文学团体——兰社之创始人林滋秀纫秋先生之传世作品"迟园十种"的辑佚。林滋秀先生是福鼎开县以来唯一一位有著作流传于世的文学家、教育家，被誉为闽浙边界文化的开拓者和传播者。"迟园十种"的原始资料，福建本省各大小图书馆都付阙如，我所辑佚的书稿，即主要以现存于温州图书馆古籍部四十二树主人木刻版为底本。林滋秀生前与浙南的鲍台、华文漪、谢清扬、潘鼎等名士交深谊厚，因此，我在该书末后特选录“林滋秀及其师友往来书信及诗词唱和”。这些资料，大部分挖掘自温图的古籍部。可以说，没有温图的丰富馆藏，就不会有该书的问世。

由于浙南、闽北境相毗连，两者在历史上的关系极为密切。古时东瓯与闽越同属东越，唐宋以来，浙闽之间的人口迁徙极为频繁。温州先民从福建赤岸迁入者，见于谱牒不下数百种。例如永嘉县十五个大姓氏合计四万多人，其祖先都来自福建长溪。为论证这一史实，我从温图馆藏的《瓯海轶闻》《温州府志》及瑞安、永嘉、平阳、乐清、泰顺等县县志和众多的家乘中搜集有关资料，写成了四万多字的《以太姥山古赤岸为中枢的浙南地区移民姓氏源流分布状况及代表人物的祖籍考述》一文，在首届闽台姓氏源流研究会宣读交流，后又采入《摩霄浪语》一书中，产生了不小的反响。他如《摩尼教遗址探讨》《二省三山畲族之渊源录》《浙南金钱会、红布会入闽考述》等文章的第一手材料亦大部分来自温州图书馆。

温图不但有丰富的藏书，还有众多的业务精通、服务周到的工作人员。至今我还清楚地记得一九五七年暑期承蒙温师专马锡鉴老师引领，前往信河街石坦巷十八号拜访博学多才的梅冷生老馆长的情景。初次拜会，梅老即予我热情鼓励，嘱我认真读书，老老实实做学问。

以后，在沧河街的老图书馆楼上，我又多次聆听梅老先生的教诲。当他得悉我研究闽浙边界文化史时，即教导我除了掌握福建本省的史料外，还要注意邻省浙南的有关史料。记得老馆长郑重地捧出一叠民国版的《平阳县志》，告知里面有不少与我的家乡福鼎有关的史料，例如《文徵外编》部分有不少福鼎举人林滋秀的篇什。一番教导，让我受益终身。从那以后，我成了温图的常客。

还有一位使我感念至今的温图老领导柯国臻先生，他是一位自学成才的民间文学专家，被誉为“中国谜王”。其创作和编著的灯谜和由温图刊行的《谜谱》《微山谜话》，至今仍是灯谜艺术界的经典之作。此外，他创作的鼓词《三打白骨精》至今还在浙南民间流传。柯先生待我情同手足，每次我至温访书时，他都热心接待，从借书到食宿各方面都予我照拂，情景历历，如在目前。当他身染沉疴，不幸逝世时，我特从福鼎赶去凭吊，并作挽联一副以寄托哀思：

孤屿潮消星月黯；微山虎逝树林凋。

感谢温州图书馆，感谢温图热心的朋友们！

二〇一三年二月二十五日

《温州读书报》二〇一三年第十一期，四版。

嘉惠来学　沾溉士林
——市图书馆藏书谭片

黄世中

温州市图书馆前身即籀园图书馆，为旧温属六县士民纪念清末经学大师孙籀庼而建置。笔者于一九五八年八月来温州，最感欣慰的即是藏书逾四十万册的温州市图书馆。向人打听，知馆长为温州著名诗人、藏书家梅雨清冷生先生。吾生亦晚，时年未二旬，不敢贸然往谒。第二年春天，为借读陆放翁史料，始初识荆。在梅先生的支持、帮助下，自一九五九年至一九六一年七月，读完并抄辑了馆藏几乎全部关于陆游的生平及诗歌评论资料，至今仍保存有清人赵翼、钱大昕两家《陆放翁年谱》及吴梅《霜厓三剧》中的《陆务观寄怨钗凤词》等手钞稿。从此，我与温州市图书馆结下不解之缘。

六十年代借读唐宋文史图籍，七十年代抄辑李商隐诗的评笺文字，都得力于市馆的热情帮助。特别应着重一提的是，凡我开出市馆未藏的书目，古籍部和采编组总是不惮其烦地为我向北京、上海、杭州等地图书馆邮借抄录、复印。记得东涧老人牧斋写校宋本《李商隐诗集》，即借自北京馆，纪晓岚《玉溪生诗说》乾隆刊本，即借自省馆，而郑振铎藏雍正本陆昆曾《李义山诗解》，也是通过采编组向北京馆复印的。我的《李商隐无题诗校注笺评》《古代诗人情感心态研究》《李商隐研究资料汇编》（合撰）三书的出版，《李商隐〈锦瑟〉笺释述评及悼亡说新笺》论文为日本《东方学年鉴》转载并输入电脑，以及中篇历史小说《沈园泪》的发表，等等，都是同市图书馆的支持帮助分不开的。我想，同我一样得到市图书馆帮助的同志一定还有很多。远的不说，即在去年六月，南京师大郁贤皓教授就曾专函嘱托向市馆复印清代释氏诗文集多种。市图书馆之“嘉惠来学，沾溉士林”亦谓多矣！今天，每当走过石坦巷、沧河巷原古籍部门前，便油然而生敬意，并有一种莫名的沧桑之感。

今天，温州市图书馆藏书已增至五十万册左右。列全国大中城市图书馆之第三十五位。近二十万古籍中，善本书即在五百种以上。其中在版本史上有一定地位的古籍如明钞本《嘉靖实录》、孙诒让手稿本《周礼正义》、明正德本《通鉴纪事本末》、明嘉靖本《黄帝内经素问》、明隆庆本《文苑英华》、明万历刊本《温州府志》、《严州府志》、《墨子》、《世说新语》等，均十分宝贵。其中万历本《温州府志》海内外仅存三部：一在台湾，一流日本，一部即藏市图书馆。此外，馆藏尚有许多大部头丛书，如《古今图书集成》《武英殿聚珍版丛书》，影印《四部丛刊》初、二、续编，及平装本百部《丛书集成》等。至于清代文集、地方史志和温州的乡邦文献，则尤为京、杭、宁、沪学者所瞩目。

记得一九六〇年前后，在梅冷生馆长主持下，市图书馆曾依据省馆一九五四年制订的图书分类表，编辑《馆藏古书目录》十大册，登录古籍凡一万五千多种，计四十万卷、十五万册。其未编书目又当在三至五万册之间。这十册书目，全国各大图书馆均有收藏，学者通过目录检索，需要何种古籍，便可通过“馆际借书法”向市图书馆借阅或抄录、复印。

梅先生任温州市图书馆馆长数十年，不仅多方征书以增库藏，而且将自家藏书也悉数捐赠。一九四二年七月十一日，温州沦陷，为保护珍贵古籍，梅先生亲将馆藏善本图书转移至瑞安山区。先生之搜罗、购藏、保护历史文献，厥功伟哉！今日及后世学者受其沾渥者，当思“源头活水”之所从来。先生晚年患风痹，偃卧十年。一九七六年四月，曾至石坦巷先生住处探望，病榻中犹殷勤致问近读何书、是否愿意调职市馆工作。我因特爱教书匠职业，未曾答应。今日思之，心中甚感过意不去。其关怀后学、情牵馆务，令人感动。大约七月间，先生即与世长辞，享年八十有一。

今夜草作《谭片》，说市馆藏书兼怀先生，心意惘惘，无尽沧桑。乙亥正月初一夜二十三时。

原载《温州日报》一九九五年二月二十日，八版，收入《籀园芳馨》，251至252页。

我心目中的恩师
——怀念梅老冷生先生

张　烈

印象中是在一九六一年之后，我患病从大学休学回故乡温州。本该静养，难以静养。父亲凭一个人的微薄收入扶持八口之家的生活，十分艰难。我与我弟乘健都过早地去谋取职业，获得收入，添补家用。虽是休学，课堂上的学业荒废了，也总得学点什么，不至虚掷光阴。凭借中学时对中国古典戏曲的爱好，仰慕乡贤王季思、董每戡先生在古典戏曲研究领域的卓越成就，我选择中国古典戏曲作为我的学习课题。于是，有空时就去泡在位于沧河巷的温州市图书馆二楼的古籍阅览室里，埋头读书，勤作笔录，闭馆时常是最后一个离去。当时坐镇古籍阅览室的是图书馆馆长梅冷生先生。他负责借书还书。梅先生很少说话，我也不善言谈。两人除借书还书时的几句礼貌用语外再无其他。

寒来暑往。一天下午，古籍阅览室已到闭馆时间。读者都已离去，室内只有我与梅老两人。梅老先生突然对我说话：“你做学问专一，这很好！不要学我。我绰号‘粪挖’，连大便都要挖开看看，什么都看，什么都学，什么都不专，不精。瞿禅（夏承焘）专攻宋人词，成了大家。我一事无成……。”其实，这是梅老自谦之语。他博学。我敬仰！梅老接着说：“今后你不用再在阅览室看书了！可以将书借回家去，册数不限，送还时间不限……。”一股暖流袭上我的心头。我从梅老那双厚重的高度近视眼镜后看到了一双睿智的眼睛，平时严肃的面容后隐藏着的慈祥的容颜。我捧着沉甸甸的一叠书籍，也捧着梅老对后学期望之诚的沉甸甸的情意离开图书馆……。在家读书，有空可读，静夜可读，效益远非从前。

又是几番寒来暑往，我读书正酣，渐入佳境时，迎来了“文化大革命”。“破四旧”熊熊烈火席卷全国，大有将我国的优秀传统文化烧尽灭绝之势。我学的全属“四旧”，顿时心灰意冷，决心与文化绝缘。与其他人来烧，不如“自我革命”。我烧了藏书、文稿与多年积累的资料卡片，将自己的脑袋也烧成一片空白。借一句《红楼梦》中的话：“剩一块白茫茫大地真干净。”无奈与苦涩伴随我度过了好几个不眠之夜。有几本借自图书馆的《集成曲谱》不敢烧，公家之物不敢私自处理。市图书馆已闭馆，无法送还，只得留在手边。不记得是哪年哪月哪天，郑西村与唐湜两位先生前往位于翠微山下的王世荷（昆剧表演艺术家王传淞之女）家拍曲（唱昆曲），路过我家，邀我同往。西村先生看到了几本《集成曲谱》，如获至宝，说他有用，拿走了。

“文革”期间，我在中学教书。原本和睦相处的一拨教师居然分成反目成仇的两派。那年代，学生是爷爷，老师是孙子。这日子过着窝囊。我辞去教师职位去街道小厂任职。丢下“铁饭碗”去端“泥饭碗”。计划经济年代，这些小厂国家不拨原料，产品也不安排销路，得自己解决。我得经常出差，奔走在祖国的天南地北，顺便可去领略名山大川的灵气。登泰山之巅我不曾仰天长啸，赴溆水之滨也未去浅唱低吟。经壮美河山的心灵荡涤，与人相处时的感悟，凭和谐与诚信获取财富，成了我的人生信条。又是几度的寒来暑往，我已过中年。出差在外，深夜静思，就这么为几个金钱去四处奔波么?这有价值么?我陷入思索……。

一九九四年，我回归文化界，进温州市瓯剧团任编剧。次年，市文化局党委任命我为剧团副团长。率团下乡演出、编写剧本成了我的职责。凭着我的剧作多次获奖，七年时间，我从无职称被评上了正高职称——国家一级编剧。我的作品曾获文化部颁予的“文华大奖”“文华新剧目奖”“文华剧作奖”“国家舞台艺术精品工程”；中国戏剧家协会颁予的“曹禺剧本奖”与中国戏曲界最高专家奖“中国戏曲学会奖”等奖项。此外还获“法国戏剧赛纳大奖”。受文化部聘请，去我国西部新疆、青海、甘肃、宁夏“巡讲交流精品工程剧目创编经验”；曾担任“全国重点京剧院（团）评估验收专家”，担任“第九届中国艺术节”“第八届中国京剧艺术节”“第三届全国地方戏优秀剧目展演”“第三届中国越剧艺术节”等国家级戏剧活动评委。还曾两次担任“国家艺术基金”扶持的“中青年编剧人才培训班”授课老师。

我的剧作多半改编自中国古典戏曲，如《张协状元》《小孙屠》《杀狗记》《金印记》《赠书记》《比目鱼》等。这些戏的改编成功，得益予我年青时在温州市图书馆古籍部的积累，是梅老先生的恩赐。梅老先生，你是我心目中的恩师哪！

梅老先生辞世那年，我正出差在外，回到温州，得知梅老已在数月前离开人间。我不曾登门吊唁，连个花圈也未送，深感内疚。梅老辞世距今已有四十多年，四十多年岁月长河的流淌，未曾泡淡我对梅老的怀念——那双厚重的高度近视眼镜后睿智的眼睛，看似严肃的容颜流露的慈祥的面容常萦我的心间……。

二〇二二年一月二十三日

原载《温州读书报》二〇二二年第三期，四版。

记取疏钟残水句
——怀念梅冷生先生

陈增杰

梅先生对我读书的指导

一九七一年中秋前后，我经吴鑫庐先生介绍往谒梅冷生先生。当时我对“文革”颇感厌倦，想利用空余时间认真读点专业的书。去见先生的目的，一是希望指点门径，二是盼能借阅沧河巷市图书馆被封存的古籍。先生时值病痹静养，杜门谢客，但还是接待了我。在石坦巷的阁楼（即后来称为劲风楼的地方）上，我见到了梅先生，只见他瘫痪卧床，面容清癯，而精神很好，也很达观，并无愁苦之状。我说起在杭读书时常造夏瞿禅先生之门从学，引动了他的回忆，兴致勃勃地讲叙早年与夏先生、陈仲陶先生组织“慎社”诗会的往事。我接着说了自己的打算，准备从先秦经典入手，比较系统地精读细读几部重要典籍，包括前人的各种笺注本，以便对照会通。梅先生很赞赏我的读书计划，他说：“在‘读书无用论’的大环境下，你能静下心来研读，实属难能可贵；那么我也就打破禁令，凡是馆藏古籍，都可以想办法出借于你。”又语重心长地说：“青年人是要珍惜时光，踏踏实实地积累学问，不要受目前环境的影响，不怕将来派不上用场。”梅先生继而向我约法三章：阅毕即还，再借下一部；不可损坏丢失；不要转借他人。我确实喜出望外，因为在那个畸形的时代，斯文扫地，古书更遭封禁，要找书读岂为易事！

就这样，我差不多一个月要去梅先生那里一次，还书借书，未尝间断。先生的哲嗣之芳先生则替我到馆办理还借手续。每次还书时，梅先生总要我谈谈对这部书的看法，有何收获，不时提出一些与该书有关的问题。我如实回答，答不出时就说未尝留意。这样十分亲切的问答交谈，不惟增益了知识，对我也是一种激励和鞭策，读书更求细致深入，不敢掉以轻心。我佩服先生的博闻强记，知识渊博，他不仅对馆藏古籍如数家珍，了若指掌，而且表现出非凡的判断力和惊人的记忆力。我所借读的书中，如《诗毛氏传疏》《毛诗传笺通释》《春秋左传诂》等都是极有深度的专著，先生非专此道，却往往能发表富于启发意义非常深刻的见解。我深惭自己的浅薄和粗心，在不断的反思体味中，时时产生一种“学而然后知不足”的困惑。

我读完《左传》的几种重要笺注本，如杜预注、孔颖达疏、林尧叟句解、顾炎武补正、洪亮吉诂、吴闿生发微后，仍感未能通晓全书，于是提出借阅日本学者竹添光鸿撰纂的《左氏会笺》一书。先生先是用略带惊异的目光打量着我，问道："你怎么知道这部书的?"待我说明原由：读徐中舒编注的《左传选》(《中国史学名著选》之一)，见引《会笺》的校注资料，觉得很有启示，所以想要借来看看。先生随即莞尔而笑，说道："你知道读这部书，说明学问大有进展了。"他接着向我介绍这部书的不寻常来历：清末瑞安黄绍箕先生（时任湖北提学使）赴日本考察教育时，著者亲送此书[①]，十分珍贵，在省内可算孤本。他说这部大书入藏后尘封至今，还没有人问津过，你算是它的第一个读者，也可说知音了。我拿到浩浩十五大册的巨著，日本明治三十六年（1901）井井书屋刻本，可称《左传》的集大成注本，我足足花了五个月时间通读全书，有价值的地方都做了笔记。我后来写作《〈左传〉标点本商榷》，对上海人民出版社一九七七年校点出版的《春秋左传集解》断句标点错误（共得两百余条）提出批评，就是凭借先前研读包括《会笺》在内《左传》诸注本的充实基础。该文刊出后，寄教《左传》专家杨伯峻先生（当时《春秋左传注》尚未出版）。杨先生回函称"所论皆获我心"[②]，给予肯定。

从我借读问学的经历，反映了梅先生奖掖后进和诲人不倦的精神。先生不以教育家自居，但在实践中自有一套有效的育人方法。我体会到：一是支持和信任。以诚待人，尽量满足你的发展要求。二是重视交流。时时会用轻松不经意的发问无形之中加以督促，通过自由交谈把知识见解和治学方法传授给人。三是引而不发。没有条条框框，也不越俎代庖，看哪一种书，哪一家注本，任由你选择，从不开“必读书”之类的书单。看重你的主观努力，任你探索追寻，当你达到一定境地时才予以指点。

梅先生还向我谈了自己的切身体会。他说，年少颇聪慧，与夏瞿禅、陈仲陶等共结诗社，做诗钟总是第一个完成，夏等都很佩服。但后来因为自恃聪明，兼家境富裕，裘马清狂，生活方面还有点不加检束（笑言曾有过相好），没有专力治学，以至白首无成。而夏则非常敦实刻苦勤奋，学术上取得大成就。梅先生语重心长地告诫勉励：要向夏先生学习，走他的路，学业有专攻，持之以恒，将来必能做出成绩。

这一段读书生活，给我留下了美好的回忆。可以这么说，我是在图书馆外的劲风楼，在梅先生这里，完成了我的“研究生”课程。它奠定了我的学术基础，使我尔后应聘参加《汉语大词典》编纂工作时能够轻轨熟路，胜任愉快。而梅先生对我的帮助、指导、勉励，也令我铭刻在心，永志不忘。

劲风楼聆梅先生说诗

过了一段时间，大约一九七三年前后，文化禁锢略见宽松，梅先生的劲风楼也逐渐活跃了起来，来客渐多，常时高朋满座。也不知什么时候形成的，每个星期日的下午，朋簪雅集，这里成了温州耆宿名流的诗苑“沙龙”，苏先生称“同人谭艺之中心”。王景逊先生主持讲席，到会者有任梓良、朱哲夫、孙棣丹、陈炳原诸先生，徐堇侯、方介堪先生时或与会，苏渊雷先生（时返居平阳）如来郡亦必参与，夏承焘、吴天五先生则诗筒往还。诗家济济，鼎鼎称盛。

这时先生兴致最浓，谈诗论文，滔滔不绝。如谈谢客（谢灵运）的永嘉山水诗、唐宋诗的异同和宋诗的不同评价、江西派近体的奇硬作风、方回的《瀛奎律髓》和纪晓岚刊误（纪评），等等。其中特别谈到宋初梅尧臣（宛陵）的平澹诗风，颇有欲自祖承之意。景逊先生称云：“宛陵有句‘老树着花无丑枝’，翁诗遥有之焉。”先生笑言“不敢”。

其间，夏先生寄来《词问》③手稿，遂以夏先生所咏，品论唐宋以来的词作。梅先生尤推重乡贤卢祖皋的《蒲江词》，谓《词问》未及卢词，是为一憾。特命予抄录卢祖皋的《水龙吟·淮西端午》词：

会昌湖上扁舟，几年不醉西山路。流光又是，宫衣初试，安榴半吐。千里江山，满川烟草，薰风淮楚。念《离骚》恨远，独醒人去，阑干外，谁怀古。　　亦有鱼龙戏舞，艳晴川、绮罗歌鼓。乡情节意，尊前同是，天涯羁旅。绿涨池塘，翠阴庭院，归期无据。问明年此夜，一眉新月，照人何处？

这是卢祖皋任职池州（今安徽贵池）学官时作，抒写端午之节意乡情，表现了一种天涯沦落的感绪。会昌湖，温州郡城西南郊大湖，西山东麓。梅先生让予唱诵三复，卧榻上为之击节，以为音节苍凉，起人悲慨，是蒲江最胜之咏。他后来作《秋阴三首》之三云："补读蒲江绝妙词，拾残雁外雨丝丝。几年不到西山路，敛尽秋容付阿谁。"（冒校《蒲江词》辑补"雁外雨丝丝"一首）犹忆念及之。

梅先生对大儒叶适的诗十分推赏。他说，叶适闲居水心村所作《水心即事六首》，叙写乡土光景风俗和自己的闲逸情趣，简朴有致，虽放翁（陆游）、石湖（范成大）、诚斋（杨万里）亦无以过。让我抄录这六首绝句，反复吟诵。又讨论叶诗"听唱三更罗里论，白旁单桨水心村"（之五），这"罗里"是什么意思？谓：水心好用温州方言俗语入诗，当是船家棹唱中拖曳的和音，犹民歌"罗来罗罗来"之类。继有《和叶文定〈水心即事六首〉，便于记诵乡先哲篇章，谨依原韵》之作。叶适表现本地风光的创体名篇《橘枝词三首记永嘉风土》，也常在梅先生的吟口。尤其是以永橘起义的第一首："蜜满房中金作皮，人家短日挂疏篱。判霜剪露装船去，不唱《杨枝》唱《橘枝》。"在诗中多次赋及，如"剩唱《橘枝》风土美，何时单桨水心村？"（《病榻无憀，次敬身九日见酬长句，并简瞿禅、渊雷、梓良》）"剪露判霜亦大观，疏篱佳实报平安。"（《秋阴三首》之一）

梅先生说，诗家皆盛赞梅花，而桃花典实不减梅花。"《风》诗数点有桃花"，《诗·周南·桃夭》以"桃之夭夭"起兴，喻写女子少好之貌，婚嫁宜时。桃花高格，固非“轻薄”二字所能污矣[4]。因赋《桃花词八首》及《广桃花词八首》《广桃花词续八首》，胪而举之，为桃花正名。一时鹿城诗林传诵，酬和者纷集，任梓良辑录倡和作两百余首名《桃花词》刊布。梅先生的此一翻案文章，实“为天下不平之事理鸣其冤”[5]。胡福畴《桃花词跋》云：“非寻常友朋唱酬之作，亦非风花雪月之什，实为托物寄志之辞，感时忧世之篇也。”[6]揭概要义，洵称允论。

这个“沙龙”诗会，品古论今，以纵谭唱酬为乐，内容十分丰富。可惜我当时没有记录下来，否则真可以整理出一本《劲风楼诗话》来。

一九七五年夏秋间的一天，日斜客散之后，先生若有所思，从容语我曰：“余平生所赋诗，不啻百千，而随作随毁，略无积存。惟‘微阳温落叶，残水答疏钟’一联，差可慰耳。汝其记之，吾可以无憾矣。”[7]随后将此联曼声吟诵反复数过。我当时还没有体味这两句诗所包含的意蕴，只是说：“此联很得宋人五言澹远的意境。”先生瞿然曰：“余亦聊抒吾怀已！”秋后我赴杭时曾将此联读给瞿禅师听，夏先生坐在摇椅上沉吟良久，叹赏不已。一九七七年，在梅先生辞世周年忌辰，感怀往事，重温斯言，不禁怆然，曾写下几句诗，题《忆劲风楼聆冷丈说诗》：

沉吟谢客渊源在，平澹宛陵标格存。
记取疏钟残水句，湖山岑寂欲谁论。

一九九二年我编著《唐人律诗笺注集评》，将梅先生的这联诗和我的感怀之作，写进有关诗句的注解中去，以为永久的纪念。

在梅先生一百周年诞辰的时候，温州市政协、市图书馆等部门发起召开纪念座谈会，我很高兴地参加，并且写上了上面这些话，以表示对先生深切的怀念。

〔注〕

① 按：据孙延钊《瑞安五黄先生系年合谱》，光绪三十二年（1906）黄绍箕以湖北提学使赴日本考察。见周立人、徐和雍编《孙延钊集》，《温州文献丛书》第三辑，上海社会科学院出版社二〇〇六年版，第325–326页。

② 杨伯峻先生一九八一年二月十七日复笔者函，见吉林人民出版社二〇〇一年版《汉语大词典论集》，第279页。

③《词问》后经增补，名《瞿髯论词绝句》，吴无闻注，中华书局一九七九年版。

④ 按：杜甫《绝句漫兴九首》之五："肠断江春欲尽头，杖藜徐步立芳洲。颠狂柳絮随风去，轻薄桃花逐水流。"宋郭知达《九家集注杜诗》卷二二引赵彦材云："作为狂怪之语，别无所讥。"清仇兆鳌《杜诗详注》卷九："此见春光欲尽，有傲睨万物之意。"浦起龙《读杜心解》卷六下："因春暮而寄兴。"后世乃以"轻薄"恶名加诸桃花，实非正解也。

⑤ 苏渊雷《劲风楼酬唱集跋》，收入《苏渊雷文集》第四卷，上海人民出版社一九九九年版。

⑥ 胡福畴《桃花词跋》，见潘国存编《梅冷生集》附录，上海社会科学院出版社二〇〇六年版，第367页。

⑦ 近阅凤凰出版社二〇〇六年重印之《明诗话全编》，第十册编录明末张时为《界轩全集·为学约言》，卷五言诗人之诗取料之法有二，一曰幽事，二曰幻旨。“幻旨者，本为理所未有，自我约略举似焉……如‘残阳过远水，落叶满疏钟’之类是也。”（第10352页）按：姑录于此，两联意境迥然不同。

据一九九五年九月八日在梅冷生先生诞辰一百周年纪念座谈会上的发言整理，部分内容见载《温州读书报》二〇〇七年第二期，二〇一八年八月九日阅改。收入《豁蒙楼散稿》，北方文艺出版社二〇一九年十月版，1至10页。

忆恩师梅冷生先生

陈冰原

有机会参加这次隆重的大会并且讲话，我感到十分的高兴和感谢。

梅先生是我的恩师和艺文的先导，他一生为温州的文化教育事业所作的杰出贡献和辛勤的业绩是温州人民所永远不会也不可忘记的。

他是温州市任职最长成绩最显著的图书馆长，从他赴任的第一天起，他就把自己的一切全心全意地奉献给这个光辉的事业，是他，无私地把自己多少年收集到并且精心珍藏的全部心爱的和宝贵的图书文献资料捐赠给国家与人民；是他，多方设法筹集资金汇罗书刊经典，丰实我们这浙南最大的文化宝库的；是他，历经艰难曲折甚至磨难危险，从日寇的炸弹枪炮底下，从军阀的乱兵散勇的拳脚刀枪的旋风里，从旧书店、废纸堆、破烂担、旧宅院的翻检中，保护下一大批可贵的精神财富。为了图书馆，他卖了田地，他卖了房屋，他跑上海，跑杭州，跑遍浙南的富门大户，踏烂各个角落的私人藏书家的门槛。每当图书馆新建了处所，新置了设备，新添了橱架椅桌，新增了图书套本，他都亲自跑去看一看，摸一摸，带着满眼的喜悦，满腔的兴奋，满怀的欣慰。他不独以馆为家，他简直以馆为命！

我们开会纪念他，首先应该学习他这样全心全意为事业的高风高格。

值得大家永远怀念永远学习的另一面，就是他的全心全意为读者的为人民服务的高贵的工作作风。

梅冷生先生是一位很有才气和根底的老诗人和学问家，夏承焘先生曾独具慧眼地肯定他和赞赏过他（见夏著《学词日记》），可是他却经常地自谦说：我是开饭馆的堂倌，我的任务就是把你点的饭菜送到你面前来。温州有一句俗语："舅舅开饭店，还怕你外甥肚大！"他十分强调图书馆最终目的不在藏书，而是最大限度地把书借出去，扩大文化精神食粮的作用。他做工作，着眼点始终是为读者的需要服务。将千万种精美的书册锁在玻璃橱窗里，光让人看看书皮，能有什么用?我领会到梅先生首先要提倡读书，推荐好书的用意，我曾应约在馆里作过"读书好，好读书，读好书"的系列讲座，作过评介古今中外名著的文学讲座，作为学生，这一点我是忠实于我的恩师的。

为了尽可能地提高读者群众的科学文化水平，每逢国内外驰名的温籍学者专家到温州来时，他总是千方百计地热情地邀请他们和读者见面，为读者作一二次专题演讲。诸如一代词家夏承焘、元曲专家王季思、当代诗家苏渊雷等，都是他盛意物色的对象。每次活动，也都收到预期的效果，深受群众的欢迎。偶然遇到一二次名望很高成就很大专长很独特的名流，或因学科太专，曲高和寡，专门名词太多，普通人听不懂，或因主讲人“茶壶里煮饺子——肚里有货，嘴里倒不出”，搞得听讲人抽了签，撒了腿，主持人和演讲人冷清清待在上面下不来，场面很尴尬，情况极个别，但梅先生对读者的善意筹划和热情服务的动机和态度，还是很令人感动的。也许由于从中吸取了经验教训，后来他聘请了本市各校教学效果显著的名牌教师，开办了两套系列讲座，一是文学知识方面的，一是古典文学方面的。我虽（名气）不大，因师生情谊，两个系列都参加了，一次讲诗的比喻和想象，一次讲汉代乐府。这两次系列讲座办得很成功，读者群众的反应很不差。

“读者群众的需要就是我们的需要”，本着这个原则，梅先生主持的图书馆总是尽最大努力为提供群众所需要的图书资料而四处奔走。就是在这种热情无私有力的帮助与支持下，我们的文人学子们完成了论文创作，专著文集，为精神文明的宝库捧出了精美的奉献。这方面，郑张尚芳和胡珠生、陈学文、董楚平和我校的陈增杰、周梦江、黄世中等，都应该有很深刻的认识和体会。

最后，我还要着重提一提梅先生对于温州诗学的杰出贡献。早在民国初期，他就是温州近代最早的诗词创作团体慎社和瓯社的主要成员，和夏瞿禅、严琴隐、陈仲陶等，同参诗艺，且和柳亚子领导的南社诸诗友有联系和诗词往来。“文革”后期，是他首先组织和团结一些诗人定期在所居劲风楼进行诗词创作活动，参与的有王敬身、林镜平、徐堇侯、孙椂丹、朱哲夫、任梓良、苏渊雷、吴天五和我共十人。梅先生身患中风，瘫痪在床，但仍坚持创作，苏、吴二先生多时离温，经常活动的只有八人，直到梅先生去世活动才停止，创作结集称《劲风楼酬唱集》，这可以说是解放以后第一个温州诗词组织和第一本诗词创作集。以后继而组织的东山诗社、鹿城诗社（最初为林镜平所领导），以至温州诗词学会，都应该是梅先生下撒的诗的种子开花结果，发展壮大的成果。今温州诗词学会成员发展到六百人，遍及全市和各个县市，诗词创作数量之多、质量之高，全省第一，全国少见，我们的创作还流传到日本、新加坡、泰国，以及我国香港、澳门、台湾，远及美国、加拿大、法国、意大利、西班牙、荷兰、澳大利亚等。尤其通过不久前圆满结束的“鹿鸣杯”全国诗词大赛，温州诗词名震遐迩，饮水思源，不能不归功于梅先生倡导的贡献。

原载《怀梅录》，12 至 13 页。

怀念劲风楼

郑少梅

一九六五年学校毕业离开杭州到温州工作，临行之前张宗祥先生交代我，温州有个梅冷生是他的老朋友，你有学问上的疑惑可以去问他。

到温州报到后,地委人事处通知我去仰义参加“四清运动”，接下来是长达十年的“文革”，根本无由识荆，但梅冷生这个名字一直牢记于心，晋谒之念常萦于怀。一九七六年夏，经人辗转介绍终于有机会上劲风阁拜访梅先生了。

一日午后，我随着引见人登上劲风阁。其时先生已病痹十年瘫痪在床。我将事先准备好的一卷诗稿呈先生请教。先生的子女之芳和绿云在床前展卷侍奉。约莫有五分钟光景，先生开口讲话。先生发音含混外人完全听不懂，由之芳与绿云的转叙我才知道说的是:“诗做得好!”又过了一会儿，先生又说了句:“字也写得好!”等到先生把约二十首诗看完,又说了一大段话:“有的人比你年纪大一半，诗做起‘蟹酱恁’（温州方言：一塌糊涂)。”我当时三十一岁，听一句一阵鼓舞，听到最后一句竟不知如何应对了。

先生有点累，在家人的帮助下转身看着我说:“我有个好朋友，可以同你谈谈，一会儿他就到了。”我一直站在床边作自我介绍，说我曾经向张宗祥先生、辛亥老人黄元秀和清平山人徐映璞学过文学、历史、书法、诗词。先生说:“张宗祥先生来温州任瓯海道道尹时，我和温州乡绅一起在南塘河的画舫中陪过他饮酒游春。”我又向先生介绍了杭州知名老先生的“文革”遭遇。谈到马一浮先生时，我念了马先生的《丁未花朝告别诸友诗》。这首诗是上一年我回杭探亲时，我家的世交西泠印社的老前辈煮茶老人金越舫先生口授给我的。这在当时是被禁止的，只能私下偷偷地传诵。不知不觉时间已过了两个小时，梅先生说的那个朋友还没有来。这时梅先生用右手拍打右腿说:“平日早就来了，今天为什么现在还不来?”此时，之芳请我入座，并介绍早已来到的几位劲风楼同人。我记得有朱洁夫、任梓良、孙棣丹和陈冰原。

在我的印象中，劲风楼是一个南北长东西窄的的楼房，面积近二十平方米，一排南窗使室内光线明亮。谈话中我才知道梅先生所说的朋友叫王敬身（字景逊），参加抗日战争，是国军五虎上将之一蒋鼎文的秘书长，官居简任。抗战胜利他即辞官还乡，以岐黄之术悬壶济世而至于今，当日曾在四川乐山进复性书院师从马一浮先生。大家说等王老来了先不要告诉他《丁末花朝告别诸友诗》的作者，让他猜一猜。说话间已快到下午四点，王老终于到了。一阵寒暄招呼后，我将一首五律诗递给王老，他轻声吟道："乘化吾安适?虚空任所之。形神随聚散，视听总希夷。沤灭全归海，花开正满枝。临崖挥手罢，落日下崦嵫。"王老吟罢抬头问道："谁的诗?"大家说："你猜猜看。"约莫不到一分钟，王老说："莫非是马先生的诗?"是的，马先生的诗格调高古、意境玄深，特色鲜明，用现在的话来说就是"辨识度极高"。王老是马先生的入室弟子，很快就认出是先生之作。能判断出第一次读到的诗的作者，是何等的识力！我对景逊先生产生了由衷的钦佩。在与王老的交谈中得知他与我外祖父也曾相识。马一浮与我外祖父樊漱圃谊兼师友，因此他们在复性书院有过交往。那天下午是我客居温州十年第一次找到了文化归属感。

梅老、王老的赏识，劲风楼同人的接纳以及之芳、绿云的认可，让我觉得虽然"文革"了十年而我又重新回归了文化。我取得了登劲风楼与前辈诗人唱和的"通行证"。梅家为每一位同人准备了专用的茶杯，杯盖贴上写有各人姓氏的纸片。我的杯子是之芳兄特意为我准备的。

此后，我每逢周末都去梅家。记得第二次去时我带了首七律《访劲风老人》的诗去。诗的后面四句是："来从小阁风犹劲，立向程门雪已融。莫道江南无春色，一枝梅冷卧东风。"梅老看罢，笑着说："你在讲我。"梅老做的诗都收在《劲风楼诗集》，当时只有钢板蜡纸刻的油印本。梅老把其中的《癸丑集》《甲寅集》和《乙卯集》借给我阅读。因此我做了《读后有感》七律二首，另又对诗集中《春日偶成》与《钱牧斋诗集后感》各作了一首七绝。劲风楼诗会每每为下周确定诗题，或者某同人做了题材特别的诗，下次大家就和他的诗。记得有一次梅老做了一组七绝，题材是调侃一位温州画家所题“晓风残月”“春雨”等未能恰当。四十年过去了，有几句我至今还记得:“晓风残月柳屯田，景写萧寥入画妍。”又:“祖是百钱卖卜人，吉占日告有灵氛。关门不敢题春雨，深巷明朝已厌闻。”又:“蜀人张八负时名，海派于今属老成。忽忆藤阴郑居士，如君绮岁已蜚声。”今检一九八〇年油印本《劲风楼酬唱集》名为《题郑雪夫杏雨楼画稿四首》者，已将原作改得面目全非，不知何故也。当日我坐在王老身边听他吟诵这组诗，恍如仙音而陶然欲醉矣!我后来赠诗王老有“叹公吟敌九秋清”之句，又在杭州净慈寺诗人雅集请王老吟唱为后辈树范，皆发心于此。可惜令人难忘的交往只有很短的时间，七月下旬梅老遽归道山，同人痛失吟长，各以悼诗寄哀。梅老终复之日恰值八月既望，同人齐集劲风楼具醑追荐。这天来的人还有林镜平和徐堇侯。镜平老是劲风楼同人之一，不过他不常来参加诗会。但徐堇侯不是，他是梅老的朋友、中医，也会画花卉。据说他有个弟子是海上名流，“文革”高潮时徐老避到上海投奔弟子吃了闭门羹。梅老赠诗为其拂逆，最重要的一句是“桃李门生失眼明”。那天，王老是做好了悼念的诗来的，大家抄回家各依其韵而和之。

梅冷生先生离开我们以后，劲风楼同人雅集并没有停止。吟坛坛主自然由松台山人王敬身先生接掌，地点则改在陈冰原先生家。他家住在五马街北侧靠近府前街一条小弄堂进去，应该是晏公殿巷吧，我记不清了。朝南开门有点像石库门房子，进门一个天井，一楼一底前后进，独门独户的半西式洋房。雅集就在楼下的客厅进行。冰原是劲风老人的弟子，在温州师范学院教中文，太太是医生。在陈家的雅集持续了较长的时间。那年闰八月，第二个中秋节同人相约去九山河赏月作诗；又和王老的《感秋杂吟五首》；以及我回杭州小别归来同人赠诗和我的答谢诗；等等，都是在陈家雅集中切磋而完成的。记得九山赏月天阴而月亮迟迟不肯露面，因此任梓良先生写下了“待月偏生遮眼雾”的诗句。我诗中有一联：“非关太白怡春夜，恐失黄州抱月辰。”王老的《感秋杂吟》有一首写王铎，结尾为“此老真能法二王”。大家的和诗都交给王老评说。王老说：“只有郑少梅韵脚押稳了。”“王”字不易押，我押的是“不法先王法后王”。大家在议论着，王老讲了：“马先生曾经说，在和诗时如果有一个特别难押的字，可以换一个同韵的其他字。”我想起了第一次见梅老问他为何表扬我时，他念的一句诗：“下笔先从意内看”。后来我读书渐多，才知道首先提出要突破辞藻、声韵对文章表意能力之约束与限制的人，是《后汉书》的作者范晔。

我从杭州回温，大家赠诗给我，我也一一答谢。不过，那时我年轻气盛，在答任老诗的结尾说："已爱永嘉山水窟，秋来能不忆钱塘。"这时孙椿丹先生对王老说："任先生的诗里话说得过分了（任诗结句"永嘉山水胜钱塘"），所以怪不得少梅要这样讲。"王老说："不要紧，每个人做诗都是一时的感想，在表达了彼此的情感之余有些不同的看法，是没有关系的！"此话至今我还铭刻于心，因为这不仅是论诗，更是讲做人的道理。现在，能在诗词唱和中作这样"过心"交流的人，只剩凤毛麟角了。

除了陈家诗会之外，我也拜访过其余同人，去得最多的是松台山居的王家。从三角城头松台山南麓拾级而上，不过百余阶便到王家，朝南的三间二楼带一个小院落的中式旧屋，收拾得窗明几净。楼下偏间有一块山岩突出在当中，状如大菜桌而上面铺了木板权当桌子使用。这是先生次女师利读书弹琴的地方。王老住在二楼，我去总在那里饮茶论文。王老与我的岳丈（温州老中医）是朋友，所以对我很亲切。那段时间我的诗文水平提高特别快，得到了启蒙老师徐映璞的嘉奖。王老告诉我温州文坛的许多掌故，指点我诗文的门径，相互唱和而怡情悦性。我答谢王老的诗中说："荒畦深费栽培力，已见枝头淡淡横。"王老手拈银髯微笑着轻轻摇头示谦。王老以忘年交许我，因此我赠他的诗中说"莓苔何敢拟兰成"。先生连连摇头说："我从不以庾信自况，作诗不涉'海'字。"我恍然大悟，原来先生是为了避嫌。先生一家在极左之下，经受了不公正的对待，并蒙受了许多苦难。但先生一家在艰难困苦的处境中始终保持做人的骨气，不失人格，坚守读书人的门风和家教。王老真正做到了“颠沛必于是，造次必于是”，堪称读书人的楷模。后来我回杭州工作，王老做了三首七绝并写成条幅送我。诗中有“后起还看郑鹧鸪”之句，以晚唐的郑都官许我。我每次到温州必去看王老，而王老也必请我和内人吃饭。席间王老曾对我说：“少梅啊！你做做诗，我与你唱和唱和。”如今我也年逾古稀，到了当日王老的年纪，才深深感到能以诗歌唱和来“通情达理”的朋友实在太可贵了。像《丙辰冬至消寒第一集》《乙丑四十述怀》等唱和之作，至今尚不能忘怀。

任梓良先生住晏公殿巷一个大墙门里，我去过一两次。一九八〇年任老的夫人去世，他要去北京女儿家常住，临行前劲风楼同人在梅宅为之饯行，我做了一首七言古风的长歌送他。我回杭州工作，他也作诗写成条幅送我。朱洁夫先生住五马街街面房子，单门独户一楼一底，靠近温州百货公司，我只去过一次。孙棣丹先生家我没有去过，也不知道在哪里。林镜平先生家我也没有去过，但知道在谢池巷底、积谷山边一个有山有水的别墅里。那是当年温州城里最高级的民居了，不知道是不是谢灵运太守的宅基。镜平老是温州医学院的老院长，早年留学日本，据说是脑外科专家。镜平老不常来聚会，但大事必来。丙辰十月“四凶”就擒，同人聚饮庆祝，各有诗作。镜平老诗的第一句就是“秋空无复墨云狂”，欣喜之情溢于言表。镜平先生的父亲林同庄与马一浮有交往，所以镜平老曾作《郑绍昌君背诵湛丈一九六七年花朝日告别诸亲友诗深为感悼因次韵追和》的诗。去年，浙江文史馆在美术馆举办马一浮书法作品特展。其中有马先生给林同庄的一封信，字是章草、文也高古，所以文史馆、美术馆均无注文，参观者因看不懂而无人驻足，我在一家杂志上做过简介。其中心内容只有一件事——马先生婉言谢绝林同庄为其做媒。但不知这位介绍给马先生的女子是谁，应是才貌双全的温州名媛吧！

劲风楼同人中有一位从不做诗而热情参与者，乃梅老的哲嗣梅之芳。之芳当时在温州图书馆古籍部做事，我常常去他那里谈天。他总在影抄一部善本的《永嘉县志》，好像是日本学界出钱并通过正式的外交途径派下来的任务。之芳对我热情帮助，带我去认识温州文坛的耆宿，每见一人必以“少梅是我阿爸十分赞赏、器重的年轻后辈”为开场白。一次去见吴鹭山天五先生，好像在海坛山脚他儿子的家。此前，之芳已为我要来吴先生写的一个条幅。与他的谈话有两点留下了深刻的记忆。一是他说“是外无奇”，又解释说：“先规矩而后神明变化。神明变化又不逾规矩。”此比范文澜说杜甫的诗“法度森严而又变化怪奇”更为透彻、明白。二是他说：“陆放翁的诗集不叫‘山阴集’而名《剑南集》，盖因其一生事业、心期在剑南之时为巅峰也。”我心里想，诚哉斯言，谨受教！之芳又带我去见温州有名的山水画家戴云叟学正。他与之芳平辈又是姻亲，住在地委大院对面的弄堂里。在他家里见到了他画的黄山图和天台山图。后来我作了四首七绝送他，赞美他黄山图有两句说：“争差未得黄山去，却览黄山绝顶云。”有一次之芳带我到高功桥附近方介堪先生家。他是西泠印社的名家，当时也寥落在家。他八十岁做寿时，请之芳送来一张亲笔写给我的帖子，征求我的祝寿诗。我作了首七言古风，写成条幅请之芳送去。此诗我未留底稿，但帖子至今尚存。

一九八〇年深秋，我离开温州要回阔别十五年的杭州工作。劲风楼同人在温州酒家为我饯行，饭后到温州照相馆合影留念。今天照片上八个人只有我尚在人世，回首前尘不胜唏嘘！我曾托温州诗词学会、温州长青诗社的诗友打听劲风老人梅冷生后辈的住址，想去探问致意！我也多次去寻找“劲风楼”“松台山居”和谢池巷“林宅”，可是温州市已经“城郭全非”，再也找不到了。我想这些地方应该成为温州文化纪念地，恢复并保护起来。我在客游温州的十多年里，是温州文坛的老先生们给我留下了最美好的记忆和无穷的怀念！

请允许我用悼念梅冷生先生的两句诗结束本文：劲风永驻，吹彻天涯！

原载《温州人》杂志二〇一六年第五期，88 至 91 页。

一座丰碑
——纪念梅老

沈克成

记得在十三年前，即二〇〇七年初，温州市曾经相当隆重举行过一次纪念梅老的大会——《梅冷生集》首发式。今天我特地拿出当时的录像看了看，好几位前辈都已作古。那次会议在市图书馆多功能厅举行，郑笑笑馆长主持，市文化局瞿纪凯局长出席并致辞。《温州文献丛书》主编胡珠生讲话，副主编陈增杰老师也发表了长篇讲话。今天陈老师在，当仁不让，会议主持肯定会请他作一个主题发言，我只是随便谈谈自己的一点感想。

有人说，温州的文化人“事必言籀，言必怀梅”，依我理解，如果分得更细一点，说得更确切一些，温州的教育界，籀公是偶像;温州的文史界，梅老是楷模;温州的书画界，方介堪是导师；温州的外语界，周任辛是标杆；还有，诗词界、戏剧界、音乐界；等等，许多许多。

我觉得，一个知识分子，在他身后还被人怀念，是件不容易的事。许多人在世时显赫得很，但尸骨未寒，就被世人遗忘甚至抛弃了。这样的人不胜枚举。

有人为梅老忿忿不平，认为梅老应该算是一位响当当的温州历史文化名人。陈德荣主政时，温州第一次评选出二十名“温州历史文化名人”，我全程参与评选。当时梅老在初选候选人之列，最终没有入选。我觉得这不奇怪，也在情理之中，因为那次评选的范围太广，跨度太大，早自东瓯国的驺摇，晚至现代的苏步青。再说，那种评选是以一个人的业绩为主轴的。梅老没有太多的著作问世，他只是默默地奉献，所以没有引起特别的关注。

我们今天怀念梅老，是因为梅老的魅力吸引着我们。梅老的魅力体现在三个方面，一是他的业绩，如爱馆、爱书、爱乡，为温州图书馆事业，为温州文史工作作出重大贡献；二是他的人品和气节，那种文人的傲骨和正气，我最欣赏他这一点；还有，就是他提携后辈，注重传承。

梅老大我四十六岁，是我同学的祖父，所以有缘认识了好长一段时日，了解他的身世，了解他的为人；但毕竟年龄相差悬殊，似乎没有亲聆过他的教诲，对他的学问，他的造诣，乃是后来才略有所知。

尽管如此，由于我跟梅老的孙子和曾孙非常熟悉，感情也很深，因为他们的关系，我对梅老也是很有感情的，这让我深感三生有幸。

今天在座的老老少少，年龄差异不小，社会身份也不同，这说明，温州还有一群有良知、有追求、有品位的文化人，在疫情肆虐的时刻，还愿意聚集在这儿，来缅怀我们的前辈。因为梅冷生先生永远活在我们温州文化人的心中，因为他在我们心中树起了一座丰碑。

我们看一个社会是文明或愚昧，可以看她是否善待文化人。梅老生活的年代，经历了不少磨难，抗战、内战和“文革”，他都经历过了，而且都是刻骨铭心的。特别是“文革”时期，眼看着这么多“国宝”遭受摧残，对于一位爱书如命的老人来说，该有多大的刺激。这时候他已卧在病榻上了，仍受到“革命造反派”的批斗，真是死不瞑目。最后他在病榻上所吟成的《劲风楼酬唱集》，就是他悲愤情绪的宣泄。

时间在流转，转眼间我已成了老得不能再老的老人了。回顾我这一生，虽然学历很低，没有读过大学，但非常荣幸的是，当年温州城内的许许多多文化老人，对我都非常好。他们愿意教我知识，更教我如何做人。多年来我养成了一个习惯，每逢一位老师故世时，我都要写一篇纪念文章，这不仅是为了悼念我的老师，更是作为历史的见证留给后人。

我可以负责任地跟你们年轻人说，我的老师，似乎没有一位是能够平平安安、安安稳稳生活着的。更可怕的是，老师的子孙们，大部分都没有能够得到完整的教育，更无法继承父业，把道德文章发扬光大。文化的断层，这该是多么可悲的事啊！

梅老对社会的贡献是有目共睹的，但是社会对他并不公平。他的两个儿子都受到了不公平的对待，影响到梅老的孙辈几乎都过得很是坎坷。例如梅家大房的三个孙子，老大“反右”前高中毕业，还可以考上大学，梅老却坚决不让他读文科，因为怕出事。后来靠自己的打拼，终于当上了一家国企的厂长、总工，却不幸因病早早离去。老二就没有老大幸运，跟我是中学同学，因为父亲在台湾的关系，没让读大学。老三更可怜，连高中也不让读。梅老的二儿子被错划成“右派”，全家的命运就更悲惨了。

但愿我们的时代会一天一天变好，但愿我们当局能珍惜知识分子，尊重知识分子。前天温州市文史研究馆揭牌成立，我似乎听到哪位领导说了这么一句话：知识分子是社会的精英。既然是精英，就应该好好呵护呀，不能让他受伤害啊。

但愿我们在座的每一位将来都能成为温州的精英。如果真能这样，我们就可以过着祥和、太平的生活了。但愿如此。

二〇二〇年五月十五日

原载《温州读书报》二〇二〇年第七期，一版，收入《瓯歌三集》，653 至 656 页。

梅冷生先生的风范

陈学文

近读到卢礼阳先生《建议将梅冷生墓地列为文保单位》(刊于《温州读书报》二〇一六年第八期),颇有感触。意识到家乡文化界对历史文化和文化人的热爱和尊重，这样的美好情怀更会推进社会、文化的发展，感到由衷的欣慰。

梅老不仅仅是对乡邦文献保护作出了重大贡献，他的人格力量更是值得后人尊敬。他个人生活俭朴,但多次将自己藏书、文物慷慨捐献给温州图书馆、文管会;以身作则,勤勤恳恳为读者服务。

梅老熟稔温州地方文献，擅长诗词，可称温州诗坛一名家；版本目录学知识极其丰富，常给来馆求知者以许多帮助，读者常称他为“活字典”。我在上世纪五十至七十年代常至馆借阅图书，他将镇库之宝珍、善、稀本供我查阅，如万历《温州府志》、孙诒让手校隆庆《乐清县志》、万历《东嘉英桥王氏族谱》、顾炎武《肇域志》（钞本）等，对我科研工作很有帮助。

梅老识书识才，热心提携后学，善于发现隽才予以培养，如张宪文、潘国存、周梦江、胡珠生、郑张尚芳、朱海雷等。上述有些人还由他引荐在温图工作一段时间，后成为温州学术名家。他爱憎分明，对于狂妄自视极高者，毫不留情予以教诲。一次，××× 要借李清照诗集，馆员说没有此书，该人态度蛮横，梅老很幽默开导他：李清照有个人诗集吗?书名叫啥?那人答不上来，却执意说，李清照个人诗集当然是《李清照诗集》么!梅老说，那你去查查书目看，是不是《漱玉词》?而《易安居士文集》《易安词》等已佚。那人才知自己根本不懂目录学，红着脸怏怏离开。

一九七六年梅老病逝石坦巷梅宅。病重期间我们几位书友曾去探望，言谈中还是念念不忘温州图书事业，其精神真是可贵!

回想一九六二年十二月他公差去沪，主动为我选购了《丛书集成初编目录》（商务印书馆版）。此书我一直摆在案头，我在扉页上题着："关心乡邦文化的梅冷生馆长作古多年，但见此卷，我如见其人。他为我代购了此书，为我查阅古文献提供了种种方便。永志不忘！1981 年 8 月 8 日。"

梅老为温州文化事业发展作出了重大贡献，特别值得一提的是他的风范熏陶一代代学人，如周梦江、张宪文、胡珠生等先生的成长，均离不开梅老的热心栽培。

卢礼阳先生的提案，确是很有意义的，我衷心赞赏。

原载《温州读书报》二〇一六年第十期，一版。

梅冷生先生指导我读书

陈朱鹤

半个世纪前，作为温州图书馆的读者，我三天打鱼，两天晒网，没有认真读什么书，但是，与梅冷生先生近距离的接触，梅先生指导我读书的几件事，至今记忆犹新。

那时，风行末代皇帝爱新觉罗·溥仪写的《我的前半生》，我也看得津津有味，而且皇上说什么，我就信什么。皇上说自己从天津的张园去关外重新当皇帝，当然那是伪满洲国的皇帝，在复辟的过程中，罗振玉非常卖力，起了很大而且很坏的作用。罗振玉是著名的学者，皇上对他的学问自然加以评价，在皇上的眼里，简直就是盗名欺世之徒。“皇上”笔下的自己，有点受骗上当的味道。

在这个同时，乐清晋墓出土，我遇到一个疑难问题。考古学家夏鼐先生向我推荐去查罗振鋆的《碑别字》。这位作者罗振鋆先生，二十四岁便辞世了，他的弟弟罗振玉，就是被皇上形容得一塌糊涂的保皇派罗振玉，重整其兄未竟事业，整理编辑为《碑别字补》五卷。收录历代近两千种碑帖、碑石中的别字，上起秦汉，下迄民国，是研究金石碑刻汉字形体演变，以及历代书法艺术的不二经典。罗振玉在古文字的研究著作等身之外，还是中国农学的开创者呢。我这种在校只学阶级斗争知识的学生，哪里知道呀?于是，我对溥仪的话，对《我的前半生》产生怀疑，就请教梅先生。

梅先生戴着眼镜正坐着看书，他抬起头来，眼睛往上翻，看了看我，缓缓地说:“这就是人品!”看到我惊诧不已，又补充道:“政治人物讲学术，你不要相信。”梅先生轻轻的两句话，仿佛重锤敲打我的心灵。

对学术界的著作，我读之前，总要先看作者的头衔，掂量轻重，梅先生对此不以为然，他指着温州图书馆几十万册的藏书对我讲，真正有价值的书其实并不多，有的作者牌头大，出名之前的著作下了功夫，有名堂，暴得大名后，不能潜心做学问，也就没啥花头了。

说到这里，梅先生向我布置一道作业，他说:“你们乐清有一个人，很了不起，他的一本书，就可以压倒人家一书橱的书。”他姓张，弓长张，名叫旸昶，也有说单名，张昶。我只知道他是乐清人，乐清哪里也不晓得。因为要找人，要查资料，我要求梅先生把“旸昶”两个字写下来。梅先生很认真地一边写一边解释，旸字是日字旁，太阳出来，晴天的意思；昶字，与畅快的畅同音，永字加日，表示白天的时间长。这还不算，梅先生再加发挥：古人的名和字，意思往往是相关的，譬如我的名叫雨清，所以字冷生，都包含下雨。这位旸昶，都是晴天。

我从温州回到乐清，特地去城南的石马，查了张氏宗谱，没有查到，又去蒲岐，人家不让我查宗谱，这件事不了了之，觉得很辜负梅先生的重托。

近读浙江古籍出版社出版的《梅冷生师友书札》第281页，是郑空性致梅冷生（一九六三年三月九日），开头便是："冷生先生：前谈张日永事，曾托人查阅黄花张姓族谱，惟至今尚未回音，得暇当亲去一查。未知尊处近来有否获得新线索，便希示及。"

这位写信的郑空性先生，不但是我的老师，还是我家在乐清中学白鹤寺后面二公祠的邻居。梅先生对寻找张旸昶的事，是极其重视的。

梅先生以此来指导我，要读有价值的好书。

二〇二〇年七月十四日于上海

原载《温州读书报》二〇二〇年第八期，四版，收入《瓯歌三集》，657至659页。

籀园琐忆

樊祖鼎

籀园在温州大士门底窦妇桥，原是纪念孙籀庼先生的花园。园内坐西向东是孙仲容先生纪念堂。堂内正中是遗像，明橱、长案、对联、四周花窗，座椅。游人入内，不觉肃然起敬。

园外右手边临湖，是一株大榕树，小石桥，居士林，文起祠；再往西是一个有三间住房的路亭，再往前不远，就是已经破损的城墙和城墙上残存的雉堞。有时中午休息，我独自一个儿上城墙，在雉堞旁边小憩，遥望西城外的人烟风景。左手边是一个小小寺院，楣上书“准提寺”三个字。僧人课诵，不时传出鱼磬声。

籀园地方不算大，却甚幽雅。它的前身据说叫依绿园。园内小小斗花卵石路，有阁舍亭台，方柱，柱上有联板。花木草树，非常丰茂。花墙隔不断，小门可通幽。圆洞门外石栏石阶，九山湖的横塘从此通过。我少时暑天常到这里游泳。

此园一九一九年正式辟为永嘉、乐清、瑞安、平阳、泰顺、玉环旧温属六县联立图书馆。地方幽静，行人稀少，是个文化区、风景区。

大概是在一九三二年，我第一次去籀园借书，是承彦侄和我一起去的，他比我大四岁。我们进大门，越过花墙小院，经过花园回廊，到了一带临河的轩房，河边用高高的砖砌栏起，上镶木条。栏杆较高，那我要踮起双脚，伸长脖子才能看到栏杆外边的涟漪小河。轩房中有一间是阅报室，另一间是目录室，还有一间大概是会客室吧！我们在目录中找到书名，填写了一张借书单。我们那次选借的书是《火牛阵》。然后沿着那卵石铺成的小路，经过孙仲容先生纪念堂前，由南向北走，看见了阅览室——淡灰色的外墙，紫红色的窗框。

进入阅览室之后，先拉一下绳子，牵动了一个铜铃叮当作响。不一会，听见了楼上脚步声，有人用绳子从四围是木栏杆的天井中间，放下一个藤栳儿。我们把借书单放了进去，绳就牵动，把那藤栳儿吊了上去。又一会儿，铃声响时，藤栳儿里放着的就是那一本我们要借的《火牛阵》。但它和我们原先所想象的书不一样，它是一本画册，有中文说明。因有图画，一望便知其意。我们一页接着一页翻了过去，没有多久，书看完了，把它放回到藤栳儿里，拉绳铃响，栳儿慢慢地升了回去。

借书看书已经结束，我们一溜烟似地跑回家去了。这时才感到松了一口气，连刚才在籀园阅览室，那么好几张大桌子上有多少人在看书都不知道，只觉心怦怦地跳，没有一丝儿别的声音，真是静不可耐。虽然后来我也去过，但这次印象最深。

正因为对籀园留着一个清幽、静僻可以读书的印象，我在一九四二年三月经同学叶正泺的介绍，真的到籀园工作了。这跟以前来借一本小书看看比较起来，是升堂入室了。当时馆长是梅冷生先生，工作人员有叶杲、张玉燊、李多多、叶玉壶和我等五六人，还有一位老工人王永福。老王花白着胡子，穿的一件青中带黄的长袍，没有妻室儿女，奉养着一位高年的母亲，就住在纪念堂右后侧的一间平屋里。中午回家用餐来回费时，我就在老王家搭饭。一张小几，青菜素饭，颇有清香，是老王和他高寿的母亲做的。我饭后总是在周围散散步，进纪念堂坐坐，看看那些对联和堂内简朴而整齐的陈设。孙仲容先生遗像两边那对白底黑字的楹联，写的是：

博学于文，约之以礼，

多闻阙疑，慎言其余。

是蔡元培的手书。

梅先生给我分配的工作是整理和登记那一堆堆摆满地板的线装书，指定的办公地点是楼上。于是，每天我坐在楼上东南角斜放着的那张淡黄色公事桌旁边，往来于书堆行间，清点、翻阅、标志那些书册，把它们整理好，摆到书橱里面去。

偶尔梅先生也上楼来检查一下我所做的整理工作，有弄错的地方加以指正；看看我在读些什么书。有时就在我坐的那张圆藤椅上坐下来（这是楼上唯有的一把交椅），我就站立在南窗边，听他讲话。他的话匣子打开，就谈起学术上的事：学术新闻，学人事迹，学习方法，他自己在学习中所体会的甘苦，和处世为人之道。在谈论之中，梅先生的谆谆教导，对我很有启发、教育和鼓励作用。

梅冷生先生高个子，短白发，长脸型，高度近视，对人和蔼，不多说话，生活简朴，边幅不修。他是学者和诗人的气质，吾行吾素，鞠躬尽瘁。有时见到中意的诗，也高声朗诵。

这是他给我留下的印象。

因为整理旧籍，我见到不少的书，浏览不少的书，大部分是清代木版印刷。可能这些书就是孙诒让先生玉海楼藏书的捐赠部分，迄未整理过的。也有很少数明版书。这些都算是善本了。

时过境迁，印象已经淡忘，尚能记得起的，当然首先是经书，有各种不同的版本；其次是史、汉，似乎都不止一部，书函都甚完整，有些是樟木板夹的，大多数是蓝布包硬纸板做的；再其次是各种韵书和字书；各种诗文别集。专类的传记也不少，如《高僧传》《历代名贤传》《贰臣传》《历代名人像赞》等，给我留下了深刻印象。更有意思的是四库缩印本中的那部多卷本的《西清砚谱》，这使我开启对于砚的总认识。

当时我最感兴趣、而且也为之惊异的是一部在日本印刷出版的八开大字本，铁灰色纸面，白丝线装订的分册诸子。我检出一本《荀子》放在案头，风雨晨昏高声地朗读。洁白而细腻的纸质，和大字笔划的秀美，给我一种读书中的舒适优美之感。我始终存在于脑际的问题是，为什么在日本印得出这样讲究的本子，而在我国反而不曾印得出呢?除了印刷工业的发达之外，也还有其他原因。

这些书给我以刺激和策励。我要读它，首先得在文字语言上下功夫。我对文字语言较有兴趣。那时二十几岁，本国语文之外，天天读英文。

物以类聚，人有同好。也就是因为这样的缘故，我在籀园时期交结了一位新的朋友，他的名字叫李文澜，广东新会人，是盐务局的职员，年龄比我大一两岁。这个人非常勤奋好学。他组织了一个英文促进会，带来两三个人持介绍信找我去给他们讲讲英语。那时是在抗日战争期间，可能是由于战局吃紧，机关搬迁，他们的英文促进会没有促成。而李文澜却常来籀园，我们两人或散步、或坐在月洞门外小河旁边的石栏杆上，用英语谈自己所喜欢、谈自己所能表达的事情和想法。这样的来往坚持了很久的时间。我和李文澜在温州分手是在一九四二年深秋时节。他家有老母，境况清寒。抗日战争胜利后他转杭州工作。然后是四十多年杳无音讯。原来他自学拉丁文很有成绩，编辑出版拉丁文词典，在上海军医大学任教英语和拉丁语。

籀园原是为纪念孙仲容先生而建的。孙先生自号籀高(庼)，是因为他专心致志研究籀文，因而建园时即以“籀”名园。孙仲容先生的贤嗣孙延钊孟晋先生，是梅先生的前任馆长。我到籀园工作时，孟晋先生已去主持《浙江通志》的纂修工作。籀园楼上东南窗下那张淡黄色的办公桌原是他坐的。他走后，留下满满一抽屉来访者的名卡，我看看很有意思。另外有一些他自己专用的、木板拓印的海蓝格子毛边纸稿笺，也很别致。一九八三年我曾到他杭州寓所去看他，转达关于他的著作在文献出版社出版的事。那时他已双目失明，但他的精神尚健旺，态度依然和蔼可亲。但这是我和孟晋先生最后一次见面。

这些琐事都因籀园而起。七十年来籀园的秀美和幽静令人难忘。它是温州的一块璀璨宝玉，是浙南的学术摇篮。

一九八八年七月十四日写于温州

原载温州市图书馆编《七十春秋录：温州市图书馆建馆七十周年纪念集》，77至82页；收入《籀园芳馨》，300至303页。

忆籀园　怀梅翁

潘国存

我爱籀园，爱它槐花如雪的三月，爱它洞天月色的仲夏之夜，然而我更敬爱馆长梅老先生，我跟从梅老先生从苦难的旧年代，跨入了新世界，一起在籀园度过十几个春秋，谛听过准提寺僧敲响的不计其数的晨钟暮鼓。籀园往事，真是如烟，常常萦绕我的周围；而最使我难忘的是梅老先生爱书如命，为图书馆事业不知疲倦的精神。

年年夏秋之交，每当晚霞染红落霞潭水，籀园楼上不时传出拍撣古书的声音，和低低的吟诗声，这时我便上楼了，只见梅先生满头大汗，聚精会神端详着一叠一叠的古书，一边把书放进了书橱，一边回头与我谈起书的遗闻轶事。这时我便挨近前去，听他满腹的知识，要听个足够。他常常谈论图书馆藏书，应该“兼收并容”，不能“以人废言”，即使如郑孝胥、汪兆铭之流的作品，也应收藏，留给后人再作表里剖析、深入研究。至今我认为这不是陈腐之说，而是饱学多思的梅先生藏书建设的卓见。他使我懂得，一所公共图书馆收藏图书，应该具有历史眼光，既要满足当代社会的需求，又要为后世百代搜罗史料，并要全力保存中华民族文化的精英。

抗日战争胜利后，籀园经费仍是处于异常艰难的困境。经过八年离乱，梅老先生感到馆藏图书不足，于是亲去上海，购回《明实录》《玄览堂丛书》《合众图书馆丛书》《王静安先生遗书》《吉石盦丛书》及《国粹学报类编》等巨部图书。当书到之日，他抱起带书香的书卷，东抚西看，那种喜悦之情，至今常在我的脑海里浮起。温州地处祖国东南海角，交通不便，文化信息闭塞。那时籀园购到这批学术图书，无疑给温州士人带来了福音。在旧年代，温州仅是山货、洋货集散的城市，化学工业素称落后；当时不少读者来馆寻找化学工艺之书，企图打开化工之路。有人反映吴先生藏有日本专家编著的《化工大全丛书》，要求梅馆长设法借出；可是经过一番商量，吴先生不肯割爱。梅先生立即托人从上海商务印书馆购回《化工大全丛书》二十四册，满足读者要求。我知道梅老先生与一些有识之士一样，胸怀实业救国之心，他亲手将商务出版的自然科学、应用技术一类大学用书，一本一本配齐。我记得这红皮精装的大学用书，快放满半个书架。他对我说过，图书馆购书，既要购雅俗共赏的书，又要购学术湛深的书，要多为读者着想，他们能力买不起的参考书，我们要千方百计为他们购到，这样才算一个图书馆。他主张图书馆要给人以益处，反对把图书馆作为消遣之所。

因此对荒诞不经、庸俗下流的小书，一律不收。在今日要从老籀园藏的平装书里，即使如《薛仁贵征东征西》《乾隆爷下江南》《十三妹》《绿牡丹》这些章回小说，也是找不到一本。

解放战争开始之前，籀园的书报阅览室是办得活跃的。《周报》《群众》《文萃》《民主》《新华日报》《华商日报》《时代日报》等进步报刊与《扫荡日报》《中央日报》一起公开陈列，这与梅老先生的支持分不开的。

正如我的朋友吴闻说，梅老是一位不可多得的馆长，是一位开明的老先生。我常常被他爱书如命的精神所感动。十年浩劫，梅老先生也受尽磨难，躺在病榻上，居在不见阳光的屋角里，还常与我谈起图书馆的古书，他很希望《四部丛刊》《玄览堂丛书》等未齐的丛书，能够把它配够齐全。当白仲英医师逝世之日，他说自己不能及时劝说仲英先生将家藏医书捐献归公，是平生一大憾事；他说白医师的医书，经过其祖辈批校，录有祖传秘方，公之于世，对医学是大有用的。建国后，国内闻名的藏书家的藏书，大多归公，因而过去在温州从未见面的乡先哲著述，有的已陆续在北京、上海等地图书馆发现。他说，市馆财力许可的时候，应将它抄录入库，这决不是无足轻重的小事，而是为祖国为温州招魂。

今日温州的人们都击节称赞梅老先生保护地方文献的功绩。我想即使从他的细微处，也可见其爱乡爱国的精神。人所共知，讣闻、哀启、挽联录、寿言赠序，向为藏书家所忽视，而梅老先生却把温州人这种书刊都整理入库，为今日编写地方史者带来了方便。他又将平日读书时见到的温州史实抄录下来，夹入乡先哲遗著中，今日我借过几种乡贤作品中，都见到梅老这种手迹。虽只寥寥数语，也颇为实用。经他鉴定入藏的古书，也显示出温州地方特色，我见到一部四部丛刊本《王梅溪先生集》，从版本来看，是通行影印本，可是它原为乐清雁荡蒋季哲家故物，是经过吴天五先生批校，眉头行间的批语，也很精到；又如收藏清末朴学大师孙诒让《周礼政要》一书，其中收有温州佚名者的批校本一种，其书眉批语，大可补孙先生研究西方政治制度之不足。市馆藏有这批古书，不能不说是梅老先生之功。

梅老的藏书楼叫“劲风阁”。他平生很爱收藏清人诗文别集与词曲，多达四百余种。在旧年代里，他在籀园后面购得菜园两亩，计划扩建籀园图书馆，名曰“清集楼”，将劲风阁收藏的清人集藏入楼中。他说，这样清集楼别有深意。当时工人已将粗石和石条运入籀园岸边，准备破土动工，只因那时物价飞涨，民不聊生，清集楼也化为泡影。建国后不久，梅老先生带头响应党的号召，便将劲风阁藏书数千册捐献归公，又把珍藏的一对橄榄树轿杠、两只精致的花鼓桶等历史文物献给国家。趁晚晴时候，他为图书馆千秋大业，更是兼程向前。

梅老先生是一个有才华的词人，早年便以词名闻江南。他异常心爱亲手购到的清人诗文与词曲，在今日入藏的清人别集中，你可以见到他得书忻喜的题记；他搜集的名家诗词，有其独到之处，它为南京大学程千帆教授主编《全清词》提供了不少资料。今天，在纪念市馆创立七十周年的节日里，不禁想起了美丽如画的籀园，想起了令人起敬的梅冷生老馆长。

一九八九年七月二十日

原载《七十春秋录:温州市图书馆建馆七十周年纪念集》，86至89页;收入《籀园芳馨》，297至299页。

梅冷生先生逸事掇辑

潘国存

梅老先生晚年病瘴，卧床十载。他在漫长十年里过着一窗明月半床书的病榻生涯。当他被病魔缠得最苦的日子里，我常去看望，以解其寂寞之心。先生博学强记，长于诗词，见闻丰富，经历过三朝风风雨雨，因此病榻对话，颇饶风趣。夜深人静，偶尔想起他的话语笑声，如在目前。今先将其所说生平轶事、温州地方琐闻掇辑为文，以见梅老先生之精神。

一

梅老先生自幼有神童之目，当其少时，清廷举行县试，先德秀芝公携他进入考棚，并在考桌上摆着蛋糕，试笔考了一场。满清科举既废，秀芝公曾教他习医，梅老先生说，不知何故，药名医案始终记不住、背不来，因此放弃学医。唯对古文词章记得牢牢的，于是便学起作文，填起诗词了。入民国以后，写过时论，抨击当政者，受过政府通缉（他未告诉何篇时论，以何罪通缉）。当时秀芝公和他都很害怕。梅老说，青年血气方刚，动笔弄文，容易得罪人。古人云：祸患始自识字，在旧年代很有道理。

梅老写的诗词，受过著名词人林铁尊、叶恭绰的赞赏。梅老先生说，做诗并不难，做好诗却不容易了。他说，民间口头念的“九山水龙会，烂头走头个”，也算是诗，它抓住烂头儿拼命赶路，勾出端午赛龙舟的盛况。又如写暮春三月温州城拦街福热闹非凡，有两句竹枝词道：“隔壁遭冤龙喷水，无端湿透碧罗衫”，既戏谑又有儿女情长。打油、快板也是诗。可是写好诗却不是容易的事。他说自己在抗日战争温州第三次沦陷时，逃亡瞿溪山中，面对剩山残水，时时有国破家亡之忧。深秋一日，夕阳将西，行走于丛山溪涧之边，远处传来寺院钟声，见景触情，写下两句：“微阳温落叶，残水答疏钟”，而后搜尽诗肠，终不能写完这首诗。他说自己平生做诗，随作随丢，仅此断句，或可留传后世。又对我说，世上真有诗忏否?这两句诗不正是他今日卧病在床，奄奄一息的写照?!梅老先生说，作诗最忌矫揉做作，要自然，要拾得全不费工夫。他说在病中写的两句：“人言秋雨隔牛背，吾道春风吹马蹄。”以温州谚语入诗，却合有诗的哲理。对于诗，我是门外汉，只是连连称是。

当“左”的思潮泛滥时，社会一些人对中华民族文化遗产采取虚无主义，梅老很气愤，曾说过两句话：“古代诗人皆放屁，今日诗人拦路香”，受过批评。

后来他到苏州开会，听了郭沫若先生的报告，郭老先生说，关公的脸，不可涂得太红，太红了就不像关公。梅老先生很佩服郭老先生这个见解，击掌称好。一九六四年五月郭沫若先生来到温州，到市图书馆作客，与梅老相谈甚欢。梅老说，郭老对他所言版本目录之学，颇为赞赏。当他拿给市馆藏善本书录，因纸质粗劣，油印模糊，难能辨识。郭老看后笑着说:“这是一本天书。”席上宾主哄堂大笑。“文革”时期，郭沫若先生的《李白与杜甫》出版，梅老叫我代他借到。书中郭老说杜甫是地主阶级代言人，李白为工人阶级唱赞歌。梅老看后，老是感到不舒服。他说，那么历代学者尊杜甫为“诗圣”，尊李白为“诗仙”，将作何解释，郭老在苏州会上一席话，又将何如。有人说郭老太善于作翻案文章了。

二

梅老先生一生主要从事文化教育事业，任图书馆馆长达三十五年之久。他反对将图书馆办成消遣闲游之地，他重视藏书建设，不购置黄色下流的小书。他说，要把图书馆办成学术研究和教育人民的中心。抗日战争胜利后，他曾设法购得籀园后面连片的菜园，又先后向温州、上海股实大户募集资金，扩建馆舍。设计将前门开向放生池，原来保安桥籀园大门改为后门，新建藏书楼命名“清集楼”，将其劲风阁收藏四五百种清人集捐赠图书馆，并穷自己有生之年，再向全国搜集清人诗文集，使籀园图书馆藏书具有特色。时隔几年，唯因伪币狂跌，募集的钞票，旬日之间变为水雷炮，不值一文钱。连已运到堆在籀园河边的粗石条也不得不转让别人。梅老谈到此事，是非常感慨的。他又说，作为地方公共图书馆，有责任收藏地方文献。今日市图书馆藏有温州诸先生著述达二千余种，梅老之功是不可磨灭的。

籀园这个地方，梅老认为做为馆址是最好不过的，三面绕水，可防火灾，图书最怕火灾。他反对把图书馆办在闹市中心。卧病时，听说馆舍在县前头解放电影院废墟上建成，他说作为市中心阅览室则可，在密集的商业区建总馆是不适宜的。他笑着说：“这里吃汤圆、买煎饼是便当的。”梅老先生这些对图书馆的藏书建设与馆址选择的意见，今天似应引起当政者与有识之士的重视。

“文革”期间，我告诉他竖在松台山顶的抗敌阵亡将士纪念碑已被造反派拆毁，他听了默默无言。而后谈起这篇碑记的来历，是国民党三十三师师长萧冀勉委托他起草的。八年离乱，温州百姓几番受苦，抗日将士为国捐躯，是应记其一功。他说，那时是煞下步码写出这篇文章的，写成后由方介堪书丹上石。我记得这篇碑文，曾发表于《浙瓯日报》，碑记开头是“抗战军兴，神武蒋公”。末尾署部民梅雨清谨撰、方岩书丹。梅老先生又说，萧冀勉送给他一笔丰厚的稿酬。他悉数转给籀园购书了。这使我想起那时从上海生活、读书、新知、光明、开明书店购进一架新书，在这批新书的扉页上都贴上萧冀勉先生惠赠的签条。当时他没有透露这是他的稿酬购置的。

当谈完抗敌阵亡将士纪念碑记后，梅老先生又说，前个月，一位友人告诉他，一个放在松台山上山处，面对落霞潭的诗碑也被捣毁了。这首诗是道光年间永嘉知县谢茂荣作的，光绪《永嘉县志》未收。他背给我听，叫我笔录，并叫我抄写一张，夹入《永嘉县志》，原诗如下："水色溶山色，天空任所登。仙人邈不及，霞彩足为凭。落日烘虚谷，渔榔响暮罾。青云如可悲，趁此好风乘。"

梅老先生病中也关心家乡文物，平日爱书如命。当图书馆的书被读者撕损时，他是很恼火的。一日，我发现明沈德符的《野获编》不少处被人剽窃撕页，他怀疑是我一位搞明史友人干的，我听后时有失职之疚。梅老先生说，解放后，他接管一位故家的藏书，从中发现一束《野获编》的撕页，正是馆藏这部书的缺页。他说，这位老先生曾当过县知事，曾为温州诗坛祭酒，为人道貌岸然，干出这种蠢事，人是不可以貌相。他是长者，我们应为长者讳。过去对你友人的怀疑，从此可以冰释了。

他说，图书馆馆员对读者既要热情，又要严格，要善于从读者中发现人才，给他种种便利，培养成才。他说解放后，在读者中发现胡珠生兄钻研精神非常人可及。开始时，胡先生研究秦汉史，他便尽量提供史料。那时胡先生正在坎坷的道路上徘徊，梅老先生说，如果我有金钱，我应拿钱相助。而后中华书局要他编辑宋平子文集，便将定金五百元，以及平日收集的文稿杂件全部交给胡珠生兄整理。今日胡珠生先生在学术的宫殿里点燃了明灯，不能不说有梅老先生的一臂之助。

三

梅老先生在旧年代里，当过省议员，做过官府幕僚，正如他自己说“抗尘走俗”，因此他交游是广泛的，有达官贵人，有骚人墨客，有酒肉交杯，有巨商掮客。

梅老很尊敬刘景晨老先生，一直执弟子之礼。自民国以来，共同为温州文化事业挑过担子。例如重刻《永嘉县志》，辑集温州区乡先哲遗著，纂修民国《永嘉县志》；解放前夕共同出席温州和平解放会议；解放后不久，合力筹备温州区文物保管委员会。一九五七年时，刘老不幸被错划右派。当时梅老曾说，右派对他来说是泰顺生员，轮不到，挨也挨到。批判刘老时，他被点名发言，他说自己连日寝食不安。刘老逝世时，正值“左”的浪潮，温州士人前往送葬甚少。梅老说，到世美巷刘宅吊唁的仅陈守庸先生，马祝眉先生送了挽联，他自己和王思本先生站在百里坊口大榕树下等着，当送葬队伍上街时，他与王先生默默跟送了一程。他说那时心情，不知是何等滋味。事后，刘老的长公子刘节登门拜谢，更引起他对刘老先生敬仰之情。

旧年代的浙江省教育厅长李超英、永嘉县长陈纯白都是梅老先生的好朋友。他俩“衣锦还乡”时，梅老在籀园设宴洗尘。当时图书馆经费极度困难，他向陈纯白提出要永嘉县追加图书馆常年经费，向李超英建议，改温州六县联立的籀园图书馆为省立。他俩都口头答应，立刻办理，然而如一阵风吹过一样，不久便成泡影。在危在旦夕，千疮百孔的旧中国，要想把图书馆办好，只是一种梦想！

解放后，籀园改为温州市图书馆，在党的光辉照耀下，有了长足的发展。今日在改革开放的广阔道路上，作为文明标志的图书馆，必将跨上新台阶。

明年为梅冷生先生百年诞辰，我以深切怀念之情，写下这篇文章，以为纪念。

原载《鹿城文史资料》第九辑，温州市鹿城区政协文史委编，一九九五年年三月铅印本，189 至 195 页。

记梅冷生先生在土改时抢救温州地方文献

潘国存　口述　冯　坚　整理

一九五〇年九月三十日，中共温州地委在瑞安县双垟凤岙乡开展土地改革试点工作。次年春，温州各地开展土改运动。农民在分地主家具器物时，往往将书橱抬走，橱内的书籍扔掉不要，抛在地下无人管，甚至被人拿走当柴烧。当时乐清倪悟真家就是如此遭际。籀园图书馆馆长梅冷生得知如此情况，心急如焚，立即约同该馆管理员潘国存同往市军管会向李培南政委反映，并要求各地在开展土改时把地主家中的藏书集中给籀园图书馆保管，以免毁坏。

李政委知书达理，具有较高文化水平，当即采纳梅先生的建议，并马上写下手令，责成梅冷生去办理此事。接着，李政委为落实此事又打军用电话直接通知各地土改队遵照执行，不得违背。

梅先生和潘国存带着李政委的手令，先到达近郊梧埏，那里有戴宅（即戴幼和家），是温州有名的藏书家，在当地领导土改工作的牛书记（山东人）的热情帮助下，把戴家的藏书完整地运到籀园图书馆。后来，各地土改队也都陆续将地主家的藏书送往籀园。据后来统计，约有温州地区先哲遗著四百馀种，其中有的是明刻本，有的是初刻本、手稿本、精钞本和孙诒让等著名学者的批校本，不少是海内孤本。

这些宝贵的古籍地方文献，是温州先贤历史的记录，又是人们把握今天，创造明天的向导。今天由昨天发展而来，了解过去，才能认识今天，预测明天，因而才能很好地处理今天面临的各种各样问题。梅冷生先生喜读书又最爱藏书，梅氏劲风阁就藏有不少珍贵的精本。著名的学者张棡（夏承焘的老师）曾称赞梅冷生为“永邑中好学之佳少年”。在温州土改运动中他能挺身而出，抢救地方文献，大义凛然，功不可没。

原载《温州文化史料专辑》，温州市政协文史资料委员会编，二○○四年十月印行，240至241页。

回忆梅冷生老馆长

黄东君

一九七六年七月二十二日，这是梅老离开这个世界的日子，今年今天，正是十周年纪念。这十年过得好快，我虽然早告离休，但仍然是世事纷纭徒自扰，还没腾出时间写一点文字纪念他。论到梅老的生平行实，值得称道之处是很多的，绝不是只言片语所能表述，而洋洋大文我又写不出来，于是拖延到今天，十分内疚！

现在，留在我的书架上有两卷《劲风楼酬唱集》，一本《劲风阁遗稿》，都是梅老的哲嗣梅之芳同志赠送给我们的。集内载有梅老当年的诗词代表作和各类文稿，还有一幅梅老的画像。这些年，我就是默对这些东西，悼念梅老的。

一九五二年春间，我在温州地区干校结业，由文教局分配到温州市图书馆工作，这时我和梅老开始认识。梅老任馆长，他事无巨细，总要把当天的事情在当天办完办妥。他对广大读者，也都是不厌求详地一个个认真指点，谆谆教导，随处表现诲人不倦、助人为乐的精神。

梅老爱护公共图书，胜过爱护自己的生命，甚至对书库中的片纸只字他都十分珍惜，从不随便丢弃。在二十多年和他共事中，据我了解和亲见亲闻，他经历抗日战争、土改和“文革”三个时期，在保护图书、充实馆藏、编目整理等方面费了很多心血，做了大量工作。例如当温州沦陷前夕，他为确保图书资料不受损失，竟然不顾自身安危，在极度困难的环境中，千方百计将馆藏图书悉数转移到偏远山区，妥善地加以保存；在土改期间，他趁着土改队没收地主阶级财物的机会，不辞劳瘁，深入到各个农村，争取回收了大量古旧图书，其中还搜集到相当数量有价值的历史文献和乡邦文献。

到了“文革”时期，他已经卧病多年。一天，遇到学校红卫兵抄家破四旧，他们抄了图书馆，又要抄石坦巷的古书和梅老的家，我急忙从图书馆跑到石坦巷，碰到他们正在砸梅老的古式有雕刻的木床，经过再三说服，他们一股子才走了。这时梅老已处在半昏迷状态，他尽力睁开眼睛看到我时，便问古书怎么样?当他得知不但全部古书安然无恙，而且我们还从各处破四旧中抢救到一大批图书文物。他听了以后，面露笑容，表示极大的高兴和无限喜悦之情。

梅老一生孜孜为学，刻苦钻研的精神也较为突出的。解放后在党的领导和教育下，他努力学习马列主义和毛泽东著作，在政治上对自己提出了更高要求。每于工作余暇或星期假日，他总是放弃休息时间，手不释卷，勤奋学习，甚至在长达十年的养病期间仍坚持读书，不废吟咏，亦足见其持身力学的功夫和乐观豁达的素养。

梅老襟怀坦荡，待人以诚，他具有浩然之气的儒家之刚直，这种刚直的品德，无论在新旧社会里都是难能可贵的。他毕生致力人民图书事业，勤勤恳恳为求社会主义文化的繁荣和发展作出许多有益的贡献，在浙南文化界和人民群众中享有盛誉。他虽然已经撒手西归，而他的光辉业绩却长留人间，永远受到人们的怀念和崇敬。

一九八六年九月七日

原载《怀梅集刊》，27 至 28 页。

事业已为前辈录　典模留与后人看

阮延陵

今年是梅冷生先生诞辰百周年。他的事业、为人，是很值得我们后人追慕和学习的。先生是我最崇敬的一位师长。我以前跟先生在古籍部工作过，深受他的教益。为了表达我对他的怀念，借这个机会将他的事业、为人，约略说一下。先讲他对工作的贡献及其功绩，再讲他为人及高尚品德。

他是籀园图书馆的第七任馆长，对温州文化事业，特别是古籍方面的建树，硕果累累。

第一，征集整理乡先哲遗著。

这个工作，当时由他与刘绍宽、孙孟晋、刘景晨等人发起而进行的。温州是东南文物之邦，先哲遗著，亟待搜集、整理，否则年深日久，就有流失的可能。这一工作，全赖先生等日以继夜、不辞辛劳，不久就完成了，计三百余种，刻本、钞本、稿本都有，其中如宋平阳朱黼《三国六朝五代纪年总辨》、瑞安陈氏《清颖一源集》等都是少见的善本。有些原著已佚，当时如没有先生等既热心又熟识的人去做，后人是难以搜集并完成这个艰巨任务的。

第二，争取玉海楼、敬乡楼等一批私家藏书归馆。

玉海楼这批书有不少是孙氏家刻，内有孙衣言、孙锵鸣的批注与稿本，孙诒让《周礼正义》稿本。其中《墨商》，为王景羲协助孙著《墨子间诂》之手记，对研究孙氏这部书有第一手参考价值之用。当时这批书原拟拨归浙大，是先生向夏承焘先生力争而来的。敬乡楼这批书为黄氏溯初藏书之烬馀，将近千种，内有不少善本，如元永嘉戴侗《六书故》，汲古阁影宋本，有毛褒藏印。此外，瑞安黄氏蔘绥阁也有一批数量相当可观的书，孙希旦的《大金国志》乃乾隆修四库时的稿本。这几批书都是先生通过私谊与一些关系争取的。外地还有一批影印珍本丛书，如北京郑振铎的三编《古本戏曲丛刊》、甘肃朱铎民的《古逸丛书》、上海李鸿文的《古今图书集成》等。其他零星赠予的，如嘉兴清仪阁、海盐张元济、瑞安张明东等，也与先生交谊有关。清仪阁的《古印偶存》只印三十份，而馆中亦得这难得的一份。还有一部万历《温州府志》，是通过交换从瑞安文化馆来的，系卖糖担检得，罕见之明刻，美国国会、日本内阁各有一部，北京、台北各只半部。

第三，抢救一批土改家藏书。

计有汀田张震轩、瞿溪潘鉴宗（?）。汀田张家，数量相当可观，内有张震轩（张棡）的批校、跋语。抢救这批书是他向当时的市委及时提提议，而以文管会名义与方介堪先生等下去接收的。

第四，收集地方文献，辑录有关地方资料。

地方文献如孙锵鸣《回京日记》、孙宣《朱庐日记》、蒋叔南《三雁游记》等。辑录之资料，皆方志不载，是先生一手从各种古籍细水长流中来，积有盈尺，不容易。

第五，编写馆藏古籍书目与善本书目。

馆藏古书数量大，连复本在内将近二十万册，居全省第二，编写书目，先得做一番繁细的清理，把其中复本、善本从中捡出，版本的鉴别亦颇费功夫，工作细、量大。编成后，对管理、利用及馆际交流都有利。青海大通县是个没有（保存）县志的县，他们从北图存的我馆古籍书目中发现线索，派人来温州抄回他们的县志，高兴极了，一个没有县志的县份，那里的人民是多么的尴尬。还有一部格桑泽仁撰的《拉章札西溪概况》，北图通过我馆书目向我们借印，由中央驻藏工作组赠交西藏，充分发挥了书目及藏书的作用。这两部书当时都不入善本，北图踏破铁鞋，才从我馆目录中找到，后归入善本。

第六，培育后进，继往开来。

温州一批自学成材，后来在学术上有成就的人，如郑张尚芳、胡珠生等都离不开先生之力。先生不但尽量满足其查借要求，同时为他们提供资料线索。有些人还从馆藏古书中整理出版一些书，如《小豆棚》《过来语》《高则诚集》及李义山、叶适、四灵、宋恕的一些著作，有些学者，如郑西村的《词源解笺》、张乘健的《世界宗教史》，亦得力于馆藏古籍。换言之，先生在这里实际上起了继往开来的作用。另外，省《汉语大词典》编写组所以在温州设分组，其中一个主要原因，即由于温州古籍较多之故，这里也有先生一份功劳。

以上只就我个人所知，实际上先生的贡献决不止此。

先生对我们温州文化事业与古籍方面的建树与贡献，与他的为人、修养，特别是公而忘私的献身精神分不开，从先生身上，我们可以看到三个宝贵的字。

第一个是“公”。

先生曾把自己家藏的劲风阁全部古书连同书柜，两万馀册，全部归功。内一套《南社杂志》首尾无缺，杭大曾以高价求让，而先生谢绝，后来无偿归公。经费不足，曾自掏腰包，购买一批旧帐册作古书封皮。平时还经常发动其孙辈来书库义务劳动。日寇寇温，曾将三十馀箱善本书迁移瑞安山区隐藏。温州到大岙跋山涉水，先生不辞辛劳。当时书库条件差，潮湿、蠹虫、鼠患严重，灰尘多、跳蚤多，得经常打扫、检查、翻晒。干这个工作，既不能怕麻烦，也不能怕累、怕脏，得有个“三不怕”精神准备，而这种苦事，先生不辞避。另外一个问题，先生生平除二集遗作外，没有别的著作问世；以先生之博学与条件，非不能再写几部书来，完全由于工作繁忙，只能倾全力于日常工作之故。换言之，先生搜集这么多的书与资料，一方面固然为社会所效用，另一方面亦未尝不可说是“为他人作嫁衣裳”的。这一切都说明，在先生的心中，高高悬挂着这个“公”字。

第二个是“实”。

先生生活朴素，工作实干，完全不事虚华。其实先生是我们温州的一位名副其实的诗人，早年曾与夏承焘等组织慎社诗会，写了不少的诗词，后结集为《劲风阁酬唱集》与《劲风楼遗稿》。内有一词曾被叶恭绰选入《广箧中词》。但他后来把全副精神放在乡邦文献上头，诗也不做了；有之，也不集录。以上两部遗作是辞世后，生前友好为之结集的。他大巧若拙，不作兴舞文弄墨。当然，他也有酬唱，但鲜为人知。他俭朴又实干，手中拿的不是芭葵扇，就是鸡毛帚。鸡毛帚也不是坐办公室揩桌用的，而是书库里拭书之用，他的工作，步步落实。他曾特地为我检出王执中的《针灸资生经》，把作者、版本一一点明。该书天头夹着针灸名家江西黄伯康的浮签，说名家谦虚，不敢直往书上批，浮签即为批校之用。他要我小心翻检，慎勿失落。他平时不作兴开会作总结，虽然也需要。但先生的个性如此。他做了一馆领导，就是从这个实干的身教精神以带动全馆职工的。

第三个是“诚”。

先生待人，处处以诚。他是我的师长，我对他很崇敬，但他平易近人，与他相处，完全用不到有什么戒备。这种上下关系，既古老又新颖，可说是相当理想的。他对人宽，对己严，但真是他的秉性。大家都有这个印象。另外，先生的家风也很好，家里的人，包括孙辈在内，个个长厚，深得先生朋辈与邻里的称许。

这“公”“实”“诚”三字，别人难以做到，而先生独全。我们从先生身上，可看到我们这个民族那种古老的士君子风范。他常常赞美古人那种“政简刑清”的理想社会，而就其待人以诚、坦荡无私，又讲求实务来说，充分体现了传统儒家那种“修齐”之道及“治平”理想。十年卧病，从未听到他一声苦叫；旷达如此，又同时体现了老庄的认识观念。这些传统而古老的品格，对今天来说，仍然是可贵的。

事业已归前辈录，典模留与后人看。

今天纪念他，就是要宣扬他的功绩，学习他的为人。

原载《怀梅录》，18 至 20 页。

纪念梅馆长
——忆十年动乱中的一段难忘历程

阮延陵

先生是我非常崇敬的人物之一。论关系，既是我的师长，又是同志与邻居。先生住石坦巷书库楼上，我住楼下。我与先生朝夕相处，算起来头尾将近十五个年头。我从先生身边获得不少业务知识，也从先生身上看到做人的道理。关于先生的学识修养，他那公而忘私的工作态度，特别是对馆藏二十万古书的征集、整理所作出的贡献，馆内外同志将会讲到。这里补充说一下先生在十年动乱中的几个片段情况，事隔多年，只能作简略的回忆。

先生在世的最后十年是在动乱中度过的。逝世后两个半月，"四人帮"才粉碎，先生是如何度过这最后的十年呢?

破"四旧"开始，先生已是半身不遂，卧床不起。但他很少考虑自己的身体，而日夜为之操劳的就是馆藏的这批古书。这批古书，来之不易，抗日战争期间曾花了九牛二虎之力，好容易从温州搬到瑞安山区才得以安然保存。那时杭、嘉、湖一带古书损失很大，而温州独完好。当时，红卫兵四临石坦巷古书库，说这里有封资修要破，第一次被我们劝说过去，先生担心以后还会来，叫我赶快想办法。隔了几天，打听到又有一批要来，这批不是前批，难对付。急中生智，连夜用封条将书库加封，上书“四旧”标示已经“破”，说明是“反面”教材，留着供大批判之用。就这样，一次次的红卫兵都应付过去。那时，先生每天都问这批古书如何如何。当时做过一些措施，但不保险。后来，石坦与沧河两座古书库，先后做过两派武斗的火力据点，经受真枪实弹的磨劫，总算还幸运，两次磨难竟安然无损。此不幸中大幸，现在讲起来轻松，在当时，先生与我着实曾为此捏一把冷汗哩！

除了古书的安危之外，先生的安危，我也为之担忧。方介堪先生被斗，省里批林（淡秋）、夏（承焘），先生都有风声。在最紧张的日子里，先生仍泰然处之。记得他还曾给我说起文文山的后半生，把文文山就义时写的一首诗检出给我看，中有“脱此寒暑壳”之句，先生对最坏的情况是有精神准备的。由于先生威望很高，也由于卧床不能起，馆内的“造反派”总算对他格外照顾，对他只作背拿背的批。但到清理阶级队伍开始，情势有变化，文化局有人贴出大字报，说图书馆有人保梅与方。方已批过，至少形式上已关进牛棚。而梅因瘫痪，因祸得福未曾触动，但这次是难过关了。果然有人提出要将他抬到馆内批。因多数人不同意才作罢。但先生住在楼上，好像便宜了他，于是责令他搬下楼来，楼下靠北有一间房子，原是我一家人住的。因我有“路线问题”被封而空着，这间房子就指定叫先生住。这里地板破烂，老鼠成灾，大热天对面弄堂扇煤炉，还得把此窗关上。先生住了几个月就添了新的病，一段时间曾休克过。就在这个时候，文化局军代表亲率一批人来先生住房，他们叫我从先生房里出去，我避入隔壁夹道灶房。听到里头在翻箱倒笼，又听到先生传呼我的声音，当时先生口齿有障碍，想是叫我传话，我向军代表说明身份才得以进内。那时先生本来已处于半昏迷状态，讲话有困难，我静待片刻，他们又叫我出去，他们也只好把床头一卷苏诗拿走便回去了。

不久，形势有反复，先生也得以“解放”，让其搬回楼上，而病情也随之很快好转。一天清晨，阳光从南窗射进先生卧房，先生风趣地对我说：“看见天日了。”从此之后便与往常一样，每隔三五天，叫我给他调换床头的（瘫痪时常卧着看的书）。这段时间，形势还有反复，我的处境，总是坏的时候多。那个时候，西风恶，人情薄，人与人之间的关系是极不正常的。先生为人厚道正直，他的乐观精神也使得我的悲观情绪多少舒放了一些。在那个时候，我能听到先生随口吟打油诗，或是给我讲桐城派古文的朗读，讲这一派古文圈点，小圆点特征如何如何。我也从先生那里多少得到精神上的一些安慰。可是不久，先生即离开我们逝世了。

先生逝世时，我正在省里开会。我与先生最后一次见面，就在动身开会前一晚。那天晚上，我从先生房间刚下楼，突然想到该给先生调换床头的书，他见我转回，说还有话同我说。及临去，叫我把庄子《南华》检出给他（他平日很少看子部的书，多是清人、宋人诗文集之类）。我问他是自己看还别人看，他说自己看，我不知怎的，像有预感似地惊了一下，难道先生就此要“羽化”辞世?但转觉自己多心了些。及省里会议结束那天上午，突然听到温州来电——先生不幸逝世。这消息很突然，又似出于预料。如果会议早两天结束，我一定还能见到先生一面。

先生走了，我在世上失去了一位良师与同志。今天，先生离开我们已经十年，但他那旧时形容仍然常时映现在我的心中。先生虽死，形容尚存。

九月九日为纪念先生逝世十周年而作

〔下附〕

梅家对古书贡献数例：

（一）私家劲风阁古籍二万册连同部分书架转赠归公。

（二）藏存古书用旧帐册作封面纸或衬垫的那些封皮纸，都是先生私人花钱弄来的，数量不少。

（三）我来时，梅馆长时常发动孙辈来书库义务劳动，不受公家分文。

（四）梅绿云来馆订书，工资菲薄，我曾照顾她提前下班（因梅老瘫痪在家须照顾）。她总是按时上班，按时下班，从不怠懈。梅之芳来馆整理复本，不怕累，不怕脏，成绩显著。

（五）温州地方资料，全赖梅馆长平时细水长流，从各古籍中录出，积有盈尺之高，成为温州历史有价之资料。

原载《怀梅集刊》，梅冷生先生纪念会编，一九八六年十二月油印本，17 至 20 页。

与古籍相伴的日子
——阮延陵访谈

陈伟玲　整理

访谈时间：二〇一三年三月八日

访谈地点：温州解放路阮先生家

受访者：阮延陵（图书馆古籍部离休馆员，以下简称阮）

采访者：张永苏（以下简称张）　鲁方平　陈伟玲　阮惊虹

张：先讲一下到温州图书馆之前的经历，讲讲你年轻读书时的经历，再一路过来讲来图书馆的经历。

阮：小学我在瑞安莘塍读的。毕业以后考到温州中学（当时叫温一中）。一九四七年十八岁时入党。

张：你是在温一中入党吗？

阮：是的。当时学校里进步同学蛮多的。

张：就按照这个顺序来说。

阮：入党是在学校里入的。后来学校支部把我们几个人输送到浙南游击纵队。浙南游击纵队很多地方都有，平阳、温州、乐清、青田都有。我那时在温州和乐清交界的地方。当时学校里入党的也不多。高中（温一中高中部）有两个，一个是安邦，一个是谁，我忘记了。我们是初中。

张：你那时是初中还是高中？

阮：我大概是高中毕业前。我初中、高中都是在温一中读的。那时初中到高中不用考的，升上去就可以。

阮：那时学校党支部，主要是做学生运动的。

张：你那时的领导人是谁？

阮：初中领导人林直正（音），下面还有两个支委。高中是安邦。后来我被吸收进去，初中部就是四个人了。学生当时是动不得的。学生是纯洁的，国民党抓不住他们的辫子。学生的家长一般都是有点地位的。学生，警察是不敢动的。学生的主要运动是反国民党还有日本帝国主义。最后一次是反美。这次反美运动举行了以后，基本上学生运动结束了。这是解放初的事情。

张：那你解放初的时候做些什么事情？

阮：解放初，党和军队是一体的。党（组织）叫永嘉县委，军队叫十三区队。那时在山底，有个青年训练班，一共有两个，一个是上海、天津、杭州的大学生，叫老青班，一个是中学生，叫新青班，有七八个人。解放后，浙南游击纵队编作中国人民解放军浙南第二支队，第一支队是原来地委那班人，第二支队是原来永嘉和青田的，第三支队，周丕振（乐清人）领导的。解放后，原来藤桥的归永嘉。永嘉以后就叫浙南游击纵队第二支队，支队长是江西人，在西楠溪打游击。我当时在第二支队主要管武器弹药，还有衣被。相当于后勤部的事。负责衣被登记和武器弹药登记。部队里的班长和中队长要进入武器库，我说这里是不能进去的，你们没有纪律没有组织。第二支队一年后就编进军分区。军分区的人很坏，说我无组织无纪律。土匪张英涛（音）到洞头百货公司抢东西，但是被说成是打洞头。其实不是，他没有这么大的力量。张英涛是个犯人，是土匪，抢东西。洞头那时候双方有炮火，隆隆声。军分区应该去支援，却没有管。我批评了他。所以被安上“无组织、无纪律”的罪名。当时老百姓也说军分区这么不负责任。这样子，军分区报复温州的六个人，罪名没有，就说我们是托洛斯基分子。我当时高中有托派的同学。这样我被解到杭州。省公安厅来审查，他们还比较客观：年轻人才二十岁左右，不可能是托派。统统平反后，公安厅缺干部，我们就在公安厅工作，两年多，五三、五四年。五四年以后，公安厅的四个人都去支援新安江水电站建设。主要是开发工程的图纸，绝密的由支队长管，一般的秘密、机密由我来管。后来下放，党员、团员带头，下放到（瑞安）莘塍，一年多。也没有正式平反，到温州刺绣厂做干部，因为我对画画还有点兴趣，六零年之后去美术公司，晏公殿巷那里，我做副经理。之后美术公司倒闭，我去了文管会。有段时间，文管会人少，学习在图书馆。文物这块的党小组在图书馆那里，后来我就去了图书馆。

张：你是先去文管会，还是图书馆？

阮：文管会先。一年不到。

张：你去图书馆的时候，梅冷生先生还在吗？你主要做什么？

阮：还在。图书馆也没什么事情。和梅冷生先生编古籍。

张：一开始不是先送书下乡吗？

阮：图书馆借书有两个人，走不开的，会计一个走不开，采编郁宗鉴，（原）文化局局长，右派，下放到图书馆。走不开。

张：你那个时候有谁？

阮：梅冷生、郁宗鉴、倪新桢、徐笑中、黄东君、黄舜卿（会计）。后来我去沧河巷，其实是去管他，怕他自杀。这是“文革”（时期）的事情。

张：“文革”以前图书馆的事怎么样？

阮：梅冷生瘫痪了。他住楼上，我住楼下。我们都住石坦巷。古籍部当时有两个地方：沧河巷和石坦巷。

张：郁宗鉴也住那里。何浩也住那里。何浩是第二馆长。

阮：图书馆没什么事情。何浩对图书馆是有功的。当时图书馆的书都摆在开着的架子上，虫很多，老鼠在那里做窝。我把老鼠赶出去，把虫除了。何浩就申请书柜。经费主要还是何浩去弄的。经费弄来，书柜做起来，这样子就可以保护书。当时地板很差的，一踩就可能破个洞。

阮：梅冷生中风以后，我住石坦巷楼下，他住楼上。梅冷生手里拿着鸡毛掸，拍拍书。晒书，我拿出去晒。后来他身体不好，就住在石坦巷。

张："文革"开始的事。

阮：梅冷生被抬出斗，我跟他们说不能斗。要斗的话也要小心。抬出去的时候要经过邮电大楼，邮电大楼上面摆着机枪，万一发生问题，谁负责，谁负责，名字签下来。这样就不抬出去斗了。就把梅冷生的女儿梅绿云拉来代他挨斗，没说出什么名堂。以后又叫他儿子梅之芳代他挨斗。梅之芳当时没有工作，我们古籍部正好缺人，他来做临时工。梅之芳当时很可怜，推板车，就是垃圾车、扫地。我说这样子不行，梅之芳也认识字，工作也算勤快。本来叫梅绿云，后来她中午要回家烧饭，就叫梅之芳过来。他在古籍部掸灰尘等，一年多。"文革"开始以后的事情。

张："文革"开始以后，红卫兵有没有过来抄书？

阮：当时图书馆不开放，当然门还开着。红卫兵都是青年学生，要我把书拿出来，然后看下古籍里是否藏着什么名堂，弄了十几本，就没有意思了。红卫兵走了。有些复本当作垃圾来处理的，就拿来烧了。其实是纸头以及脏兮兮的书，本来就要烧的，就处理了。

张："文化大革命"开始时，你是怎么保护书的？

阮：我没地方逃，书在那里。我把重要的书放在战备箱里，战备箱经费是何浩拉过来的。后来郭沫若来参观古籍，待了一个上午。下午去了瑞安的玉海楼。玉海楼的书都搬过来了。

张：当时陪同郭沫若的还有什么人？

阮：地委书记张一樵，宣传部长没来，叶大兵他们不让进来，在楼下等，等郭沫若出来，大家才一起离开。当时沧河巷人很多，礼拜堂那里人群拥挤，大家不知道从哪里传来的消息知道的。我也慌张起来，跟派出所说，派出所再跟公安局说。郭沫若写了一幅书法给图书馆。出来的时候他跟地委书记、跟我们握手。

张：那他看了什么书？

阮：两个小时。书太多了。郭沫若看我们弄得比较吃力，就随便看了几种。

张："文革"里，大家都逃的时候，你怎么处理的？

阮："文革"时，大家都疏散了，我一个人走不开，石坦巷、沧河巷来回，沧河巷的书柜多一些。邮电大楼上的机枪架着，让人看着心里恐惧。在石坦巷，住着我和我的家属，何浩和他的家属。梅冷生在楼上喊：老阮，老阮。我说：没有关系，我就在门头。第二天那些看管的人也觉得没有意思了。

张：那你在整个"文革"里，就是把书管着。

阮：书是最宝贵的。最怕的是邮电大楼那里，如果失火了，那非常危险。

张：那时候，古籍里好的书，石坦巷多还是沧河巷多？

阮：两边都有。战备箱在石坦巷。红卫兵主要去沧河巷，沧河巷那里要有人管。

张："文革"那段期间，倪新桢他们都去收集传单了，你有没有去啊？

阮：我没有时间，我要管书。我两个地方（沧河巷、石坦巷）都去。

张：沧河巷搬县前头，县前头这个馆建起来，你还记得吗？

阮：中间建起来的过程，我不晓得了。我还是在沧河巷管古书。

张："文革"时张正银、缪璧人管图书馆。"文革"时，解放电影院那里一把火烧光的事，你还记得吗？

阮：不记得了。

张：郑张尚芳有来采编部编目吗？

阮：他主要是来看书的。

张：孙孟晋先生有一批书经过夏承焘先生介绍，把这批有关温州的书送给温州，是你去接收的吗？

阮：跟夏承焘先生没有直接关系。孙孟晋是第六任馆长，有一批私人藏书，梅冷生馆长叫我去杭州，先去夏承焘先生那里看看，主要是去孙孟晋那里看看。

张：孙孟晋是通过跟夏承焘说这事，要把温州有关的书送给温图，是不是这样啊？

阮：一个人去，大概有一个礼拜。书不多。有一部分书不要，图书馆书很多，都放不下了。

张：去他家拿的吗？

阮：是的。

张：稿本多吗？

阮：一般的书。

张：七八年参加省古籍善本书目小组，还记得吗？

阮：其实是我一个人编的。没有小组。有李均帮忙，我写卡片，李均字好，他写的是柳体字，让他正式誊写。

张：在温州师院编《汉语大词典》的事，还记得吗？

阮：马锡鉴、陈增杰等人在温师专编的。还有郑张尚芳。

张：你当时做什么事情？

阮：我当时是管资料的。古籍部常用的的书（如《四部丛刊》）都被借过去。

张：编多久？

阮：两三年时间。组长是马锡鉴。我和乐清的高益登管资料。

张：后来古籍部就是你和李均两个人吧？

阮：李均（以前）是个军官，人也老实，字好，过来写卡片。卡片有三个柜子。猛补把这些卡片都烧了。他说现在都用电脑了。我说这个卡片可以做古籍部的纪念。电脑以后根据的还是卡片。烧了也没办法。

张：张宪文先生呢？

阮：他没有编卡片。当时没有工作，身体也不好，文化还可以，就来古籍部了，来古籍部就是看看书。

张：我看您退休以后写了不少文章啊。

阮：退休以后没什么事情。写美学方面的文章。出了两本书，这本是杭州出的，写得好一点。另外一本是温州出的，简单点。

张：你什么时候开始喜欢研究美学？

阮：我跟朱光潜联系过，他当时在北大，给我来信。通信大概五六年，七十年代开始，大概退休前后对美学有兴趣。这些都是在图书馆工作时积累起来的。古籍部美学书没有，新书里有美学书。这本书是二〇〇六年出的。

斑斑心血照遗篇
——记温州图书馆故馆长梅冷生先生

张宪文

梅雨清先生（1895—1976），字冷生，温州市人。他自幼有神童之目，龆龄即出应清代的科举县试。入民国，以工古文辞、诗词之学，受知瓯海道尹吴兴林鹍翔。曾创结慎社、瓯社，以才名见称。他当过省议会议员，做过官府幕僚，也曾参股经商。但揆其一生，主要是从事文化事业，自一九四一年起，他继瑞安孙孟晋先生任籀园图书馆馆长直至一九七六年逝世，为时达三十五年之久。

解放前，浙江公共图书馆只有两所，一所是杭州的浙江省立图书馆，一所是温州的籀园图书馆（初名旧温属公立图书馆，后改称旧温属联合县立图书馆、旧温属共立图书馆、旧温属六县联立图书馆、旧温属联立籀园图书馆，解放后改名温州市图书馆）。照理，籀园应该是得天独厚的了，但旧社会统治者对图书事业只是作为点缀，图书馆的创办和常年经费开支，除七都乡原府学涂田租谷外，往往要靠地方人士的赞助。籀馆自一九一九年为纪念瑞安孙籀庼（孙诒让，字仲容，号籀庼）先生由地方人士发起创建以来，经过历任馆长特别是平阳刘次饶、瑞安孙孟晋先生的努力，总算粗具规模。但到冷生先生接事的时候，正值抗日战争时期，接着又是三年解放战争，当时物价飞涨，民生凋敝，图书馆的经费少得可怜，连从业人员的薪给都不足糊口，更谈不上有多少钱去购置图书。但即使如此，籀园在冷生先生的主持下，藏书数量却越来越多（古籍由一九四二年的三万三千册到一九四九年增为十万来册），作用和影响也越来越大。这可以说是一种奇迹。斑斑心血照遗篇。冷生先生对文化事业所贯注的心血是不可磨灭的。

冷生先生是我的父执，而且还有点葭莩之亲。先父早岁和冷生先生同隶慎社，结文字交，因此我也夤缘得识长者，时获教益。兹就所知，记其有关图书事业者数事如次。

早在民国九年（1920），先生与瑞安薛储石即拟集慎社同人资力，征集刊行乡哲遗著。未久，储石先生身故，李雁晴、宋墨庵、夏瞿禅、陈仲陶诸人亦先后出游，此事遂半途而废。民国二十四年，地方复有征辑乡先哲遗著之议，于是与刘次饶、孙孟晋诸先辈遂力主其事，出任总务和印行股主任，除将玉海楼所藏乡贤遗著运温写录外，并分赴各县，广为搜书，历时二载，共写得上起赵宋下迄近代为玉海楼所未备的乡人遗著共三百馀种，并全数移交籀园图书馆收藏。其中如宋平阳朱黼的《三国六朝五代纪年总辨》，明乐清陈一球、清乐清施元孚、林大椿等的遗著，清瑞安方成珪的《唐摭言》校本及平阳宋平子，瑞安陈虬、陈黻宸、项崧、陈怀诸家的著述，都是非常珍贵的地方文献。于是使吾温自唐宋以迄民国的诸家存世论著，基本上得以保存下来。当年十二月，冷生先生写过一篇《郡斋征书记》，以为及时缀辑地方文献，是“为先民留精神，为国家留元气”，自己得身与其役，也了却了多年来梦寐以求的心愿。

冷生先生当时在学术界享有较高的声望和影响，对温州旧藏书家的书藏情况更了如指掌。他自掌籀园图书馆以后，便致力保全私家书藏，使之化私为公，移庋籀园，得为六县人士所共享。永嘉潘鉴宗在北洋军阀时代当过师长，但他却是前清秀才出身，生平雅好图书，四部粗备，冷生先生遂百计争取，于抗战胜利后由其家族将他的“养心寄庐”遗书五千六百三十七册悉数捐赠籀馆收藏。又如敬乡楼书，为永嘉黄溯初先生所有，黄氏为晚近的政治家和实业家，生平关心桑梓文教卫生事业，曾刊印《敬乡楼丛书》四辑，共三十八种二百八十七卷，流布国内外。其藏书积数万册，不少收自东瀛，为稀世珍本。不幸其寄存上海沪西寓所的大部分藏书，于一九三七年八一三淞沪战争中毁于战火，其余存部分尚及万册，且多地方文献，乃运温交温州师范学校总务主任胡定侯贮存于平阳郑楼，后经冷生先生联系，黄沙氏遂将其书寄存籀园。一九四五年，黄氏客殁重庆，乃由其嗣子达权先生遵遗嘱将存馆之书，全部捐赠归馆。

再如瑞安孙氏玉海楼书，著名国内，是吾乡的瑰宝，虽经孟晋先生努力世守，但由于居家日少，楼藏遂多散失。一九五〇年，冷生先生与孟晋先生反复商议，孟晋先生遂将玉海楼余存的二万二千册书，全部捐献给籀园图书馆，内有琴西、蕖田昆仲及仲容先生著作手稿与批校本五十余种，明版书及钞校本为数尤多。此举遂使吾温书藏精华，得以保全，从而也实现了孙琴西先生所谓“天下之书，我固不欲为一家之储也”的意愿。

抗战胜利后，冷生先生为网罗群籍，还取得在沪乡人的资助。他不是向他们伸手要钱（战前，孟晋先生在任内曾募得永嘉潘鉴宗、黄溯初、徐寄庼、周守良、瑞安姚味辛诸氏捐款），而是伸手要书，往往开出书目，请他们解囊购赠。他自称这种手法是“雅打秋风”。馆藏一万卷的《古今图书集成》及大部头的《四部丛刊续编》等书，就是由热心地方事业的李鸿文、王国桐诸先生所购赠的。

以身作则，是冷生先生的一贯作风。为了维持图书馆的经费，他掏过自己的腰包；为充实馆藏，他不惜就自己数十年积累起来的劲风阁藏书选取馆中缺藏的二千余册，捐献归公，其中有明版、清初写刻本多种，清人诗文集四百多种，还有至为名贵的清七道士曾衍东的稿本《小豆棚》六卷。时在一九四九年。他曾手书《永嘉梅氏劲风阁捐赠书籍目录》一册，在书目之前，还写了一篇小序：

雨清主持籀园图书馆务，行将十载。去岁以馆费支绌，适我先考秀芝府君百年诞辰，敬节祭筵之资，捐馆中购书费二千金，以为纪念。复思先考生前勖雨清承学，节衣缩食，恣雨清蓄书无所惜，因是劲风阁藏书，亦为地方人士所珍视。兹就籀馆所未备者，完全检出补充，不复为一家之储，亦藉以流衍先考手泽于无穷。爰尽三日之晷，写成一目。唯分别部居，（以）移交在即，编次未尽完善，俟他日更定焉。

六月十四日晨起谨记。梅雨清。

这段文字留下了冷生先生公而无私，以馆为家的心迹，虽事隔四十载，其高风亮节，记忆犹新。

一九五一年夏，温州先后进行土改，民间的某些过火行动，招致乐清西乡倪悟真的藏书付之一炬，余火三日不熄。冷生先生闻讯，即进言军管会李培南、龙跃同志以抢救图籍为急务，于取得军管会文件后，即率同馆员赶赴各地，在当地政府协助下，将瑞安陈黻宸烛见知斋、张棡杜隐园，平阳吴祁甫培英馆以及永嘉戴家祥、王希逸，瑞安项慎初、林公铎、戴炳聪，平阳刘次饶等私家藏书全部抢救下来，作为国家财产，由温馆加以收藏。其时，冷生先生披星戴月，废寝忘餐，足足忙了几个月。事后，复将所集图书，粗加整理（时温馆古籍已达二十万册），提出复本三万余册，拨交各县及各中学使用。同时将自有劲风阁藏书悉数无偿捐赠市馆。他曾对我说自己平生做过不少蠢事，但读过几本书，懂得书的可贵，这件事总算上不负仓、斯，下无亏职守，否则，玉石俱焚，我是罪该万死的。

“文革”期间，冷生先生长期卧病在床，但他关心的不是自己的健康，而是馆藏古籍的安危。他曾对当时掌管古籍的同志说：“馆里的古籍，是浙南几百年来图书的精华，是国家的珍贵财产，抗战中，温州三度沦陷，我不怕道路流离，将馆藏善本，辗转移置山区，幸得保全，今后如由于保管不善，遭受损失，我们是对不起前人，对不起子孙后代的。”多么语重心长！他心目中有的只是图书。

冷生先生纵览群籍，学识渊博。但他却不轻易从事撰著，屡言：嘉兴沈曾植子培，能背诵全部《资治通鉴》，于小学、经学、史学、诸子、佛经、道藏、诗词、金石、书画之学无所不通，是近世的大学问家，而生平著作甚少，尝谓嘉兴前辈学者，非有真知灼见，不轻落笔，往往博极群书，不著一字。因此，他虽毕生好学，却似乎抱定宗旨，述而不作。他居馆几十年，几乎翻遍了馆藏的要籍，凡涉及吾温重要人物的生平、述著及地方各类掌故，均一一拈出，或手抄，或请他人代录，编成《温州区地方资料汇编》一种，资料区分历史、政治、文化、教育、军事、交通、农业、地理、经济、宗教诸门，门各分类，积成数十册。这一工作，既可以说是他的读书笔记，也是温州古今历史事实的摘录，可以从各个侧面补方志史乘之不足，而且从图书工作的角度来说，也是为研究者提供资料，导夫先路，使他们省去了翻检之劳。此编，沾溉后学，其作用实不亚于撰著。可惜的是先生晚年一病十载，未能再亲笔砚，此项工作，也就中止下来了。

冷生先生文名籍甚，一生所作诗文甚夥。而他却不以此道为贵，每谓：诗文作得再好，充其量不过是个文人，一为文人，便不足观。因而每有所作，即随手弃置，不留稿草，仅有少数散见于《慎社》《瓯社》丛刊及叶恭绰编行的《广箧中词》等书。一九八三年，笔者曾协助胡君福畴搜其遗作所及见者，刊为《劲风阁遗稿》，虽属残篇剩墨，而于冷生先生的文学修养和精神面貌，犹可窥见一斑。

“诚心热肠，以肝胆照人”，这是人们评论冷生先生人品常说的话。温州现代学人，对籀园图书馆都有感情，这主要是冷生先生助人为学，玉成桃李，能当好这个家的缘故。他一生尊重学问，对友朋则相互切磋，对后学则多方启发。永嘉夏瞿禅言其治学经历，尝谓“得交梅冷生，多获进益”。冷生先生在瞿禅先生治学过程中，数十年如一日（特别是早年），在图书资料方面，总是急其所急，尽力给予支助，并辨疑析难，时效攻错，使瞿禅先生引为“牙、旷知音”，感念不已。平阳苏渊雷、乐清吴天五二氏，也都是冷生先生的知交，在他们蒙冤受屈的十多年间，冷生先生总是坚信他们的人品学问，对他们的遭遇感同身受，一往情深。一九六一年春，当他三游雁荡时，一想到的就是挚友苏、吴，他写下：

琼楼玉宇逐臣心（指苏），斫桂人从谪籍寻（指吴）。
苏子吴郎南北雁，天风鸾鹤阏清音。

这首诗，突出了他们的形象——峻洁的南北雁荡，怜惜他们的境遇——冷落的谪逐生涯，坚信他们的未来——有朝一日天风终于又将吹送久阏的鸾鹤的清音。“山灵有约，翘首归人。”多么洋溢的热情！多么深挚的友爱！即此一端，足见冷生先生是非分明，心眼里没有半点炎凉世态。

他对好读书肯做学问的后辈，总是谆谆善诱，给予热情指导，如郑张尚芳、胡珠生、周梦江等同志，就曾在他的关怀下，从参加帮助整理图书文物，使之懂得更多，从而在学术上有所表见。这里，就不多说了。

梅冷生先生离开我们整整十年了。他渊博的学识，诚挚的态度，勤奋的学习精神，炽烈的工作热情，不仅为文化事业做出可贵的贡献，也为我们从事图书工作的人，树立了足资学习的光辉榜样。

一九八六年八月

原载《温州文史资料》第三辑，温州市政协文史资料研究委员会编，浙江人民出版社一九八七年十月版，114 至 120 页，收入《仰云楼文录》略有改动。

我所了解的梅冷生先生

陈锡仁 口述 梅 海 整理

我同梅冷生先生的接触并非密切，造化却使我与他的人和事有所巧合与交集。一九五五年春夏之际的一天晚上，我路过县学前基督教堂门口，悉图书馆在里面举办关于《红楼梦》的讲座，便一抬脚进去了。

教堂的祷告大厅宽敞，听众不算多，后面空荡荡的。台上主讲人胡雪冈老师声情并茂，不疾不徐，论述《红楼梦》研究中的错误观点，什么“钗黛合一”“双乳分流”，学术性词汇频出。台下有人坐不住了，一个一个离座而去。刹那间，气氛不祥，场面尴尬。

胡老师讲课结束，梅先生登台。他肯定讲座内容丰富，意义重大，接着话锋一转，以“美中不足”四个字开头，责怪自己份内的工作没有做好，出现了不应该出现的情况，自我批评真真切切。这是我第一次认识一位严于律己的长者，见其人闻其声，迄今未能忘却。

温州是一座手工业小城市，唯数家中学，研究者几许?何况是圆“红楼”大梦。原来一九五四年十日，毛泽东发出“关于红楼梦研究问题的一封信”。北京掀起《红楼梦》研究批判运动，《人民日报》刊出“可贵的第一枪”，赞扬李希凡、蓝翎“两个小人物”向权威俞平伯研究《红楼梦》的资产阶级唯心主义观点开火。梅先生办此讲座，分明是顺应时势的作为，表达自己跟上新时代融入新社会的心愿与努力。

新中国成立初期，旧知识分子要进行脱胎换骨的思想改造，梅先生投身其中，进步显著。他主动检查自己，解放前撰文吹嘘国军第三十三师师长萧冀勉积极抗日，无视老百姓骂其部队：见日本人来，逃；日本人退，赶；见老百姓，抢。萧某的怯战、扰民，乐清名士黄式苏诗《寇退》，予以讽刺、揭露。萧作出对策，在松台山树“抗敌阵亡将士纪念碑”，借重梅先生撰写碑文。

十年消逝，一九六五年我从外地调入图书馆古籍部，梅先生成了我的直接领导。不料两人朝夕相处一个办公室，好几个月，我只听到他就将军桥农业展览馆交图书馆使用，说过四个字：“大而无当。”此外，在采编办公室听到他对郁宗鉴同志说：“你代我写。”事情是福建对台广播电台要他写篇广播稿，向曾受过他关照的前浙江省教育厅厅长李超英（永嘉人，一九四九年之后迁居台湾）喊话。他将此政治任务转手交别人，写什么怎么写，不吐一字一句。

梅先生寡言少语、谨小慎微到家了，重要原因自然是政治风云的激荡。一九五七年他差点被冠“右”字之名，赖胡珠生先生代笔，检讨周全，顺利过关（其实是放过“老二”为我所用，集中火力歼灭“老大”）。一九六二年图书馆与文管会联合举办纪念孙诒让先生的遗著展览、学术讨论会。梅先生虽“曾主其事”，可他甘退后面做具体工作，让文管会、图书馆党支部书记、图书馆副馆长何浩同志出席致辞。一九六三年，北戴河敲响警钟：“阶级斗争年年讲、月月讲、天天讲。”上一年的纪念活动被视为复辟封建主义，何浩同志挨批评作检讨了。

一九六六年初，梅先生中风瘫痪。与此同时，我奉命转到温州市文管会工作。本以为他与我互不相干、各自西东了。哪知“四清”（社会主义教育）、“文革”（无产阶级文化大革命）接踵而来，文管会与图书馆人员合在一起参加运动。这使我有机会能够从图书馆同志处知道梅先生一些往事，更了解他不仅是温州市图书馆馆长，而且还是一位温州文博事业的拓荒者。

一九五〇年首届温州市各界人民代表协商会议，梅先生在会上提议筹建文管会。次年正式成立，他被委为主任委员。一九五二年十二月改任副主任。一九五八年春，原主任刘景晨免职，梅先生奉命“主持工作”，直至一九六八年文管会图书馆革命领导小组成立之时止。从一九五二年到一九六八年近二十年里，文管会从两位增至四位副主任，梅先生始终名列第一位。

一九五一年文管会刚成立，无编制无经费，梅先生以一个兼职的“光棍司令”，单枪匹马上阵。他一面去做妙果寺千佛塔拆除后文物收集与展览的工作；又去造纸厂了解珍贵书籍化为纸浆的情况。一面以“温州市文物管理委员会主任委员梅冷生”全衔，连续上书“华东军政委员会文化部”“温州市军管会主任李培南”“温州地区宣传部”“温州市各界人民代表协商会议”，呈请“拨款收购文物”“保护、抢救文物”。

一九五二年政府请乡贤刘景晨老先生出山，安排何种职务，颇费斟酌。梅先生为此辞去文管会主任。同年，文管会设专业人员一名，尚文史、工金石收藏的吕灵士先生，是内定的最佳人选。怎奈吕先生家有余粮，婉谢不受。梅先生乘机帮人舒困，力荐称兄道弟的某某到文管会来。这时的某某早已响应政府的号召：无业人员生产自救，出资旧人民币五十万元，在丽田造纸厂谋生。

一九五三年文管会移址江心屿，梅先生即函告市文教局并在京任职的夏鼐先生，会内“附设文物陈列所”。同年春节，文管会将已收集来的文物对外展出，其中有“王振鹏画、唐式壁画、六朝造佛像等精品，并西山窑窑器”，蔚为大观。四月间，梅先生一面以文管会名义，报告中央文化部文化事业管理局局长郑振铎，请他下拨经费，支持将附设的文物陈列所“扩充为博物馆”，以便“集中瑞安、平阳等六县文物”；一面又以个人身份致函夏鼐先生，“乞速赐拨冗往商”，争取郑局长支持，拨款准予成立温州博物馆。郑振铎公事公办，“函嘱浙江省文化事业管理局考虑决定”。省局致函温州市文教局“转知”市文管会：

“本省已有全省性的浙江博物馆一所，你市博物馆暂缓成立。”为争取建设温州博物馆，梅先生大打乡情牌，既越级向郑局长直接报告，又烦劳夏先生前去关说，最终结局虽不尽人意，但已足见他用心之良苦。

梅先生出身世家望族，本人是数得上的地方士绅，著名文化人。由他主持的文管会初始阶段，就收集了几万件文物，其中许多来自私人收藏家的捐献，而人家的捐献则是看他的面子。他写过一篇“犍陀罗”文章（草稿曾藏在文管会办公室南向靠窗的办公桌抽屉里），提及戴夷乘先生因他的动员捐献了一批敲击能发金属声音的佛首。

现在文天祥祠里的文天祥《至温州》碑文，是前瓯海道道尹、浙江图书馆馆长张宗祥老先生所书。据张老先生孙女张珏回忆，当年文管会某某致信张老，求他写《至温州》，还打出梅先生的招牌。其中的缘由，显然是某某深知自己分量不够。而梅先生与张老则早有交往，情谊笃实。

一九五六年文管会入藏东晋朱曼妻卖地券，现属温州博物馆重要文物，坊间一面之辞的宣传甚嚣尘上。据该券原藏家后裔坚称，一九五三年某某去他老家访寻，遭到敷衍，无功而返。直到一九五六年，陈家接受梅先生的请托，即从宜山老宅书斋的地板下挖掘出来送交文管会。

“文革”勃兴，梅先生卧床已数月，理应可以平安度过残生。然而他仍躲避不了迫害。一九六七年，经过大规模武斗的温州，迎来了支左部队。新的军管会文艺革命办公室，由师部卫生所司药黄信川当头儿。黄掌控文化系统权力，以“清队”（清理文艺界阶级队伍）之名，设立专案组、群众专政队，煽动极左思潮，迫害干部群众。市文化处肖某说：梅冷生至今没有丝毫触及。黄斥文管会图书馆按兵不动，死水一潭，遂于一九六八年底，派出连队里的班长韩万生来文管会图书馆督战。

韩来后，首先是斗争的矛头对准梅先生。一天，他召集包括我在内的四、五个人，要大家把梅先生从家里弄到图书馆接受批判。我马上反对，其他人不吭声，冷场好一会儿，韩无奈只好散会。过几天，韩再次开会，提出去梅的床边开批判会，我又再次反对。后来，韩强令梅先生女儿绿云来图书馆，代父听取他宣读空洞豪迈、气势汹汹的革命言辞。

一九六九年，全市大刮“红色风暴”，韩万生率文化系统“群众专政队”队员，在深夜里抄了梅先生的家。队员们翻箱倒柜，抄走最可疑的东西，是梅与好友香港王国桐一九六三年的往来书信。梅致王：“……令兄希逸强健，登山每晨均有晤面。”王复梅：“家兄希逸强健登山，承告，谢谢。”韩在积极分子会上解读：“登山”者，敌特双方联络暗语也。梅先生被抄家后，被勒令从南向二楼搬到一楼北向的小房间，每日与邻居的煤球炉烟火为伴。过了很长时间，我与郁宗鉴去看望他，听到的是一句悲叹：“终日处在烟火中。”因为朝北的房间只有一个窗户，如果不开窗非常潮湿，但一开窗，整个房间都是邻居烧煤球炉而飘进来的烟雾。

与此同时，我因公然抵制“清队”，以一己之力庇佑梅先生，遭韩万生的愤恨，受黄信川的清算。原决定给我戴上“以彭真为首旧北京市委包庇的漏网右派分子”帽子，进驻文化系统工人革命宣传队仗义执言，改为以“政治建队”名义，取消我的干部身份，由市革命委员会内务办公室分配工厂当工人。

一九七一年林彪叛逃折戟异国后，落实干部政策，地方上有所松动。梅先生搬回原来房间，我这个小干部也回到文管会。

谚曰：理不辩不明，事不查不清。梅先生为温州文博事业的贡献，事实俱在，成绩斐然，这是任何力量、任何人物无法掩盖，窃取不了的。

口述时间：二〇二二年一月二十四日下午

地址：温州市府路五〇六号图书馆七楼

劲风楼主的道德文章
——忆我父梅冷生先生

梅之芳

我家世居道前已三百馀年，祖上建私家园林，广植梅兰松竹、四时花卉与山水盆景，名曰“馀园”。东南隅百年古樟树下是一座古朴的劲风阁，乃吾父青年时读书处，楼上珍藏着不少先辈留下的古玩字画、图籍器物。环园是直通家庙的回廊，我记得那上面有父亲手书的楹联：“香雪一庭，邀松柏岁空共守；宗风万古，荐苹蘩时食常新。”春秋佳日，父亲便约来诗友酬唱，一派名士风度。一九四四年温州第三次沦陷时，日寇飞机扔下炸弹，馀园花木楼阁财物全毁，所幸全家老小避居仙岩，安然无恙。

一九一二年父亲就读于楠溪徐班侯创办的东瓯法政学校，十七岁交上良师益友，爱上了文学诗词。二十六岁那年当上了浙江省第三届议员，执教于联中（二中）、瓯中（四中）、永嘉商校及战时中学。一九三六年应章太炎女婿朱铎民之邀，去陕西省财政厅工作，时当西安事变，政局不稳，旋即返温。

三十年代我曾在籀园图书馆当管理员，一九四一年父亲接任馆长时曾郑重其事地对我说，一家两口同在馆里不方便，特别是他当馆长不好办，难以领导，叫我离职另谋出路。我对父亲的突然决定，愤愤不平，第二天就毅然离开图书馆，以后好久，才找到一份差使。

父亲到任后，一边搜求古籍、采集新书；一边抓图书馆内部建设，制订各种规章制度，其中有一条“按时还书”，我记得最清楚。即使是父亲的朋友也按规章办事，为此父亲与世交严琴隐先生还闹了矛盾。父亲坚持说公私分清，公共图书馆应当公众阅览。由于父亲带头执行和全体馆员的自律意识，图书馆内部管理井井有条，这个传统一直保持到今天。抗战胜利不久，温州专员派人来要我父亲给松台山“抗敌阵亡将士纪念碑”撰写碑文，后来这人送给我父二千元笔资。父亲说，这款我可不敢收，不过可移作图书馆购书。这事一直很有影响，现在图书馆一部分旧书中尚留有“某某先生赠书”的字样。

父亲在任上总是每天第一个到馆，先是洒水清扫庭院与石阶坎，然后打开大门。五十年代读书风气很盛，每天一大早馆门前就挤满了年轻读者，父亲常常与他们个别交谈读书心得，指导他们读书门径。他的孙儿梅应春在温州中学读书时特别爱好文科，每天放学都来借小说，吾父就对他讲，现在国家正在搞建设，科学技术人才特别缺乏，你长大应有真本领为国家服务。他听着爷爷的话，复员回来，立志自学成才，成了温州冶金厂研究室的工程师。我侄梅明杰温州中学毕业后考入北京钢铁学院，现在杭州齿轮箱厂任总工程师。

在极左路线干扰的年代里，一些朋友如吴天五、夏承焘、苏渊雷、王敬身、郁宗鉴等，受到过不公正待遇，父亲对他们的处境很同情，总给以精神与物质的支持。七十年代，父亲在病中常向文化局领导推荐郁宗鉴，说“他能力比我强”，“既懂古代，又熟悉现代，图书馆长应该请他来当”。

为了打发病痛折磨与寂寞的日子，他在一九七二年发起劲风楼诗会，每逢周日便有诗友登门，由我父亲出题，自作律诗或绝句，父亲吭引，诗友附和。当时我很害怕他们作诗，因为“文革”初期我家被抄过，苦头吃足，而今惊魂未定，又来作诗，留着把柄何苦呢！父亲说，我们作诗是以地方古迹名胜为题，不涉及政治。这些诗后来结集出版成为《劲风楼酬唱集》。

父亲最后几年与诗友们吟了不少桃花词，“古人轻薄桃花，吾则反其道而行之”，陆续吟了二十四首，林镜平、王敬身等十几位诗友不甘示弱，一连作了两百多首。父亲逝世后，《桃花词》集由任梓良辑录印行于世。有一年曹禺到温州，见到这两本诗词酬唱集，大吃一惊，说温州文人胆子不小，竟在文化大革命写感时诗。

我父一生做人正直，公私分明，能吐故纳新，助人为乐，情趣高尚，言行一致。兹略记二三事，以告人未知者云尔。

一九九五年九月五日

原载《温州日报》一九九五年九月十日，三版。

追忆冷生舅父对我的教诲

许思言

冷生舅父是先母的表弟。回忆童年时，梅家四时八节宴请亲戚，母亲必领我同往。母亲曾对我说过，我家亲戚读书人不多，冷生舅父是个很有学问的人。我十岁左右，舅父在宅右大榕树边新盖一座藏书楼。母亲说:“舅父这次去上海，花了一大笔钱，买来几十箱贵重的书。”我出于好奇，想去看看，而舅父却不准小孩闯进。一天，舅父下楼会客去了，我乘机偷偷进了楼房，瞥见室内甚是宽敞，四周搁满书架、玻璃橱，一叠叠线装书整齐地堆放着，室内收拾得一尘不染。我从未见过这么多藏书，心里想，将来我若能看懂它们，那该多好呀！从这时起，我童稚的心里就留下这样的印象：读书多就是学问大。对读书人甚是敬慕。时隔很久，我才知道这座藏书楼名为“劲风阁”，解放后，阁内藏书悉数献给温州市图书馆。我得悉后，对舅父的慷慨襟怀十分钦敬。

我进模范小学读书时，舅父家就在学校附近，散了课我常去找表兄们玩。每次去，总看见舅父在读书阅报，其好学不倦的精神，给我留下深刻的印象。舅父翻阅书报有个习惯，总爱踱来踱去，时而吟声朗朗。现在想起来，这大概就是他的运动，他之所以享有八旬上寿，也许与此有关吧！舅父订有多种报刊，其中有《大公报》《晶报》《东方杂志》《小说月报》等，分门别类，整齐地陈列在卧室旁的小书房里，经常拨弄、掸灰尘。足见他并非只沉湎于古籍，对新文学及政治时事，也广为涉猎，人们说他“博闻强记”，洵非虚誉。

我十八岁时旅居上海，逢舅父赴西安任职，过沪小歇，我去旅舍探望。一见面，他便问我近来读哪些书，我报了书名，他又问：“都能看懂吗？”我说：“有些地方还啃不下来。”他说：“不要紧，遇到看不懂，就先放下，再读别的书。只要多看多读，久而久之，会一旦豁然贯通的。”舅父教导的读书法，使我以后受益匪浅。

抗日战争期间，我蛰居故里。这时，舅父已主持籀园图书馆，我去阅览时，多次见他手握刷子，在烈日下掸刷古书尘垢。作为一馆之长，躬自晒霉，这种爱护公共典籍的风格，使我深受感动。那时，我还是个业余京剧爱好者，经常登台客串。有一次，正要演出《一捧雪》时，舅父对我说：“你要把莫成舍己救人、慷慨就义的精神演出来才算称职。”我默默记在心里。那时，一般人对京剧的要求，只讲究唱工动听、身段漂亮，至于刻画人物性格，进入角色，那还是解放后才强调的。从舅父的话里，说明他对中国的戏曲艺术，早有高明的见地。

解放后，舅父对我从事京剧编剧工作颇为支持。他来沪访书时，必带我同去书库搜罗，在选购中，他介绍了不少冷门书的来历和内容，使我获得前所不懂的知识。他曾为我觅得曾朴编的《雪昙梦》传奇曲本，此书历来为书市所罕见，至今我犹收藏，视若拱璧。舅父还要我挤时间通读《资治通鉴》，他说：“章回演义小说中的故事，可以编戏的几乎被前人采光了;《通鉴》中有许多值得讴歌的史事，还未写成戏，你可以从那里找题材。”他又推荐我读《丛书集成》本《昭代经济言》。后来我编《海瑞上疏》时此书起了参考作用。《上疏》出版后，他看了很高兴地对我说：“你这个剧本能传下去的。”

一九六四年，为编写现代戏，我到部队体验生活，顺路经故乡小住。舅父正在雪山疗养，他听说我来了，瞒过医生，特下山与我相聚。一天夜里，在石坦巷他的寓所畅谈戏曲，王思本先生也来了，舅父取出暖红阁影印本《长生殿》，翻到《弹词》一折，要我唱给他们听。我应命低哼《一枝花》接《九转货郎儿》全出曲牌，舅父一旁为之击节。我对昆曲本不在行，仅从先师郑剑西那里学过几支曲子，唱得很不好，不过我对李龟年这个人物的内心感情尚能掌握一点。歌罢，这两位饱经沧桑的老人，似乎被那苍凉悲哽的旋律所打动，半晌不语。随后，舅父冲破沉寂赞叹道：“第九转末句‘则俺是老伶工，名唤作龟年身姓李’，妙极了！古人编唱词押韵非常自然，你看，这段齐微韵，‘李’字押得多灵巧啊！这才叫匠心哩，你们京剧作者，要熟读昆曲本，学它的铸字炼句才好。”

一九六六年“文化大革命”初起，在上海是《海瑞上疏》首当其冲，我被报上点名成为打倒对象。舅父托一至亲捎口信给我。“不要太惊慌，这是一股风，风刮过了，今天被打倒，明天也就没事了。”翌年，我因母丧回乡，时舅父已患风痹偃卧。我去探病，一进门见他伏枕读书，床边还堆着好几叠书册，待我走近床前他才发觉，蓦地问我：“江青比武则天还厉害吧！”当时我也顾不了许多，回答说：“厉害得多了。武则天对读书人还算客气，江青对知识分子可要一网打尽的。全国知识分子她都不要，只要两个人。”他忙问：“哪两个？”我说：“一个姚文元，一个戚本禹。”他听后呵呵大笑，继而掷书长叹：“唉，武则天能称尊于七世纪，却不能逞威于二十世纪的今天。你长眼等着瞧吧，共产党终究不容江青横行一世的。”七五年，“四人帮”又刮起一阵“批孔”妖风，故乡有位知识分子趁来沪之便，冒险下顾我，我问他舅父近来有何感触，他说：“梅老仍很乐观，他认为不管怎么批，孔子还是打不倒的。”当时我对舅父下此断语尚抱怀疑，如今回顾起来，真佩服这位老诗人的预见性。

一九七六年初夏，天安门事件发生后，“四人帮”慌了手脚，便对吾辈“加温”，加强“监督改造”。我被江青、张春桥诸恶魔的妖焰所骇，心想，江青黄袍加身，恐不乏一时得逞的可能性。因而忧心忡忡，悲观情绪趋至顶点，胸口顿感郁闷难泄，于是写了一封约五千字的长信，向舅父倾诉“打倒在地，踩上一脚”的痛苦心情。信中还提到当年他劝我通读《资治通鉴》的事，说那时一直捞不到空暇时间，现在时兴批儒尊法，准予重印《资治通鉴》，书店公开发行，我在“牛棚”倒有时间可偿此宿愿。我还说，诚为他所指点，从中发现好多史料，大可编成有意义的戏文，只是自己恐无重作冯妇之日。舅父收到信后，在托人代笔的复信中，只字不提我信中内容，仅要我就近打听上海图书馆顾廷龙馆长的安危，是否健在人间。际此乌云压顶之时，知识分子相濡以沫有如此者，令我无限感叹！

是年盛夏，舅父长辞人世，噩耗传来时，追悼会已开过，难中人闻此格外哀伤。三个月后，党中央一举粉碎“四人帮”，果然应了舅父“共产党终究不容江青横行一世”的预言。令人深为惋惜的是，舅父没能目睹梦想当“女皇”的江青及其同伙的彻底覆灭，没能亲逢拨乱反正大好形势的降临，没能分享知识分子解除精神枷锁后的欢乐。倘若迟延三月，舅父也不致怀着不舒畅的心情而去，诚属一大憾事！

我的冤案昭雪后三年，即八〇年冬，回到了阔别十四载的故乡探亲访旧。在凭吊劲风阁旧址时，我找到了舅父生前最心爱的用物——楠木床，这是一件精雕细刻的珍贵工艺品，即如在苏州园林内，也找不出具有如此艺术价值的楠木床。可惜它劫数难逃，床体上精美绝伦的浮雕花纹，统统被凿毁，不忍目睹。这一件堪为鹿城骄傲的文物，竟罹此厄运，“四人帮”破坏文化遗产的罪恶，令人发指！我伫立在残破的楠木床前，久久不忍离去，一似凭吊舅父的坟茔。

我还拜访了舅父生前友好林镜平、王思本等鹿城诸耆宿。蒙镜平老丈惠赠他主持辑刻的《劲风楼酬唱集》，摩挲捧诵，老诗人的音容笑貌又出现在我眼前。

舅父诗、词、文功力之深，成就之高，温州文史界贤达早有定评，我何敢妄赞一词。唯对舅父毕生手不释卷的勤读精神、奖掖后进的高尚品格，深有体会，刻下永不泯灭的印象；进而想到自己尚能接近书籍及藏书癖的形成，受舅父之感染和教诲是分不开的，由此益增我缅怀之私。

舅父一生诗文著作甚丰，惜大都湮没，幸存者仅小部分耳，然亦瓯江耆旧数载搜集之功。劲风楼主遗篇，虽云吉光片羽，总算没遇到像那张楠木床般的厄运，而得以传诸后世，此固舅父之幸，亦故乡文化之幸。

写于一九八一年八月上海秉烛楼

原载《劲风阁遗稿》，收入《温州文史资料》第七辑，温州市政协文史资料委员会编，一九九一年十二月铅印本，254 至 258 页。

汪宅与梅先生的交谊

汪履嵩

梅冷生先生是温州文化名人，曾多年担任温州图书馆馆长。梅先生以图书馆事业为己任，并以文章闻世，尤以诗词最胜，却能与金融世家汪宅结识交厚，之间友情绵延五十多年。

认识梅先生

我父亲汪雪怀，曾任厚康钱庄经理、交通银行汇兑、吉祥棉布号总经理，解放后曾任国货公司经理、市政协委员。虽然是温州金融界人物，父亲素喜交结文化人士。

父亲晚年，文化名人交往最为密切就数梅冷生先生了。“文革”之前，两位前辈身体健朗，一是多年挚友，坦诚相知；二是谈史论书，志趣相近；三是两家住宅相距较近，梅先生居住石坦巷，我家住甜井巷（以前住大士门），走动方便。频繁时每周都会相互走动，往往在下午两三点钟。梅先生来时会敲道坦的木门，我在旁边厢房学习，听到声响赶紧跑出开门。道坦里先开大木门，隔着木栅栏门就见到梅先生，先点头招呼“梅先生好”，忙拉开二道门闩，开门迎接，并转身跑着喊：“阿大，梅先生来了。”父亲就疾步走出房间，将梅先生引过中堂，接到正间落座，我也会去中堂拿待客的茶叶，泡杯清茶，捧到间门头：“梅先生，茶。”我的使命完成了，躲回厢房去了。

梅先生与父亲相坐得一两个小时，讲话声不高，也就听不清什么内容了。偶尔会听到声音响亮起来，便是吟诵古诗词，还是用温州话唱咏，非常好听。只嫌自己学识太浅，听不懂是古诗词，还是梅先生的新作。多年以后，我几个哥哥都后悔未能跟父亲学会用温州话吟诵诗词，哪怕把调子哼哼准也好了。

梅先生来家从不吃饭，也无点心，只有清茶一杯，侃侃而谈。这是政治气氛清明之时，到“文革”期间，往来就少多了。

由于梅先生任图书馆馆长，朋友间借阅图书就方便多了。父亲经常向梅先生借书看，大都是诗词类和历史类，我哥哥也寻空看过些。我曾多次为父亲送书到沧河巷市图书馆，归还借阅的书籍。而梅先生也曾借阅我们家私藏的《四部备要》，主要是借阅集部，以古诗词为主。

方达庵赏桃花

梅先生是诗人，诗人的情怀和眼界自然不同于常人，踏青、采风、雅集应是不少。每年三月，桃红柳绿之时，也是踏青赏桃花时节，梅先生和父亲都会相约组织文人雅士去西山方达庵赏桃花，我有幸随他们去过两次。

每年桃花开时，会有人来报告：方达庵的桃花开盛了。老朋友们就约定丽日一起去观赏桃花，有梅冷生、王希逸、陈仲武、邱菊初、苏昧朔、朱声周等先生，加上父亲银行界几位挚友，有时还有摄影家邵度先生。一般坐公共车到旸岙，从旸岙这边登山去半山腰的方达庵，方达庵是地名，而周围三四条山背上是一片片桃树，开满桃花时，如粉红云霞，非常美观。他们赏桃花自然多有风雅，或吟古诗，或出丽句，大有一树桃花一诗翁之趣。

他们自带简单干粮，散散落落各寻乐趣，风和日丽，就多待些时间，近午或过午时分，便结伴下山。有时也分路而行，一路翻景山从护国寺下山，也有从旸岙原路下山的，下山后大都步行回城，真是乘兴而来，采得桃花香味诗意而归。这在五六十年代的温州，还是不多见的，何况还是梅先生这帮高雅的诗人采风。

闻梅冷生先生作过桃花诗：桃花词八首、广桃花词八首、广桃花词续八首，共作了二十四首，其他诗人亦有应和，编辑成册。我猜测，梅先生莫不是由于年年踏青观桃花，而取桃花之韵味，联想古人咏桃名篇，神州观桃胜地，而感慨赋诗。如今方达庵已无迹可寻，桃花也不复当年盛况，唯有梅先生的《桃花词》长留人间。

籀园和汪宅

温州学界有传“事必言籀，言必怀梅”，籀园图书馆是文化人必去的地方，籀园面对落霞潭，侧绕放生池，傍水亭榭，依绿清流。籀园不光风景秀丽，更有书香弥漫，文风鼎盛，而书香文风正是来自梅冷生等一批文人雅士多年不倦地创造和奉献。籀园落成，给宜居的西城带来浓浓的书卷气。

此时的汪宅，由于经营得法，发展很快，厚康钱庄已是汪宅独资，在温州金融业首屈一指，首家私人银行瓯海实业银行也发展良好。汪宅在大士门张府基建起豪宅，接着在籀园东面购地建造气势不凡的汪氏家庙，祠堂旁边有二伯汪惺时购建的花园，和黄溯初的松台别业隔湖相望。由于二伯父倡导，鼓励汪宅弟子读书上学，汪宅平添了一股书卷气，大宅门里书声不绝于耳。

籀园与汪宅相邻，梅先生在永嘉区乡著会工作期间，与乐清名宿高谊先生共事，高先生一度借住松台别业。高先生是张淮南岳父，汪惺时与张淮南有患难之交，对高先生亦相当敬佩，遂请高先生每周到汪宅给子弟们，主要是汪远涵、远潍、远滨、远洋、珠姊等讲课，父亲汪雪怀和母亲赵璧有时也在座，二伯汪惺时偶尔来旁听，也有亲朋好友来旁听，三舅赵瑞蕻也来，正间满满听课之人。大姐汪文漪七八岁没有资格，只能坐在间门外贴门缝听得一知半解的。汪宅时常做些菜肴送到松台别业，给高先生尝鲜，这也是乡著会与汪宅的一段佳话。

汪惺时同梅冷生也相熟。当年，黄溯初先生逝世之后，其夫人黄沙氏决定将敬乡楼藏书寄存与捐赠籀园。其中二伯汪惺时作用颇为重要，因大伯汪惺良与黄溯初为连襟，且汪惺时又与梅冷生交厚，黄沙氏信任汪惺时，故请汪惺时与刘景晨先生一并作为敬乡楼继承人与籀园图书馆之间的“见议人”，最合适不过。这也是汪宅和籀园之间值得一提的生动事例。

一九四四年，温州教育界拟办建国高商，也看中籀园周边的文化氛围，就借用汪宅祠堂开办建国高商，两个班的学生也可就近去籀园探寻文化真谛。

读《汪远涵见过》诗

我大堂哥汪远涵写文章《梅冷生颂》记录了梅先生的功绩，对后辈的关切爱护。文中谈到汪远涵因遭谤疑，就是政治迫害，厄运未退，致使满腹经纶而无法施展。梅先生作为长辈，耐心劝慰，竟以七律诗满含深情，又意境深邃来劝解，这种文人间的沟通，真可谓别致风雅，令人备感温暖。

远涵大哥自小聪慧，读书很好，考上复旦大学新闻系，应属顶尖专业，曾聆听陈望道教授教诲，后来任东南日报总编，他还介绍提携金庸先生，留下一段美谈。父亲也劝远涵大哥不要加入国民党，避开党争，方保洁身自好。鼎新后，运动频仍，回到温州的远涵大哥命运多舛，只有父亲时常劝导，让他多看看书，等待清明时日，梅先生也如此劝慰。

梅先生赠诗《汪远涵见过》，先是喻当年事业成就，颔联意指如今落魄，遭厄运时暂且循墙而行，不要灰心。颈联用典喻改观会带来机遇，还会重掌教席。诗贵含蓄，梅先生的诗蕴意深远，给人以希望和鼓励。梅先生还对远濰二哥的不幸遭遇表示同情惋惜，同样予以劝慰。这些事例都说明梅先生和汪宅的久远情谊。

《四部备要》

汪宅有套中华书局出版的《四部备要》，还有《万有文库》《世界文库》等丛书，父亲中晚年经常与学者互借图书，披阅古籍。梅先生为图书馆馆长，对书籍更有研究，梅先生了解温州图书总体状况，认为汪宅这套《四部备要》是温州唯一的，而且保存较好，很为珍贵。梅先生常借阅这套书中的集部和史部，集部是诗词类，诗词还附有注释和点评，对鉴赏学习诗词很有帮助。梅先生精通诗词，对这套《四部备要》尤为珍爱，倍加重视。

“文化大革命”时，大破“四旧”，汪家被红卫兵抄家八次。有次一群红小兵冲入我家，围着装在大木箱里的《四部备要》，非说是“四旧”，要没收拉回学校烧掉。这群红小兵抬木箱出门，因为太重抬不动，就连拉带拽地拖到甜井巷中段，我父亲心疼地看着，万分着急，只好硬起头皮对这帮红小兵说：这套《四部备要》是有用的书，温州只有这一套，希望不要烧毁，最好能送给图书馆，图书馆有人知道这套书的用处。由于装书大木箱太重，实在拖不动，刚好甜井巷来了温一中一帮高中红卫兵，也在抄家，红小兵就拉着他们让帮忙。父亲又战战兢兢对高中红卫兵说了一遍，还说：你们可以去图书馆叫人来看看。此时温一中红卫兵打开木箱看看，看着都是精装书，还蛮新的，就让一个同学跑回去找个语文或历史老师来。后来了个温一中老师，看到这套《四部备要》，说这套古书还是有价值的，烧了可惜，先把书箱封起来，以后处理。就这样大难未毁，我们一起抬回家里，放在中堂显眼之处，亏得这位温一中老师让学生拿温一中红卫兵大队的印章封条贴起来，其他抄家红卫兵就不敢再开箱检查折腾了。

总算保存下来这套《四部备要》。梅先生听说后，如释重负，长叹一声：“若换作我，怎么也要拦着送图书馆！”真的，只有梅先生这样爱书如命的君子，知道好书珍贵。

半个世纪的友情

梅冷生先生和汪宅结识应在上世纪二十年代，由于梅先生居所与大士门汪宅相近，加之同属社会名流，相识相知是自然的。汪宅是金融世家，但也可以算是书香门第；梅先生是文化名流，据闻也关心形势和熟悉金融证券，这样两家就越发走近了。

抗日战争时期，汪宅里建了一个防空洞，里面可以躲藏二三十个人。我哥姐都记得，有防空警报时，梅先生来我家一起躲防空洞，一帮孩子们感觉热闹，所以记忆很深。

大士门汪宅有个近一亩地的花园，也种植些名花嘉木，花开时节，梅先生和父亲会相坐推盏，对花闲聊，也会到落霞潭边二伯花园漫步，甚至会相约去湖对岸黄群花园聚会。一年一度西山方达庵观赏桃花，八月十五江心屿浩然楼观潮赏月，还有一些我们晚辈所不知道的风雅趣事，难以列举。

能与梅先生这样的学者诗人交游，父亲自有长处，学历虽浅，但凭一生刻苦努力，自学成才，其知识涉及天文地理、文史时政，尤其诗词曲赋谙熟于心，畅达于口。且落墨文采飞扬，梦笔生花，一手硬笔字遒劲灵秀，极具韵味，足见功力。我二舅赵瑞雯、三舅赵瑞蕻都擅写诗词，常将新作给父亲点评，梅先生新诗作亦不时给父亲欣赏。可惜的是，父亲不知什么原因，自己很少赋诗填词，但遗传给我们子女却有六七个酷爱吟诗作对。甚为遗憾的是，我们兄弟均未能聆听过梅先生诗词方面的教诲。如今只有敬仰慎社、瓯社的前贤，观赏他们的遗作，从中领略诗意古韵。

百年风烟渐渐淡去，半世情谊感人至深。梅冷生纪念集编辑之际，作为汪宅子弟，凭着依稀的记忆，还原与纪念一位尊敬的前贤。

二〇二二年三月十一日

忆梅先生与古籍库房

郁小鸥

我家曾经住在石坦巷十二号。

解放前，隔壁有一位叫王小姐，好像是个国民党军官的太太，她在当时石坦巷空旷的地方盖了一幢楼上有宽宽的东南朝向走马廊的小洋房，四周还种满了果树。

房子刚刚盖好，门窗地板都还未油漆，温州城就解放了。王小姐跟她丈夫逃往台湾，临走前，把这幢未完全盖好的房子托付给她的好朋友梅冷生先生照管。而她去了台湾后，从此几十年杳无音讯。

梅冷生先生是一位德高望重的民主人士，时任温州图书馆馆长。他当时搬到了这幢房子住，解放后不多久，就把这幢房子交给了政府，然后作为敌产没收了，产权归政府，但使用权仍归图书馆。

楼上是梅先生住，楼下就成了图书馆的古籍书库。

梅先生在楼上一直住到七十年代。后来中风了，在床上也躺了十年。

这个房子当时盖的时候周围空间很大,后来不知怎么回事,周围盖起了许多房子,这幢房子四周都被包围住了,而且有些地方距离只有一米左右,楼下因为之前是书库,不住人,四面的窗户基本都被堵死了。

由于我们当时没有房子住,图书馆就给我们安排在楼下偏间又暗又潮湿的房间里。这房间是平房,当年盖的时候是洋房边的侧房,说是给下人住的。

这间房子的窗户周围都给邻居后来盖的房子堵住了,我们搬进来后,只好在屋顶上开了一个天窗采光。

由于房子低矮,周围楼房也没有排水管,所有的雨水都汇聚倾泻到我们这间屋的房顶上,屋顶的瓦都挡不住,每次下大雨,家里都哗哗地漏水。我妈说,一下雨就害怕,墙壁都被水浸酥了,阴雨天都发霉。

我们一家四口就挤在这房间里。

我父亲在图书馆工作时,梅先生任馆长,他慧眼识珠,对我父亲一直很照顾。他中风瘫卧床上时,口齿不清,但思维仍很清晰,我父亲时常会去楼上跟他交流,询问事宜,两人相谈甚欢。他在我父亲最沮丧最无助的时候,对我父亲说:“冯唐易老,李广难封。”一连说了好几次!父亲回来后跟我和母亲说了,还把这冯唐、李广的典故讲给我们听。这真是给当时的我们带来莫大的鼓舞啊!后来我教书教到这句时,眼泪差点要涌出,只有亲身经历，才有感触啊！

梅老有个没有出嫁的女儿叫绿云，学名叫梅之萼，她一直服侍梅老，非常细致入微，周到体贴，一直到梅老归西。梅老还有个儿子叫梅之芳，也经常过来看梅老，来了也会到我家坐一会。绿云孃去世后，梅之芳过来说，梅老和绿云都有遗嘱，这房子绿云过世后，就给郁先生住，梅家后代众多，但不得住这房子，梅老还说郁先生一辈子太苦了，我这间房子如果不给他住，他就一辈子要住在那又潮湿又阴暗的旮旯兜里。

当时这个消息太让人吃惊和振奋了！梅之芳也携同子孙写放弃证明并连同遗嘱禀告了图书馆、房管局。这个房子其实使用权还是属于图书馆的，是“租”房管局的，由于梅老的特殊原因，梅老有对房子的使用支配权。当时刚好我父亲也属于改正落实政策之际，有这么个机会，几方面共同推动，就把这房子落在了我父亲的名下，我们家也终于有了一间十几平方米的能看到天的房间了！

各种感激之情难以言表！

在这间房里，我父亲一直住到去世。直到二〇〇二年，旧城改造拆掉了。

后来又有了一个小小的故事。

我女婿研究温州历史，其中一项是研究张棡日记，我们一起去采访张棡先生的孙子、日记的编校者张钧孙先生时，他告诉我们，有一段时间张棡日记的一百多本原稿无处安放，只好连夜雇小船从瑞安鲍田老家运到梅冷生先生处，梅先生非常重视这套日记，深藏在自己的睡床下，藏了好多年，完好无损，后来才又被张钧孙先生的四叔慕骞先生运回去。

我听了目瞪口呆。梅先生在时，他家我也常去，他后来又把房子给了我家，这部张棡日记原来曾离我这么近！

世事沧桑，往事如烟，不记下这些，以后就再也没人知道了！

二〇二〇年清明节

原载《温州读书报》二〇二〇年第七期，一版；收入《瓯歌三集》，文汇出版社二〇二一年十一月版，660 至 662 页。

题梅冷生劲风阁

陈寿宸

虬枝欲与阁争名，风雨非秋亦自鸣。人有吟声蝉惯续，客参语妙鸟能听?味书夜永逾醪醉，当户山奇助笔横。绝胜意园楼一角，檐牙斜日漏松棚。

原载《意园诗钞》，民国三十七年铅印本，卷一，八叶。

东嘉新竹枝词　其二十

郑姜门

匆匆已是届星期，瓯海潮声报汝知。梅子文章林子笔，姜门最有竹枝词。

同社梅冷生裙屐风流，林默庐翩翩书记，皆负时望。仆附骥尾，谱得竹枝词几首，为爱读本报者作茶馀酒后之谈助可耳，一笑。

原载《瓯海潮》周报第十三期，民国六年七月一日版，八至九页。

寄题梅冷生劲风阁 （一九一七年）

宋慈抱

王通目若营四海，谢傅身将隐一邱。穷达本来随境遇，登临聊复慰牢愁。逸骚善选囊中拾，潭影岚光笔底收。愧我辕驹真局趣，相期百尺卧危楼。

原载《寥天庐诗钞》，一九二九年秋刻本，卷三七律上，八叶。

中秋后一日，梅冷生雨清招饮劲风阁，酬主人及同席诸子（一九二〇年）

夏承焘

灯火高楼坐二更，谈经说剑气纵横。一杯莫放生前酒，千载难期身后名。明月呼来为醉伴，青山留待证诗盟。谁能了得吾侪事，笑指浮云比世情。

原载《慎社》第二集，民国九年石印本，四四叶。

访梅冷生劲风阁（一九二一年春）

杜师预

我爱梅高士，幽居事事幽。何嫌门近市，自傍树修楼。园小花成幄，诗清玉作瓯。为询三径客，晨夕几羊求。

一入都官室，翛然隔市嚣。书摊秋树下，人比画楼高。依树结楼，读书其内。有父欣麋寿，呼儿出凤毛。披襟相对处，不觉醉醇醪。

原载《慎社》第三集，民国十年季春石印本，诗录，十五叶，据《左园诗集》校补。

春日怀梅兄冷生（一九二一年春）

卢霞九

劲风阁晤夕阳天，文字商量诩夙缘。兰籍多君联翰墨，蓉江别我感华年。芳园歌咏怀康乐，春草池塘梦惠连。何日兰亭重雅集，流觞曲水会群贤。

原载《慎社》第三集，诗录，六六叶。

如此江山　送梅子冷生之武林（一九二一年）

郑姜门

　　桑弧蓬矢男儿志，壮游岂轻孤负。仆射高阳，步兵广武，何况东南大薮。扬帆击楫，好稳渡之江，莫重回首。咫尺家山，歌离不唱渭城柳。　　仓皇猿鹤劫后，剩临安半壁，独撑灵秀。侠女亭边，冤臣墓畔，为我多浇杯酒。休嗤邂逅，恐湖上风花，似人消瘦。满贮奚囊，待湔尘浴丑。

原载《永嘉郑姜门诗文集》，曾昭文编，二〇〇〇年自印本，13 至 14 页。

题劲风阁 阁为梅冷生社友读书处。

陈仲陶

秋空云气转冥冥，绕槛繁阴似翠屏。眼底琳琅诗满壁，耳边风雨树穿棂。携将好句天容问，生有奇才地合灵。远岫相看如几上，卧游何必借丹青？

原载《慎社》第四集，诗录，三二叶。

梅秀芝先生暨配徐孺人七旬征文启 （一九二二年）

刘绍宽

永嘉梅氏，诗书世族，宋元以来，代有闻者，近世廷哲、廷宰以吏治称，赞臣、亦九以文苑传，微之、鉴亭以艺术显，而光宗以义行著，皆载在志乘，班班可考。

今明经秀芝先生，又其族之茂选也。先生未冠廪膳于学，锐有进取之志，顾两踬秋闱，辄舍不锲，一以读书课徒为事。虽所居近市，而辟地数弓，种莳花木，翛然有山林之趣。瓯故名郡，冠盖之乡，驺从如云，照耀闾里，而先生不与也；通商以来，瑰货四集，豪商大贾，列肆以居，而先生不与也；变法议起，政学抢攘，舍旧谋新，风靡一时，而先生不与也；沧桑俄易，陵谷改观，贤豪奋起，躐跻显秩，而先生不与也。所言诗书六艺，所教孝弟忠信，所慎视听言动，所严辞受取予，初未尝有惊人之言，骇俗之行，炫耀于当世。其德配徐孺人，亦以德曜之操，助伯鸾之节。蒙阳偕隐，则爵禄可辞；鹿门佐耕，而遗安有道。非昔人之所颂叹，而今人之所难能者乎？

哲嗣冷生，少承庭训，仰体慈勖，思为通今服古之儒，讲求明体达用之学。诹经稽史，泛滥百家，拥书一楼，昕夕晤对，维时文体乖异，古谊沦晦，二三同志，胶胶风雨，而嚶鸣翕集，声气遐孚，一时坛坫，遂有慎社之目焉。瓯海道尹铁铮林公纡尊入席，倡导益宏。

冷生方膺公选为浙江省议会议员，以岁之八月为先生七十弧辰，而徐孺人亦年六十有八，爰手撰事略，将征文于当世大雅君子，以为亲寿。其辞质而不浮，抑而不夸，所述家庭纤悉，而于先生立身行道之要，本末具见，固不能赞一辞矣。而余特推本其诗书世泽，绵历勿替，有以见先生潜德之修，贻谋之善，胥原乎是，是即所以持世运贞元之会，亦即所以正性命而为寿者也。在《易》剥之上九曰：“硕果不食。”王应麟说之云：“邵平、董公、四皓、鲁两生之流，士不以秦而贱也；伏生、浮邱伯之徒，经不以秦而亡也；万石君之家，俗不以秦而坏也。”斯言也，不啻为先生发之，是用辄举所知，以论撰之质之当世大雅君子，毋亦有取于是欤！

谨启。

原载《厚庄诗文续集》，民国二十六年秋排印本，文外二，一叶。

梅泠生之尊人秀芝先生暨
其母氏徐太夫人七旬双寿诗

高吹万

颐性贵能闲，立身重无为。传家惟忠孝，养志在恬退。我观泠生文，朴茂兼渊懿；亦无他谬巧，字字见真意。时俗征寿辞，誉颂惯一例。铺张百行夸，称引万善备。惟君独不然，言乃剧琐碎。世乱能事亲，愈知爱日爱。幽居承色笑，至乐殆无比。祖德父述之，父言母自契。行善宜获福，天道固不昧。中岁诞佳儿，今振门楣大。雏孙绕床嬉，含饴更自快。娱老营菟裘，拓宅成胜地。馀园专一壑，诛茅即经济。隔江华严云，屏幛染山翠。高标劲风阁，俯仰得纵恣。此邦小邹鲁，人物富英迈。令子通者流，贮书盈腹笥。风雨拥一庐，汛滥醇而肆。古樟覆浓阴，婆娑助彩戏。翁姥笑开颜，寿考良未艾。翁昔有名言，其言尤可味：世多凌人者，受凌亦不易。只此片语间，盛德于焉寄。上下相交争，道衰付一慨。家有万石君，俗不以秦坏。伏生浮丘徒，经不以秦坠。四皓鲁两生，士不以秦废。硕果真仅存，斯为国之瑞。

原载《国学丛选》第十三、十四集合刊，一九二二年版，诗录，二七叶。

馀园记（一九二二年）

郑姜门

冠盖繁盛之区与夫市井阛茸之地，蛰其间者，耳目熏染，习与性成。终岁营营，敝精劳神而不恤。甚则流遁忘返，捐本徇末，仰息权门，日驰骛于声色无聊诸玩好，革面而笑，寖自忘其老丑，进不知规拟前修，退不知自安所遇。柳柳州所云：“气烦则虑乱，视壅则志滞。”君子必有游息之物，高明之具，使之清宁平夷，恒若有馀，然后理达而事成。彼籧篨戚施者，又乌知俯仰皇祇、莹情夷远、翛然有素位之乐哉！

永嘉梅氏，故为邑望族，世居郡之宣化里，地当通衢，绰楔左右，署宇林立，市肆栉比，朝烟乍起，人声上浮；而军府宵笳，衙参晨鼓，复杂遝沓作，诚古面朝后市之区也。我友冷生尊甫秀芝先生，不厌晏婴湫隘之居，而有蒙庄濠梁之想。

耿介自守，未肯溺俗浮沉、内丧道实，幢幢冠盖，了无纤末动于中。非天怀散朗，安能若是哉！家旧有园，逼而仄，曩岁购其旁隙地，辟而广之，曰“馀园”。园之东有古樟婆娑，高逾墙数仞，数百年物。依树筑阁，峻拔如望橹。冷生登而喜之，署以“劲风”。每当夏秋之交，浓阴下覆，齐女坐枝而长叫吟，若与阁中书声相和答者。时或飒然风起，奔腾汹涌，如龙吟大泽中，兀坐听之，令人神越。松台、华盖、积谷诸山，环列窗唇，顾盼可即。而隔江永宁与华严，又如云屏遥障矣。俯视周邻，则瓦缝参差，密于帛缕，此皆劲风之所有，而馀园之胜处也。拾级右下，回廊三折，雕阑护之，宜于觅韵。檐牙碧梧上矗，似高人欲从耸吟肩者。其左则秬鬯三楹，家庙在焉。砌砖为坞，编竹作篱，杂莳花卉，蓌茂悦目。其木有山茶、海棠、佛桑、石榴、芙蓉，草则兰、菊、白莲、酴醾、萱花之属。又有异葩，蔓者、丛者、葳蕤者，迎风狎猎，芳蔼纷披，尤以古梅为最奇且夥。尝于暇日数数过从，见有华颠鹤步、伛偻提壶、掩映于暗香疏影间者，即其尊甫秀芝先生灌园时也。

地广不逾亩，播高殖下，位置咸秩。故涉足不必宏丽而三径辟焉，遇目不必珍奇而四时备焉，抚景盘桓，会心不远，游其中，冷然清，悠然远，几不知门外车尘十丈。噫，抑何深合乎清宁平夷之旨乎！余固谓两大间尝视人心为广窄，极其欲望，即延日月为扃牖，张八荒为庭衢，罗山海为珍错，犹嫌为不足。诚能吾行吾素，随遇而安，韦带布衣，亦足取暖；青蔬白粲，亦足果腹。而一丘一壑、一鱼一鸟，皆具无限天机，足以颐养情性。使推此心以处世，无往而不自得。若梅氏贤乔梓，其知此道乎？

抑予犹有感者，吾瓯文物劭媺，号称小邹鲁。赵宋以降，繁盛特著。然玉介园、怡园、果园而外，鲜能指其林泉台榭者。盖游屐所经，不惟其地惟其人，不惟其物惟其名，若曾氏之诗，项氏之绘事，王氏之政治文章，尚历历在人心目，此固善用其游息之物、高明之具也。子谓卫公子荆善居室："始有曰苟合矣，少有曰苟完矣，富有曰苟美矣。"冷生既以诗词文章雄当世，近复举于乡，为两浙代议士。出其馀暇卜居于张相国赐第旁，将谋馀园为家庙专祀之地，且为老人营菟裘、娱晚景矣。然则敬祀先人，崇本敦孝，既励薄俗，深得卫荆居室之意，"馀"莫大焉。异日者家国忧乐，各遂初衷。值春秋佳日，张灯高阁，期会名流，文宴留连，必有髯之足迹出于其间者。爰次其事为之记，藉作息壤可乎！

原载《慎社》第四集，温州美成和书局民国十一年夏石印本，文录，三一至三二叶。

题龙湫观瀑图（一九三一年）

黄宾虹

依岩一刹接城闉，熹有丹霞媚古春。碓响山家饶粟黍，沙明溪叟话金银。吟边风雨萦乡梦，眼底云烟逭俗尘。泻落澄潭飞瀑急，坐来闲我石轮囷。

辛未初夏，将游雁宕，道出乐清，过丹霞古刹，经金、银二溪，同冷生先生观瀑，写此博笑。黄宾虹。

黄宾虹《龙湫观瀑图》，温州衍园美术馆藏。

寄题梅冷生风树阁　（一九三四年）

王季思

人间心目不到处，中有哀哀父母泪。
客游所得曾几何，堂上椿萱已憔悴。
劲风阁主无酸辛，闭门养志谁似君？
祥禽遥认梅家树，片石能回黄发春。
吾家老屋惟环堵，竹树萧萧风虎虎。
年年寒雨打窗时，有子如无泪如雨。

陈衍《石遗室诗话》，续话十二，原载《青鹤杂志》第二卷第二十三期，民国二十三年十月十六日，参见《石遗室诗话续编》，甲戌重阳叙刊本，卷一，二九页。

〔按〕

《劲风阁遗稿》卷首作为题诗收录，小跋云："右寄题冷生梅丈劲风阁诗，回首五十年矣。会乡人来书，为《劲风阁遗稿》征诗，录此寄之。季思王起。一九八三年春。"而陈衍《石遗室诗话》起首交代："温州王季思起寄示其诗二三十首"，原题"风树阁"，或系作者笔误。

丙子春，温州征集乡哲遗著委员会乞余编《瑞安诗徵》，赴郡列席，主梅冷生家有作 （一九三六年）

宋慈抱

编书应召到君家，看蔌纷然食指夸。欲润诗肠倾竹叶，笑看人面比桃花。是日有女伶在座。郑虔风采欣无恙，谢朓兴居喜尚佳。谓郑姜门、谢磊明。不惑年华侬过二，晚晴那复胜朝霞。

蹉跎岁月隙驹驰，坠地俱逢国乱时。破浪乘风君有志，研经注史我何知？显扬期慰衰亲望，提命难忘大母慈。弟已四旬兄五秩，联床听雨合谈诗。

原载《寥天庐诗续钞》，一九三七年铅印本，卷下，三〇叶。

赠梅冷生赴陕叙

高　谊

士之于世，不轻于去就，而世之用士者，恒不轻于弃取。故士而有行，为士祝者，不曰以道自重，则曰惟义之归；然必其用士之人，能以义取士；而后士之为所取者，无或图利于夫大而私便其身。

昔乌重裔镇河阳，求士于从事而取石洪。是时石退居于洛十年。乌撰书词，具币以请，石则拜受书而去。朱兄之长陕右度支，一河阳之重裔也，闻有以兄书造庐请君。君果受书，戒行李，载书册，问道所由，君殆朱兄之石洪耶?夫度支之任，与节帅异方，今国帑日绌，取支于省者孔繁，而省之所需，皆以供给民政与教育、建设。陕土生息，虽比甘为饶，然所供未必俱能应所求，偶有匮乏，长兹任者，惟君秘书是商。予见君昔家居，时坐一室，左图右书，与之语道理，辨古今事当否，论人高下，事后当成败，与居嵩、邙之石洪无异。今其有以见君之所施矣。虽然，君固能以道自任者也。

予不为陕右虑，独念永嘉遗著未完，皆恃君与孙君孟晋督之。闻君赴陕，孙君自武陵归，亦随君出而远有所之，岂亦为朱兄之温造乎？果是，则瓯雒之马群空矣。予于是于君之行，以祝君者祝陕，而不能不疑朱兄之尽取如退之所云也。

顾予闻长安不易居，此邦天气早寒，秦苑绿芜，汉宫黄叶，今非其时矣。公退之暇，将与二三子策杖从韦曲城南，乘风雪寻名胜，傥有灞桥驴背之思乎？奚囊佳句，其有以饷我矣。丙子十月。

原载《蕙园文钞》，民国二十七年夏铅印本，卷四，一五至一六叶。

〔按〕

作者《与朱铎民书》提及梅冷生随行一节："吾兄长甘四年，固习知甘之财力足以有为；今适继以长陕，必知陕有可为，藉以补甘之不足。矧又得同乡梅君冷生、张君临球，有学问、多经验之人辅之有为。期以数年，从容得两省主席相扶以有成，则西北开发之前途未可限量。"（《蕙园文钞》，卷一，一九叶）

梅冷生自陕变后归，周季材、吴天五为集宴酒楼，郑伯琅有诗，作此和之

刘绍宽

戎马关山后，归来喜可知。
一樽仍共叙，千里慰相思。
世事惊棋弈，风尘感鬓丝。
澄清范孟博，揽辔更何时？

原载《厚庄诗文续集》，诗四，二三叶。

跋朱君别宥原藏《借铎》（一九五七年）

陈训慈

郭外峰之《借铎》，不仅有系瓯海近代政教之文献，亦我国清季地方政治之一种史料，并可知当时所谓亲民官之思想与地方之风俗。公家藏书，爱书者每重旧钞古刻，近人谈史料者则偏重革命历史资料。余以为图书馆必兼重版本与史料，不以时近而忽诸。朱君别宥，以此书相商榷，余知冷生梅馆长主温州图书馆，博采广收，函询之，谓此版亡矣，因得鄭卿同意，以此赠温馆云。

慈溪陈训慈，一九五七年七月。

原载《借铎》，温州市图书馆藏，卷末。

〔附〕

浙江省人民政府文物管理委员会　温州市立图书馆交换复本方志清单

一九五四年十二月

一、省文管会复本移交与温州图书馆

1. 遂安县志 十卷　罗柏麓、姚桓括光绪志增补修纂　一九三〇年排印本　八册

2. 分水县志 原十卷 缺九、十卷一册　臧承宣纂 光绪卅二年刻本　存五册

3. 遂安瀛山书院志十卷又卷首　明方应时纂 宣统二年刻本　四册

二、温州图书馆移交与省文管会

1. 遂昌县志十六卷　褚成允纂　光绪刻本　十二册

2. 瑞安县志稿选举等四门 诗文徵十七卷 瑞安县志委员会辑修 一九四六年排印（内油印一册）十二册

3. 台州府志刍议一卷　符璋 一九二六年刻本　一册

交换机关	经手人
浙江省人民政府文物管理委员会	陈训慈（签章）
浙江省温州市立图书馆	梅雨清（签章）

浙江省文物管理委员会　温州市立图书馆交换复本方志清单

一九五五年三月

一、文管会复本移交与温州图书馆

光绪馀姚县志（缺三册）　十三册

曹江孝女庙志 八卷　光绪刻本　二册

二、温州图书馆交换与文管会

瑞安县志稿十门　民国排印本　十册

交换机关	经手人
浙江省人民政府文物管理委员会	陈训慈（签章）
浙江省温州市立图书馆	梅雨清（签章）

温州市图书馆档案，藏书建设类，F6,95 至 96 页，99 页

〔按〕

朱别宥（1886—1967）名赞卿，字酂卿，鄞县人。浙江省文史研究馆馆员，宁波市政协委员。一九五四年将《绿杉野屋遗诗》赠予温州图书馆。陈训慈获悉郭钟岳《借铎》温州图书馆缺藏，特地征得朱赞卿同意，寄与梅冷生入藏温图。这是陈先生在该书最后一页的题记。

题东晋朱曼妻薛买地宅券拓本 （一九五八年）

陈德辉

千年古券出横海，石埄山中旧隐藏。
笔力应追天发识，篆文犹记晋咸康。
孙吴鼎足空陈迹，东晋河山亦海桑。
赖是承平好时节，浙南独峙此灵光。

朱曼妻薛买地宅券，于一九零零年在平阳县江南乡鲸头村石埄下山（今云岩公社鲸山大队）出土，向为余家所藏。一九五六年十月，余承温州市文物管理委员会主任梅冷生先生之托，寻觅此石碑，寻获后赠给文管会收藏。嗣向该会取得拓本数纸，用题俚句，以作纪念。

原载《昔非诗稿选》，二〇〇五年誊钞本，未刊稿。

温州市举行孙仲容先生遗物展览 （一九六二年）

张宗祥

忆昔湖边晤，温温笑语陪。清末举先生及孙太亲翁玉仙先生为全浙教育会正副会长，屡趋谈。恨来瓯海晚，惊已泰山颓。诂《墨》明兼爱，笺《周》仰异才。楼空遗范在，余至瓯时先生早殁，拟为编《玉海楼书目》，而先生子弟无一肯容人浏览藏书、亦无一愿任编纂者，遂不果。闻当时书架有损坏，架上汉晋砖跌断不少，其后孟晋以手校诸书捐入浙大后，又归入杭大。闻闲置一室，蠹蚀不堪，真可一叹。其零星所遗，梅冷生兄尚能收入温州市图书馆，亦不幸中之幸也。怀旧意徘徊。

原载《归杭续草》，见《张宗祥文集》，浙江省文史研究馆编，上海古籍出版社二〇一三年十一月版，第三册，250 页。

题梅冷生所藏《溪楼延月图》

张宗祥

劫后榆楼久不存，昔贤题句忍重论。海沤生灭纷无影，剩有纤纤眉月痕。楼为樊榭携姬人月上同居处，后归奚虚白疑。奚氏倩人画图征题，今存金应仁一图，汤雨生所作已佚。

原载《铁如意馆题画诗》，见《张宗祥文集》，第二册，399页。

〔按〕

此图系金应仁作。另有余绍宋应马叙伦、高鱼占之嘱而作。春晖堂日记一九二九年十二月十七号（十一月十七日）："夷初属余与鱼占作《溪楼延月图》，鱼占画左幅送来，余因补右幅远山渔舟，亦尚清秀。"（《余绍宋日记》第六册，二三八至二三九页）

浣溪沙　赠梅翁（一九七四年）

吴鹭山

莫叹书空臂半枯，尊前白战孰枝梧，文星元自动江湖。如此帘栊延落景，几人风月识归途，松台山色好相于。

甲寅初夏，予过江访劲风翁于永嘉石坦小楼，见其抱痼沉绵，而讽咏述作朝夕不辍，为之增气，皇甫士安不得专美于前矣。临别索书，意甚勤重，因率缀俚词《浣溪沙》一阕博笑。老氏有涤除玄览之谈，而禅家亦有发真归元之喻，此在吾侪尤当自励。故篇末略为拈出，亦庶共提撕以进于道耳。

原载《梅冷生集》，371 至 372 页，据林声宇藏钞件收录。

挽梅丈冷生诗十首

任梓良

痛绝人间失大师，弥留无语恨来迟。劲楼吹泪西风里，一恸扶棺不自持。

死观神采似生时，五日床前尚说诗。一诀弥天成隔世，月明鸾鹤梦中期。

击掌匡床细品评，阳秋韵语有哀情。心伤来日中秋月，莫作今年分外明。今年闰八月，公约同人扶舆游九山堤赏月。

八十衰翁六一儿，公自寿句。去年犹记拜门时。刀环绝域伤心语，红豆银灯算劫棋。公自寿诗:“只愁绝域刀环梦，难挽西风白骨秋。”

骑鹤何曾留半贯，居家遗女欲何如。梦华病榻无多录，枉费谢邻数度书。瞿髯要公写《病榻梦华录》。

依绿园湮潭水清，楝花信过换蝉声。书城知有移家住，廿载籀园出谷莺。公句:“我别籀园亦廿载，迁乔出谷变态新。”

半樱薪火许清声，一阕甘州早定名。慎社乡贤凋谢尽，瓣香和泪逐江倾。公是半樱词人林铁尊先生弟子。

诗篇尽付故交存，掌故罗胸对榻论。词境当须空法实，华严境界道根源。公论诗句：“词境当空法当实，……下笔先从意内看。”宋王禹偁诗：“子美集开诗世界，伯阳书见道根源。”

梅福高怀是我师，江鱼四月恰时宜。南烹曾扰郇厨美，无复鲜葩点雪鲥。公长女适瑞安，旧俗每年送鲥鱼来，上缀月季花。

何时单桨水心村，公句。落叶微阳岂重温。教我莫忘书熟读，琢磨今后共谁论。公卒于一九七六年农历七月廿二日下午六时。

《梅冷生集》，373 至 374 页。

悼梅泠翁

林镜平

诗书满腹一生心，病榻十年半痹身。耽读依然劳隽手，苦吟亦复聚全神。奈何小疾成终古，莫遣灵方出上真。痛对遗篇思謦欬，屋梁落月梦犹频。

《梅泠生集》，374页。

悼冷生翁三首 （一九七七年）

吴鹭山

抱痼同玄晏，沉绵不记年。书空馀半臂，得句动连篇。心事冰壶贮，风裁玉鉴悬。定知乘谑去，皓月本来圆。

永嘉论宿学，此老亦殊伦。博识关文献，多闻信席珍。早叨青眼赏，晚觉白头亲。犹忆红亭会，鸥群狎更驯。

床债从今了，尻舆遽已遐。摊书犹昨梦，分手有长嗟。乡议崇三老，诗名擅一家。他时耆旧传，公案述桃花。公在病榻中曾作有《桃花诗》二十馀首，传诵一时。

《梅冷生集》，373 页。

〔按〕

吴鹭山悼诗三首，《光风楼诗词》仅录其三，题《挽梅劲风翁》。“分”作“判”。参见《吴鹭山集》下册，542 页。

读梅冷生《雁荡杂诗》

吴鹭山

永嘉晚近诗人，当推梅冷生（雨清，号劲风）为巨擘。劲风早岁即以诗鸣，自定庵、樊榭而上溯简斋、放翁，茹英咀华，卓成一家。惟平生写作不自矜重，致多散亡。兹仅录其《雁荡杂诗》数首，并略为说明：

锦溪溪水我澄思，异代七贤有废祠。

苹藻明禋谁与荐，荡南人去未归时。

此“七贤祠”，在大龙湫下锦溪旁，祀宋王梅溪以下七人。“荡南人”，指作者友人朱铎民，铎民为朱荡南（谏）后人，现已削发为僧，不知所往。此诗因七贤祠而怀念朱铎民。末一句低徊缱绻，含意不尽。

龙湫昔日若悬河，此际清言霏屑多。

三到忘归晴雨异，坐看薄雾曳轻罗。

“忘归”亭名，在大龙湫。作者曾三次游大龙湫，故有“三到忘归晴雨异”之句。五十年前（即一九三一年），冷生曾与我及黄宾虹、谢磊明同观龙湫,“此际清言”云云, 或即追忆其事。

五峰作记后峰诗，南阁延宾又一时。

记得吴纶坟下过，绿阴漠漠雨丝丝。

“五峰”谓李孝光。孝光写有《雁山十景记》，故云“五峰作记”。“后峰”谓李经敕。经敕工诗, 故云“后峰诗”。“吴纶”即南阁章恭毅纶。恭毅本出吴姓, 其墓碑署曰“吴纶”。此诗是因游南阁回忆过去谒章恭毅墓时的情景。

灵峰位置屐皆停，列嶂排云不断青。

疥壁旧题都扫尽，鹰扬惟见白香亭。

这首因游灵峰见邓拓诗而作。句下自注云: 灵峰招待所有邓拓留诗“仰望巨鹰凌碧海, 从知雁荡果英雄”句极佳。“白香亭”，清人邓弥之诗集名，此借比邓拓。

大痴老笔化烟云，气韵松岚本逸群。

一别鸿泥留尺幅，南宗南戒证知闻。

此诗是因游雁宕追怀名画家黄宾虹。“大痴”，即元代名画家黄子久，这里用来比拟黄宾虹。黄宾虹游雁宕，冷生亦与之同游。后二十年，黄宾虹以所绘山水画幅寄贻冷生，故云“一别鸿泥留尺幅”。“南宗”，唐代王维山水画派称南宗。“南戒”，唐代僧人一行谓天下山川分南北戒，南戒尽于雁宕。黄宾虹寄给冷生的画是写雁宕山水，故云“南宗南戒证知闻”。

石梁飞瀑在西头，山月清樽互唱酬。

可惜琵琶成绝响，思君无奈半轮秋。

此诗因游西石梁而追忆蔡旅平弹三弦。“琵琶”，当是“三弦”之误。蔡旅平，芙蓉镇良园村人，善弹三弦琴，可称绝技。其时，蔡旅平已逝世，故曰“成绝响”。

琼楼玉宇逐臣心，斫桂人从谪籍寻。

苏子吴郎南北雁，天风鸾鹤闷清音。

此诗因游雁宕而怀念我与苏渊雷。“琼楼”句，用东坡典故。东坡《水调歌头》词有“我欲乘风归去，又恐琼楼玉宇，高处不胜寒”之句。东坡曾被贬谪黄州安置，故曰“逐臣”。这里借指苏渊雷。时渊雷被谴往哈尔滨。“斫桂”句用吴刚典故。相传吴刚学仙有过，被谪往月宫斫桂，见《酉阳杂俎》。时我亦被谴返回故里，所以用吴刚斫桂相比。“南北雁”，谓南雁荡、北雁荡。渊雷平阳人，居近南雁荡。我所居近北雁荡。冷生爱友朋如性命，每诵此诗，为之腹痛。

学步何妨失寿陵，明时报国愧无能。

打包五日便归去，不作灵岩粥饭僧。

“学步”句，用《庄子》典故。庄子谓“寿陵余子学步于邯郸，未得国能，又丧其故步。”后世因以效人行事而失其素守曰“邯郸学步”。这句下作者自注云：“学习改造，应丧故吾。比宿灵岩，清夜自思，不敢以山水自逸。”

风云气少负吟哦，枉向名山几度过。

未敢希踪江伏敌，听诗一叟定讥诃。

江伏敌，谓江弢叔（湜）。弢叔曾数游雁宕，著有《伏敌堂诗集》。“听诗一叟”，响岩门侧云霞嶂上有石名听诗叟。这首诗用谦词作了总结，自谓游雁宕写的诗不敢与江弢叔相比，且将被听诗叟所讥笑呢。

以上九首诗皆寓情于恭，不以模山范水为工，是记游诗上乘。劲风亦工词，出入姜白石、王碧山之间。所惜大半亡佚，仅见数阕于《劲风阁遗稿》中。

原载《雁荡诗话》，收入《吴鹭山集》，下册，676至679页。

万卷平生有三风

吴常云

我上小学时就跟随母亲从上海来到北京，后又长期学习、生活、工作在北京，但我始终没有忘记我的根在温州，我出生在雁荡山观音峰脚下的一个小山村，母亲也以雁荡山西南方位一座山峰的名字为我取名。温州，虽未曾熟悉就已离开，但母亲早已将我的名字与其紧紧相连。前些日，温州图书馆礼阳先生联系我，嘱写纪念温图建馆百年的短文，我却甚为为难。我本人与温图交集无多，只是去年将父亲留下的部分书籍捐赠温图而已，为的只是那份与家乡无法释怀的乡愁，更为的是父母曾经与籀园的那段不解的情缘，以及父亲与老馆长梅冷生先生自上世纪二十年代起就共创温州文学团体“慎社”，以及之后数十年建立起来的、持续一生的友谊。

父母晚年生活在北京，但我经常能从他们的言谈中，听他们提到梅冷生先生，我也听到父母谈起过曾向温图捐书的事情。所以，这次为完成礼阳先生邀文之约，我又一次翻阅父母留下的书稿及信札，希望能够从中寻找到些许与温图有关的线索。令人感到欣慰的是我收获有三：一是父亲上世纪五十年代收到的一封信札，二是父亲早年日记中的一句话，三是母亲一个小本子中的两首词。

一封信札。这是当年温图馆长梅冷生先生寄给父亲的，内中共有两封信函，下署日期不同，但都放在一个信封中了。一封是用钢笔写的，署名梅雨清，信很短，言及得知父亲所著《唐宋词人年谱》出版，希能赠送图书馆一册，下署日期“二月七日”与信封上的邮戳可获对应。另一封是用毛笔书写，共两页，时间要晚些，大体涉及馆库书籍借阅、近来身体状况和与吴鹭山诗词唱和等内容。我将信札翻拍下来，附于文中供诸位读者朋友研读，并亲睹梅老前辈的笔迹，以示怀念。

日记中的一句话。在《天风阁学词日记》一书中，一九四二年九月三十日那天有如下记载：“午后雨。上午与天五（即笔者舅舅吴鹭山）、无闻（当时母亲仅为父亲的学生）过永嘉中学，过籀园借书。”即便只是这么短短一句话，也足可作为父母当年与籀园不舍情缘的见证。父亲的日记自上世纪二十年代起直至晚年，始终没有停歇过一日。浙江古籍出版社曾于一九八五年出版《天风阁学词日记》两卷本，系由父亲的学生吴战垒先生编撰，后经补充于一九九七年又并入八卷本的《夏承焘集》中出版。时至今日，浙江古籍出版社又委托战垒先生之女吴蓓女士领衔主编，经长期艰苦的编撰，即将出版内容更加详实的日记于计划中的《夏承焘全集》内。待全集出版，吾定当代父母将样书奉寄温图以飨家乡的读者。

母亲的两首词。在母亲留下的一个蓝皮小本子的扉页中，有母亲用钢笔竖写的四个字："无闻诗词"。今春，我在为《瓯风》第十五期写的一篇追忆母亲的文章《词风吹拂叙晚情》中，引述了母亲在小本子中写的十多首诗词。今天，我将本子中的两首与温州图书馆相关的词引录如下，供读者朋友品赏。

上世纪四十年代抗战前后，温州图书馆的前身籀园图书馆馆长梅冷生先生为籀园的早期建设、图书保护及充实，不惜付出身家，可谓功至千秋。这第一首词系母亲于一九八六年为"梅冷生先生逝世十周年纪念"而作：

浣溪沙

慎社嘤鸣韵未终，书城还继籀亭踪。不辞辛苦理残丛。

双客交期馀一梦，四灵别派有三风。落霞依旧荡秋空。

词下有注：

天风阁词"水调歌头"梦冷生、鹭山莅止湖楼，"双客闯然到，灯火吐光芒。"冷生书斋，劲风楼；鹭山书斋，光风楼；自家书斋，天风阁。

按：一九七五年，父亲曾作"水调歌头"奉寄冷生，即为冷生先生八十寿，参见《夏承焘词集》，湖南人民出版社一九八一年版，227页。

这第二首词系母亲病故之前三个月左右为“贺温州图书馆建馆七十周年纪念”而作，此词录于她全部诗作词作之最后，这可能也是母亲留下的最后一首词（一九八八年八月十三日）：

减字木兰花

籀园忆昔，缃素如山环四壁。朵朵红葩，俯仰江潭有落霞。

池塘春草，万卷平生遗几老？翘首三风，辽鹤归来一梦中。

词下有注：

籀园为温州图书馆前身。四十年代予曾借住籀园。籀园附近有落霞潭。三风：天风阁、劲风楼、光风楼。

从以上两首词及词注中，可见母亲在她读书时期就与籀园交往甚笃，且与当时的馆长兼教师梅冷生先生也建立深厚的师生情谊。从这两首词中，更有感于母亲的词风，温婉却难掩大气，境悠远且意沧桑，特别是两首词的末句，读后不禁令人唏嘘感叹。母亲在这两首词中均引用了“三风”两字，深切怀念当年曾一度叱咤温州文坛的三位大家：天风阁，夫子——夏承焘；劲风楼，师长——梅冷生；光风楼，兄长——吴鹭山。管中窥豹，从母亲这两首词的词意拓展开去，自南宋永嘉“四灵”

起到当代别派“三风”，数百近千年来的温州历代文化底蕴积淀之深厚足见一斑，而这一切又都与籀园——温州图书馆及其所拥有的大量珍贵馆藏图书有着无法割裂的关联。

今天，当我们怀着万分敬仰之情，纪念温州图书馆建馆百年之际，我们不能忘记先贤们为了国家及民族的文化保护和传承所做出的奉献。而我们后来人，特别是今天的年轻一代，当然我也希望一些年之后包括我的小孙子“语桥”在内，能一同参加到将家乡温州这份珍贵文化遗产发扬光大的行列中来。

二〇一八年五月三十一日于北京

节选自《籀园芳馨——温州图书馆百年馆庆文集》，80 至 82 页。

劲风楼同人酬唱集序

王敬身

夫诗者，言之有节文者也，而意志在焉。是以赋物咏怀，义弘比兴，谐声协律，雅播弦歌，故能感人之深，历久而勿替也。吾乡梅公冷生，少负盛名，晚尊宿望，掌郡国之图书，主乡邦之坛坫。盖亦如曾南丰所谓“蓄道德能文章者”也。

余不敏获忝于交游之末者四十余年，知深文字，谊兼师友，绝甘分少，出处无间，念旧论心，衰迟弥笃，殊可感也。公所居曰劲风楼。比岁以痹疾高卧，而诸同人每有所作，即就止于病榻，公亦间自命题，相与唱和。而赏析奇疑，商榷今古，謇而忘倦，故声咳风雷，复时出于病颐间也。余虽歈骸，得常周旋其列，为邪许之，应窃自幸焉。忽忽累载，积稿成帙。

顷者，诸同人欲梓以问世，公之同好，即题曰《劲风楼同人酬唱集》。惜公已归道山，不及见矣。值此文艺复兴，风骚重唱，诸君子和声鸣盛，倘亦治平之际所乐闻欤？

一九八〇年岁庚申暮春，永嘉王敬身逊莽漫识，时年七十有六。

《劲风楼酬唱集》跋

苏渊雷

始余髫龄，就学郡校，即闻有慎社组织及所称永嘉七子者，以文会友，蔚然成风。时吴兴林铁尊、如皋冒鹤亭，方观察瓯括、监榷海关，一意提倡风雅，奖掖后进，所造就人才尤夥，心焉慕之。迨余稍长，即读其书，接其风采。就中惟薛氏钟斗早逝，宋氏墨庵远隔，不获亲近外，馀若李笠雁晴、李翘孟楚、李骧仲骞、陈闳慧仲陶、夏承焘瞿禅诸子，皆得奉手承教；而梅先生冷生，忘年下交，始终提挈，为尤相得也。

五十年间，事变纷乘，以中材而涉季世，欲求不获时谴，难矣。丁酉壬戌之间，余远出榆关，栖迟粟末。梅先生不我遐弃，寓书慰勉。有曰："黄州海棠，岭南荔枝，皆君家故实；今益以松花江白鱼，俊物移情，足慰羁愁。"其后先生三游雁荡，寄诗相忆。至云："琼楼玉宇逐臣心，斫桂人从谪籍寻。苏子吴郎南北雁，天风鸾鹤闷清音。"盖兼及鹭山吴天五云。末署"微波写稿求正"。且曰："晴日满窗，玉关万里，山灵有约，翘首归人。”情意为尤挚笃。又曰:“仙岩风景，因藉水发电，梅雨潭已有改观。他日结庐，最好在会昌湖上。近日麦秋梅夏，市集盘餐，物产丰饶，恐非外地所能企及。明乐清李后峰‘园林变色樱桃熟，时序无言燕子归’名句，不第当时群公欣赏，亦可作今日客子殊乡思归之引也。”言之娓娓，情见乎辞矣。

不久，天五与余皆得邀宥归来，重亲謦欬。劲风楼上，谭艺益欢，风雨斯文，无复离群之感。时林镜平、王逊庵诸老，皆僦居东山、松台间，日夕相过，唱酬为乐，一以梅先生为归；而劲风楼远绍慎社，遂为同人谭艺之中心云。乙卯中秋，值先生八十生日，亟呈长句，为侑觞之介云:

后凋松凛劲风阁，八十堂堂气未衰。诗格宛陵应比洁，声名皇甫漫兴疑。委蛇退食犹思奋，文献征存赖总持。独愧不才叨末座，每违謦欬辄相思。

说项逢人老惜才，卅年杖履得追陪。翠微高枕欣无恙，明月前身定自胎。朗澈故应忘法我，圆融始欲见风裁。当筵一语终嫌赘，丈室天花似雨来!

讵未一载，即闻噩耗。所憾远役都门，不获奔赴，此诗遂成为挽章矣。

今年同人诸子，爰裒集所为《劲风楼酬唱集》者若干卷，以留永念。哲嗣之芳世兄函嘱赞一言，以证文字道义相得益彰之雅。谨就从游始末，回忆所及，袂拂天花，谈霏玉屑，种种逸事，不辞缕述，用证先生道术相濡、与人为善之心期于万一耳。

末学不文，握管兴悲。区区向往之诚，庶无负夙昔期许之殷，斯则吾知勉矣。

一九八〇年庚申初夏，后学苏渊雷跋于鹿城旅次。

原载《劲风楼酬唱集》，收入《苏渊雷全集》，华东师范大学出版社二〇〇八年十月版，文学卷，361 至 362 页。

《劲风阁遗稿》序

王敬身

此我故友梅公冷生仅存之遗著也，诸同人搜辑成集。烬馀片羽，足宝吉光，洵盛事也。

公少有异才。方十龄，辄应茂才童子试，虽未获隽，已惊其老宿，驰誉乡党。及长，以文字受知于吴兴林铁尊观察，遂从其受词学，盖彊村先生之再传弟子也。

夫词章之学，人或以小道视之。余曰：非也，三百篇、楚骚之作，百世尊之为经，岂小道哉?稽古之大诗家，如唐之杜少陵，宋之陈简斋、陆放翁、林霁山，金之元遗山诸公，皆生当存亡绝续之交，身历干戈飘泊之际，故其感时抚事，常怀生民社稷之忧;临水登山，岂徒风景留连之作?遂能江河不废，旷劫流传。盖累朝史迹之实录，亦千秋文苑之英华，又安得以小道视之哉?

公枕葄经史，博及百家，亦尝北涉河洛，为秦雍万里之游，故其诗雄健典雅，兼而有之。乃桑海屡更，风旨递异，而日月新天，亦善颂祷，殆其境使然耳。公所居曰劲风楼，晚岁以痹疾高卧，不废吟事。诸同人偶有所作，辄就正于病榻，而玄亭问字者，亦不乏人。其嘉惠后学，殊足多也。

公所作五七言古体，则上追少陵，而能得半山、东坡神味；七律直摩简斋、霁山之垒；七言绝句，则庄谐杂出，颇饶诚斋风趣。诚能嗣响唐宋，振永嘉诗教之馀绪，时辈中殊未易觏也。词则出入草窗、碧山之间，衍半樱之一脉。半樱者，铁尊观察也，盖以碧山期公者也。

余不敏，获忝于交游之末者四十馀年，知深文字，义兼师友。忆自拂衣归里，诛茅索居，南冠憔悴，亲旧隔绝。而公每有文宴之集，辄邀与俱，不以出处间也。然则公之襟抱，从可知矣。

或以公平生著述甚富，而所传仅此为憾。余曰：见虎一尾，而知其大于狸也。方之古人，无愧作者，复何憾焉？是为序。

辛酉季夏，永嘉王敬身逊庵书于松台山居。

原载《劲风阁遗稿》，一九八三年春写刻油印本，卷首。

《桃花词》跋

胡福畴

菊、梅、莲与桃，皆花也，皆丽质天生者也。然其际遇则截然不同，菊、梅、莲三者，分别得晋之陶潜，宋之林逋、周敦颐之爱赏与品题，遂声价百倍，独冠群芳；而桃不仅未受高人名士青睐，反遭唐诗圣杜甫之指斥。杜之《漫兴》曰:“轻薄桃花逐水流。”自此人皆扬菊、梅、莲而抑桃，以为菊、梅、莲具高洁之操行，以之喻有亮洁清标之忠臣义士;而女子之不贞，则以桃花拟之，红颜薄命亦以桃花比之。实则春回大地，如无桃点缀其间，春光必大为减色。桃则有德于人，而人不感其德，反从而讥之斥之。太史公谓“桃李无言”，如其能言，宁不大声高呼以鸣其不平耶!然则为桃作翻案文章，亦正即为天下不平之事理鸣其冤，此梅冷生先生之所以有《桃花词》之首倡也。

不仅此也，先生卧病之际，正值“四凶”横行，是时文网綦密，人多缄口搁笔，噤若寒蝉;先生蒿目时艰，忧心世变，凡有所感，如秉笔直书，则将获谴致祸。先生因以桃花为题，招诗侣相互唱和，藉以抒胸中之郁结，兼以破病中之寂寞。由此可见《桃花词》非寻常友朋唱酬之作，亦非风花雪月之什，实为托物寄志之辞，感时忧世之篇也。先生归道山日，吴鹭山先生挽之以诗曰:“他年耆旧传，公案说桃花。”吴先生之诗盖纪实也，亦的论也。

现“四凶”早灭，黄河复清，今岁为先生逝世十周年，同人议刊行《桃花词》以为纪念。此不特为桃花了却一重公案，且亦为吾温艺林添一佳话也。《桃花词》系据任梓良先生手自抄辑之稿本影印。夏承焘先生早于数年前即亲为此集题签。惜乎夏、任二先生不久前先后溘逝，均不及见此集之问世矣。摩挲遗墨，追维畴曩，诚令人不胜马策西州之恸也。此集影印既就，同人嘱为之跋。爰率尔操觚，述其颠末，期于振兴吾乡自四灵以来一脉相沿之诗风，能有所裨益耳。

公元一九八六年九月十八日灯下，后学胡福畴谨跋。

原载《桃花词》,卷末,收入《庸斋剩稿》誊印本,香港出版社二〇〇三年版。

诗魂飘缈，天际吟声
——纪念梅冷生先生诞辰一百周年

樊祖鼎

在这庆祝抗日、反法西斯战争胜利五十周年精神振奋的日子里，适逢梅冷生先生诞辰百周年，温州市政协文卫体委、民革市委、文管会、市图等四单位发起召开座谈会纪念。

梅冷生先生是本世纪后期温州市文化界知名人士，对社会有贡献、有影响。梅冷生对温州文化界的业绩大致在以下两个方面：

第一是主持和保护温州市图书馆的图书，不受劫掠（抗日战争时期），不受散失（胜利之后解放以前）。

第二是自然而自发地形成和发展了温州民间的诗词活动。这使温州市知识界老一辈高层人士得以笔墨相通，诗文来往，沟通思想，提高友谊，抒发才情。使社会生活中有这种活动和没有这种活动生活迥然不同，有则丰富多彩，无则苍白逊色。这些先生有他们为人的突出特点。他们清流高雅，简朴耿直，风骨啸傲，胸怀豁达。一般来说，这是中国古往今来知识阶层的部分共性。

这个文化阶层很具特色。它继承和发扬我国文化传统。他们是淡雅爱国主义风格的代表。梅冷生先生在温州文化界之中，起着相当重要的凝聚作用。他们读书、吟诗，举凡中国儒墨阴阳名法、《易》、《礼》、《春秋》无不尽读，但不深究。对于社会政治，高高在上，略加评说，但决不热衷积极参与。他们不偏激也不过分保守，大体守位于中，避免牵累，但求安宁，不求闻达诸侯，但喜诗名传千古。这可算是梅冷生先生对温州文化界的第二个业绩。这是这一阶层的文士的共性，梅先生身在其中，推助之，补翼之，使之俨然有成。在这共性之中，梅冷生先生还能体现其本身的特点：

梅先生姓梅，本已一枝独秀；自号雨清，清明时节，细雨纷纷，好一个清凉境界。见其名可以思其人，一种冷清凄切的景象随之而生。

梅先生瘦癯面孔，广额垂鼻，高度近视；一介书生，衣着素朴；平头、黑框眼镜，青灰长袍，黑布鞋；待人和蔼而冷淡，应着一个“冷”字。先生手不释卷，诗友誉之为“诗书满腹一生心”，意思是说，一生志愿在于读书，读了一辈子，满腹经纶。同仁对他多有景仰之情。他对诗友也是肝胆相照，有话即说。诗友中有老先生作诗云：“从公已觉十年迟。”系借苏东坡来表达自己的心情，可见得益匪浅。梅先生每劝人多读，宁可少做，以“微阳温落叶，残水答疏钟”句作为例句。

梅先生处事直率，是非曲直总要弄个清楚。他在《岁暮论诗感怀》中云：

温州城外江心寺，（姑苏城外寒山寺）
摹仿寒山夜半诗。（夜半钟声到客船）

原诗附注云：“晨在籀园听王季思演讲，有人谓‘温州城外江心寺’一句诗不好。此语既能写实，又协平仄，何以不好?是在照样画葫芦耳。故知求神明于规矩之中。画境固然，诗境亦何独不然。质之诸公，以为如何?”

其耿直率真往往如此。

这是梅先生的性格特点。

籀园曾是温州名园，今已年久不修。浙江十一个府：杭、嘉、湖，宁、绍、台，金、衢、严，温、处，凡十一个州。温州在当时（二十世纪四十年代）有六个县，即永、乐、瑞、平、泰、玉环。成立温属六县联立图书馆，以孙诒让纪念馆为中心，利用旧有依绿园址，修成一个环境清幽，花木茂盛、安静舒适的馆舍。

梅冷生先生是继孙孟晋先生之后为馆长，达七八年之久。籀园图书馆地处幽静，借书的人不多，前往清游相亲的倒不少。

老工友王永福和他的老母亲的形象使我永远难忘。这些人事安排和环境的设计与梅先生本人性格特点也都是很相应的。

天际吟声，诗魂飘缈。诗魂会像飞天那样飞回来吗?吟声也可能从天空听到吗?我们希望能，但事实不能。这种思念只不过表示对已去人的怀念，对于诗的深刻而美好的印象的错觉，好像还在那儿吟响，使我们蓦然觉得有，而疑其无，一种怀念，一种纪念!

原载《怀梅集》，14 至 15 页。

纪念梅老，想到灯谜

黄杰甫

余桐城人也，羁旅东瓯，已四十余年矣。曩昔慕梅老冷生先生诗文盛名，不时趋谒，承教良多。可惜一代学者不幸于“四人帮”猖狂期间，忧愤成疾，与世长辞，实不胜凄惋之至。回忆往事，更使人怀念无已。

往岁，陈征文同志以“已是悬崖百丈冰，忧有花枝俏”句为谜题，射本市名人，在《温州日报》发表，谜底为“梅冷生”，同好评为谜坛绝艺。

我联想到一九五八年春节梅老在沧河巷市图书馆举办诗文讲座，并有灯谜盛会，今已事隔数十年，我还依稀记得我所猜中的几则灯谜，摘录如后，以资纪念。

灯谜几则

作者：劲风楼主

时间：一九五八年春节

地点：温州市图书馆（沧河巷）

奖品：猜中者赠送纪念奖品

面谜：从之者如归市

谜目：打人名一

答案：周恩来

猜者：黄杰甫

谜解："从之者如归市"出自《孟子》，指周太王迁都，老百姓从之者如归市，是说明人民慕恩来归之意。

面谜：大耳朵

谜目：打人名一

答案：刘少奇

猜者：黄杰甫

谜解："大耳儿"一语，出自《三国志》，系指刘备，是说小孩子大耳朵，乃一少年奇才也。

面谜：一帆峰

谜目：打县名一

答案：舟山

猜者：黄杰甫

谜解："一帆峰"出自古诗句，帆者舟也，峰者山也。

面谜：两个字一个字

谜目：打一字

答案：竹

猜者：黄杰甫

谜解："竹"字是由两"个"字组成。

〔注〕

（1）当时灯谜共有几百则，琳琅满目，猜者甚众。

（2）我还有猜中几则，因年久忘记，仅忆及以上四则并得了精美台历、钢笔、信封信纸等奖品。

一九八六年八月谨述于民革温州市委会

原载《怀梅集刊》，29至30页。

梅冷生先生送我的对联

陈朱鹤

近日读《梅冷生集》“联语”共四十三幅，最迟是写于一九四七年。梅冷生先生一九六五年秋，曾经口述一副对联送给我，曰：

孤屿已崇文信国；
巽山应念郑延平。

《梅冷生集》里没有收，应该补记。

说起来是半个世纪前的事了。

磕磕巴巴读了几年书，学的主要是阶级斗争知识，我头脑里空空如也，最羡慕的工作单位是图书馆，既有工作有收入有饭吃，又守着书籍，爱读哪本就读哪本。偶然一个机会，我去温州图书馆见到馆长梅冷生先生。梅先生看我如饥似渴的样子说，我这里正好有一件事找不到人做，是夏鼐先生送来一本英文版海关的书，找不到翻译的人。不懂海关，对中国的近代史的认识就不可能全面。夏鼐先生在英国发现这本书里讲了不少温州海关的事，特地带回来，送给温州图书馆。我一听就慌了，学过一星半点俄文，早就还给苏联老大哥了。梅先生看我尴尬，改口说江心寺是温州市区最出名的地方，我这里一本《孤屿志》里有一些问题，需要做一些整理的工作，你看行不行?我自然喜出望外。

到底在《孤屿志》里边做了些啥，我早就忘得一干二净了，依稀记得《孤屿志》里边还有我留下的痕迹。前日请求卢礼阳先生和章亦倩老师帮忙在古籍部查了好几个版本的《孤屿志》，看到眉批上是有毛笔字，以前的读者遗留下来，多数是读音方面。我的音韵学是最差的，到现在还搞不清反切，不会是我写的。但是，由于是梅先生布置的工作，我一丝不苟的工作态度，取得梅先生的信任，这是我最大的收获。

通读《孤屿志》，对孤屿的知识比其他游客多一些，对江心禅寺门口的宋王十朋撰的对联，“云朝朝朝朝朝朝朝朝散；潮长长长长长长长长消”，懂得意思，也会读，颇有点自得的味道。一次在梅先生那里，想得到他的表扬，我读给他听。梅先生听了后说，哈你乐清出了个王十朋（梅先生知道我是乐清人，和我对话，都是讲温州话，往往在“你”的前面加一个语气词“哈”），是你乐清人的骄傲，但是，这副对子是不是王十朋所写，还没有足够的证据，很可能是山海关那边的孟姜女庙对联演绎过来的（山海关孟姜女庙联原文为：海水朝朝朝朝朝朝朝落；浮云长长长长长长长消），借王十朋的名而已。梅先生看我吃惊不小，继续说道，这种情况，历史上是常有的。清末流行反满的诗，写得最好的是石达开，其实是后人伪托的，因为石达开本来就是太平天国的翼王，文武双全，悲剧人生，名气大，借用他的名字影响大。

这都是我从来没有听说过的。作为温州著名的学人，梅先生对孤屿一向很重视，一九二一年春，二十六岁的梅先生，与慎社同仁在孤屿参与文信国公祠的祭祠活动，赋《江心吊文信国公祠，调寄八声甘州》，有句云："送夕阳无语背东流，风吹酒人醒……灰劫千年未冷，香火一龛青。飒爽英姿杳，咽语涛声。"当时就惊动温州词坛，如果把梅先生的词作，夹在"宋词"里边，真的辨认不出来是今人的作品呢。

梅先生担任温州图书馆馆长抢救民间图书古籍的事迹，已广为人知，同时兼任温州市文物管理委员会主任的业绩，鲜有报导。"文革"中，梅先生卧病在床，得知多年前夏鼐先生于海坛山获得宋温州太守赵屼断碑三截，是他经手存温州文管会的，居然被人拿走当作普通的石头砌猪栏了，他心痛不已，好比割了他身上的肉。

梅先生曾经对我讲，温州图书馆里有一本很宝贵的藏书叫《明季温州抗清事纂》，记载收复台湾的民族英雄郑成功来过温州。一九六二年梅先生重阳节登巽山后，写一首七律《重九登巽吉山》:“巽吉山头文笔健，云笺万里写秋晴。朱明科第留残碣，白日雷霆走甲兵。削壁无多犹突兀，太平有象复经营。黄云一望重阳后，南亩今年喜报成。”

作者自注:“明季郑成功曾渡江，从平阳入驻巽吉山。”

据记载，巽山，位于温州市区东南山前街，原名宸暨山，现名巽吉山，又名巽山。是温州九峰之一。高 43.3 米。按温州府八卦方位，因其地处“巽”位，取义“吉祥”，故名巽吉。巽，八卦中的一个方位，所谓巽位乾向，五行属木，即东南方，堪舆家认为巽位宜文笔(宜造文笔峰)。主文运。清顺治十五年(1658)，郑成功围攻温州时，在此山扎营半个月，突然大白天，一声霹雳雷鸣，郑成功以为不吉利，就撤兵了，没有进温州城,这就是梅先生诗里的“白日雷霆走甲兵”。由于巽山留下民族英雄的足迹，却没有建造纪念的物证，梅先生耿耿于怀。回想当年没有请求梅先生将这个对子写下来，成我终生遗恨。

听说巽山现在大兴土木，能不能圆梅先生这个梦呢?

原载《温州读书报》二〇二一年第五期，四版。

梅冷生先生对温州文物事业的贡献

胡珠生

梅冷生先生是我市享有盛名的文化界巨擘，是温州图书文物事业的奠基人。他的一生是很不平凡的一生，他对温州图书、文物的征集、收藏、保管所做的大量日常工作，则有口皆碑，毫无疑问是他一生中最为光辉的部分。温州的图书、文物事业能够有今天这样的规模，和他当年的长期努力是分不开的。值此梅先生一百周年诞辰之际，我怀着无限崇敬的心情，就他毕生对温州文物事业的贡献作一简略的回顾。

解放前，温州没有专设的文物管理机构，文物收藏纯属民间，文物被称为古董，任其自生自灭，帝国主义文化强盗的抢掠（日寇曾偷掘西山窑窑址），古董商人唯利是图的贩卖，文物流失极其严重。梅先生担任籀园图书馆馆长期间，便曾有意识地兼管温州的流散文物，由图书馆出面收购、保管金石书画。一九三五年，梅氏偕同谢磊明和林志甄从永嘉区艺术展品数千件中挑选精品出版了书画纪念册《瓯雅》，共收本地书画三十九家，寓贤书画六家。由于梅氏本人就是声望卓著的藏书家、鉴赏家，社会联系面极其广泛，受到世家大族后裔的信任，因此对温属各县的私家文物的来历和传承情况非常熟悉。

解放后，人民政府对历史文物和革命文物极为重视。市博物馆有梅氏亲笔撰写的《温州名胜古迹简介》，不仅列举名胜古迹，而且列举了珍本图书和重要传世文物，是现存第一份温州文物简介，当是接受市府委托起草的。

一九五〇年十月，市第四次人代会协商委员会决定：筹组市文物管理委员会，梅氏任主委。一九五一年元旦，市文管会在籀园图书馆召开成立大会，梅氏报告筹组经过，决定设立各组，二月十日正式开展工作。四月十八日妙果寺古塔出土文物在国货公司三楼展出，有佛像、佛座、舍利子、瓷盒、石刻、钱币、铜镜等近百件。一九五二年十月一日，又在“民主建设展览”中，展出字画、古籍、古砚、碑帖、金石、陶瓷器等文物多件。一九五二年十二月，市府将文管会列为工作部门，并将会址迁至江心，从此文管会的日常事务移交专职的方介堪副主任主持，但是梅先生为充实温州博物馆的藏品，继续做大量工作。

在他主持文管会期间，征集到的大宗文物，有乐清朱铎民的楠木家具和有关朱本人及章炳麟的函件，有文成刘耀东的家藏文献，有瑞安孙孟晋在一九三六年省文献展览会陈列过的一百八十件文物。

在刘景晨先生主持文管会期间，陆续将籀园图书馆藏品由市图书馆出面拨交的：一九五四年二月有红薇老人《月影芭蕉图》、明陈函辉像、黄绍箕《三游洞》诗手迹、杨志甫《东山贩社图》、丁辅之《松图》、朱晓崖《半樱簃填词图》，四月有汪洵篆书屏，康有为联、张謇联、汪香泉花卉直条、竹禅和尚画竹、江弢叔小中堂、罗三峰《芙蓉白鹭》、余启祥山水等，一九五六年七月有章炳麟篆联、马一浮四尺联、陈衍四副屏、孙衣言联、张宗祥行书横幅、黄绍箕文稿等。

一九五六年六月由“梅主任经手收购”并拨交的有胡宝仁山水帐额、曾赤城花卉文禽立轴、汪香禅菊花、朱晓崖仕女绢本、马孟容燕子扇面等十八件。

我在整理温州博物馆文献藏品期间，发现黄绍箕、孙诒让等多家所藏名人书札、林从炯家藏清代督抚函札、孙诒让《周礼正义》稿本、孙锵鸣《东瓯大事记稿》以及《太平天国丛书》《太平天国志》等，都来自市图书馆，而杨青诗歌手稿、杨逢春、李思程手稿等也都通过梅氏全部转入博物馆的。

最令人感动的，是梅先生还把自己珍爱的方洁雕刻的竹筒一件也捐赠给博物馆。

在梅老热爱文物的崇高精神感召下，许多外地温籍人士也都纷纷把藏品捐赠出来，上海就有戴夷乘捐赠商代甲骨文和兽骨，陈今素捐赠陈介石《殿试卷》等，北京就有夏鼎捐赠《古钱谱》和《叶德安圹志》。

温州博物馆的丰富藏品已经在学术界产生重大影响：一是《温州文物》出版了七辑，其中许多文章都曾刊载于《文物》《考古》《东南文化》等杂志，美国芝加哥大学甚至来函求索。二是中华书局出版的《宋恕集》《陈黻宸集》，浙江人民出版社的《孙诒让遗文辑存》《陈虬集》，正在整理中的《徐定超集》，其中不少资料都来自温博藏品。三是有助于《温州市志》的编写，有助于《温州日报》大榕树副刊“温州博物馆藏品”专栏的创办，有助于丰富全国文物图集的内容。

饮水思源，在我脑海中立即出现温州文物事业许多开创者的崇高形象：刘景晨、夏鼐、方介堪……其中与我私交最深的就是梅冷生先生，我在一九七九年年第三期《历史学》上发表的《青帮史初探》，末尾写有“本文写成，得力于张政烺师、袁定中同志及已故梅冷生翁等的支持”的附注，在《宋恕集·编者的话》后头也有“温州市图书馆馆长梅冷生氏托我整理也有二十八年”的交代，可惜梅氏都不及见！

现在，温州图书馆和博物馆都是全市文化界很有生气的单位，梅冷生先生献身图书文物事业的优良传统已经得到后继者的承袭和发扬，完全可以预料：梅先生在图书文物事业方面的辛勤耕耘，必将结出更为丰硕的果实！

原载《怀梅录》，10 至 11 页，收入《胡珠生集》，黄山书社二〇〇八年十月版，816 至 819 页。

抢救城市记忆
——梅冷生与早期政协文史资料工作

卢礼阳

一九五九年四月二十九日，中国人民政治协商会议第三届全国委员会举行茶话会，政协主席周恩来在茶话会上提出：“希望过了六十岁的委员都能把自己的知识和经验留下来，作为对社会的贡献。”他说：“戊戌以来是中国变动极大的时期，有关这个时期的历史资料要从各方面记载下来。”在周恩来的倡导之下，全国各地政协陆续开展文史资料工作。

温州市政协文史资料工作始于一九六二年。当年六月二届市政协设立文史资料工作组，同年十二月六日正式宣告成立。组长由市政协副主席、民盟市委会主任委员金嵘轩兼任，副组长五人，包括市政协常委柯逢春、梅冷生（以上两人民革）、陈逸人（民盟）、谢圣弢（宗教界）四人，加上宋津梁（民建）。

会后多次举行文史工作座谈会（一九六三年四月五日至六日、五月三十一日，一九六四年二月二十四日至二十五日、十一月二十三日，一九六六年一月十三日），贯彻全国文史资料工作会议精神，积极讨论与布置工作。

根据文史资料亲历亲见亲闻的“三亲”特点，结合各界具体情况，文史工作组拟定比较详细的撰稿参考提纲，发送到各民主党派、工商联和有关人士手中。民革、民盟、民建、工商联和宗教界先后成立文史工作组，开展征稿活动，动员各界人士特别是老年知识分子参与这项工作。

经过联络、发动，撰稿队伍（包括翻译）由原来的四十多人，增加到一百三十二人，稿源不断拓宽。自一九六二年八月至一九六五年十二月之间，文史工作组共征集到两百二十篇稿件。加上此前脱稿的十一篇（一九五九年两篇、一九六〇年九篇），早期政协文史资料总共收到两百三十一篇，计 2837 页，一百零八万字。从征集到的稿件看，题材涉及温州政治、军事、文教、科技、宗教、社会等多个方面，其中教育、宗教比较集中，分别达到四十六篇、四十二篇之多。由于执笔和提供材料的人士大多为经历丰富的文教工作者、实业家、和平起义的民主人士及其他方面的知情人，内容以“三亲”史料为主，不少属于第一手材料，很有分量，相当珍贵。

当时，金嵘轩还是市人民委员会副市长，一身多任，工作繁忙自不待言，组长显然是挂名。柯逢春作为永嘉县副县长、民革市委会副主委，兼任副组长，除了提交《我对杨增新统治新疆时期的点滴见闻》《参加永嘉县竞选伪参议长的经过情况》等两篇稿子，也难以过多兼顾。而梅冷生长期致力于历史文献的搜集与传承，以市图书馆馆长的身份兼任副组长，顺理成章成为实际负责人，承担文史工作组的日常业务，可谓责无旁贷。

作为民革温州市委会常务委员，梅冷生首先发动民革同人开展工作。梅冷生日记一九六三年七月四日载:“上午民革为文史资料拟题事开会。”民革成员、五十年代初做过图书馆副馆长的张达生,很快撰写了《刘英烈士二三事》《记王金姆烈士被捕和牺牲的经过》等两篇文章。刘玉亭初稿、方志刚整理的《关于雷高声被周之庠诱降陷害的简况》，结尾透露：“本文稿在整理过程中曾得到民革温州市委会文史工作组的部分协助。”均是生动的例证。

在组稿过程中，涌现一批骨干作者，热情之高，令人感佩。

如陈于滨，或通过口述方式请同人执笔，或自己直接撰写，一人提交十三篇,合计七万三千字。《1935 年到 1949 年温州反动地方武力发展沿革和形形色色》《温州地方武装罪恶活动中的兵役舞弊》《温州反动派内部矛盾斗争的一幕——楠溪官匪妥协亲历记》《美英帝国主义的石油对温州地区的经济掠夺史》《英商亚细亚煤油公司侵占清水埠国土建筑油池码头的经过》《记浙闽海匪》（与苏宰衡合作），以上六篇系口述，前五篇由孙孟桓笔录，第六篇系田文执笔;《关于永嘉商团》《温州第三次沦陷的“兴华庄”》《温州第三次陷时之伪组织情况》《翁光辉在温州》《关于 1948 年在温州伤兵大闹宁绍轮局事件的真相》《永嘉自卫团起义的前后真相》《解放前温州班业（十三班）的内幕》

（一九六四年十二月十七日一稿，一九六五年二月二十二日二稿，与王泽侯合作）等七篇，除个别文章属于合作之外，均属陈本人执笔的“三亲”见闻。

孙孟桓十一篇，包括《关于永嘉普安施医施药局的补充》《一九四七年温州伪国大代表竞选丑剧纪略》《刘珍年所部在温州》《陈纯白禁烟笑话》《渠口岭劫官银案纪闻》《抗日战争时期温州三次沦陷有关军事方面情况纪实》（柯逢春、汪人杰、陈于滨、黄柱华、宋任夫、余毅夫等提供资料，孙孟桓负责整理）《记永嘉中学风潮》（张敏斋述，孙孟桓录），《东瓯电话公司》（黄伯蕴口述，孙孟桓笔录），《清末至解放前温州古董外流及其他》（王绍棣述，孙孟桓录），《旧时代温州赌博的形形色色》（姜勉述，孙孟桓录），《蒋介石匪帮通货膨胀下一个投机者的下场》（干焕章述，孙孟桓录），合计两万五千字。

方志刚六篇：《温州天主教初起简史》（两万八千字），《温州天主教会在解放前和解放初期的应变活动》（两万九千三百字），《冯烈鸿关于温州辛亥革命的报导》（与郑济民合译，两万五千字），《冯烈鸿的经济情报》（五千四百字），《冯烈鸿的政治和军事情报——关于温州情报的书信节录》（四千八百字），《一幕温州独立的戏剧》（一千两百字）。除了第一篇，其余五篇均为译稿，均属于宗教题材，前三篇篇幅尤长。此外，他还协助刘玉秀整理《关于雷高声被周之庠诱降陷害的简况》《叛徒周新攀的可耻下场》《仗赖帝国主义势力起家的周德元》等三篇文章。

梅冷生本人三篇：

《记汉奸王永山》(一九六四年六月三十日口述,孙孟桓录),全文十六页，六千五百字，一九八五年九月收入《温州文史资料》第二辑（纪念抗日战争胜利四十周年),编辑改题《汉奸王永山其人其事》。

《我在温州创办慎社与参加瓯社的经过》（一九六四年九月十八日口述，孙孟桓录)，八页，三千三百字，一九九一年收入《温州文史资料》第七辑，改题为《“慎社”与“瓯社”》。以上两篇均系孙孟桓协助整理。

另外一篇《关于一九一七年温州宣告自主的一个文件》(一九六四年九月十八日)，附《瓯海公报》丁巳十月十六日布告剪报，一九八五年二月发表于《温州文史资料》创刊号，改题《一九一七年温州宣告自主的一份布告》,剪报则作为图片安排于卷首。

文史工作组收到稿件之后,在首页天头加盖收文章,第一栏“政协温州市委会文史稿件”，第二栏包括“编号”“类别”“字数”三格，第三栏“处理意见”。如《我在温州创办慎社与参加瓯社的经过》，收文章第二栏依次填“编号：198”“类别：文教”“字数：3300”，可见当年工作细致之一斑。

“文化大革命”开始，温州市政协机关瘫痪，文史资料工作也被迫搁置多年。所幸梅冷生先生将征集到的这部分稿件及时转移到市图书馆收藏，妥善保存，得以躲过一劫。一九八三年市政协重启文史资料工作，曾派专人到图书馆接洽，双方达成口头协议，这批文稿继续由市图书馆保存，但市政协有优先使用权。直至二〇〇七年编辑《温州文史资料》第二十三辑，文史委派杨志华同志到图书馆查阅存稿，又挑出《清末至解放前温州古董外流及其他》（王绍棣述，孙孟桓录）、《温中附小的回顾》（王晓梅）、《温州绸布店之盛衰及其公会组织经过之概况》（邱百川）、《参加永嘉城河水利委员会之回忆》（徐宗达）、《记陈黻宸二三事》（吴洗凡）等十篇文稿收入书中，足见早期文史资料工作的成效。

梅冷生先生与文史工作组同仁虽然已经离开我们，但他们精心组织与保存稿件，开创政协文史资料工作的不朽业绩，值得后人永远铭记。

二〇一九年七月十八日初稿，八月五日修改，八月二十一日改定

原载《温州日报》二〇一九年八月二十八日，八版。修改稿收入《温州历史文献集刊》第五辑，黄山书社二〇二〇年八月版。

不意冷札有郑笺

潘德宝

“冷札”是指卢礼阳编注的《梅冷生师友书札》（浙江古籍出版社二〇二〇年一月版）。在日记、书信整理出版的热潮中，《梅冷生师友书札》似乎有泯然众书之虞。然此书的笺注考释，也颇有可观之处，值得拈出其精彩看点。

所谓“有泯然众书之虞”，是因为梅冷生并非著名人物，其师友书札的价值和文采，未必能引起一般读者的阅读兴趣。当然，也不完全是“非著名”，梅冷生在温州还是非常知名的。一九二〇年代，他发起组织了地方性的文学团体慎社、瓯社，同学少年，意气风发，名动一时，所以夏承焘称其“才能又足领袖一乡”。一九三五年浙江省第三特区（永嘉区）征辑乡先哲遗著委员会成立，梅冷生担任委员、总务兼印行股主任，深得前辈刘绍宽、刘景晨等人的信任。一九四一年起任籀园图书馆馆长，一九四九年后又续任温州市图书馆馆长，改弦易调之际，梅冷生一直深得各界推重。作为温州学界的中心人物，梅冷生师友的往来书札，自能反映梅氏一生的为人处事，足以概见温州的人事代谢和时代风云，可以提供民国温州学术史的生动细节。这样的史料价值，也正是近来名人学者的日记、书信备受青睐的原因。

可是从全国范围来看，梅冷生仅为一地方图书馆馆长，所历秘辛固不如政治明星丰富，所以《梅冷生师友书札》的史料价值自然不如《汪康年师友书札》《李鸿章张佩纶往来信札》等书。梅冷生也不如好友夏承焘、夏鼐更具全国性影响，其师友也未必尽皆用心修辞，文字清丽可读当不如《周作人俞平伯往来通信集》等文学名家的书信。加上本书又非专题书札，学术性上也不如《论学谈诗二十年:胡适杨联陞往来书札》《胡适王重民先生往来书信集》《冰茧庵论学书札》等。更严重的是，书信的存佚具有偶然性，此信彼札往往不相连属，而且书信往来双方所共喻者则不必细述，东鳞西爪，言近旨远，化俗为雅，当事人默会于心，而后世读者如堕五里雾中，因此可读性就大打折扣了。

提供背景资料，应该是书信整理评注的基本要求。该书编注者卢礼阳的笺注考释，成绩相当可喜。基础性的注释包括考定书信写作的时间和相关人物的生平。编注者利用夏承焘、夏鼐、张棡、符璋、刘绍宽、刘祝群等人的日记，前后排比联络，大多能考定书信的写作时间，偶有不能确定者，也不强作解人，如《徐寄庼复梅冷生》中提到《岐海琐谭集》一书，卢礼阳根据该书的出版时间而考定此函作于一九三六年，但此函末所署时间为“十七”，则注云：“十七，十月七日，还是某月十七日，难以判定。”

补充书札所涉及的人物生平资料，最难得的是“详尽”。当时温州重要学者、官员、名人以及与梅冷生朋友关系较明确者自不待言，即使书信中偶一提及者，也必有交待。如夏承焘来信中提及“止水”，注释说：“止水，姓游，名长龄，系作者妻舅，长期供职于温州教育界。梅冷生打退堂鼓，拟以其为接任人。”当然也有几位确实查无此人的情况，如《夏承焘与梅冷生》第十二通提及“虞宽”，注释说“虞宽，未详”，但马上引了《天风阁日记》提及此人的内容。事实上全书注以“未详”的人物寥寥可数，因为书信中有时仅提及其人的姓氏或略称等，实在难以索解，可惜书后未能附以“人名表”以便读者索引，也以便读者了解此项工作的价值。

注释最有助读者的，则是交待书信中所涉及事件的前因后果。如《宋慈抱与梅冷生》第二、三两通主要是一九二〇年宋慈抱向梅冷生求援的事，他请梅冷生帮助自己谋求籀园图书馆馆长一职。此两函的注释，首先说明了关于籀园图书馆馆长人事上的背景，时年六十九岁的王毓英老馆长欲辞职，宋慈抱闻风而动，结果知事汪楚生并未接受王的辞职，宋慈抱谋职未遂。至王毓英故于任上、严琴隐接掌图书馆旋遭罢免，宋慈抱再次活动，谋求馆长不成，退而求其次为“会办”，却遭各界强力反对，宋慈抱又一次与图书馆失之交臂。这些注释生动地呈现了《两浙著述考》作者生计窘迫、求职失意的一面，读来令人低徊不已。上述三项，虽然是基础性的注释，但跟同类著作相较，本书做得扎实、全面，可谓超伦轶群。

我还要郑重指出，卢礼阳的评注，结合不同时代的来信去札，似有拼出一部梅冷生别传的意味。全书共收录书札二〇八通，其中梅冷生本人致师友仅十七通，仅以此数如何能连缀以成别传呢?钱穆曾说:“朋友的死亡，不是他的死亡，而是我的死亡。因为朋友的意趣形象仍活在我的心中,即是他并未死亡;而我在他心中的意趣形象却消失了，等于我已死了一分!”（严耕望《钱穆宾四先生与我》）梅冷生的真生命，在《梅冷生集》（上海社会科学院出版社二〇〇六年十二月版）中其实未能完全展示，而这批师友书札经过卢礼阳的笺释，反倒能彰显一二。

涉及图书事务诸札的注释，最能彰显梅冷生对于图书事业的热爱。梅冷生不是从任图书馆馆长才开始关注、收集、整理乡邦文献的，一九三五年《赵柏庼致梅冷生》第二通有“天一阁捐款，移写郡志，钞费七十金”等语，经过卢礼阳的注释，可知当时温州学人收集图书的一种方式，他们请在宁波当教员的赵氏，去天一阁抄写弘治、嘉靖两版《温州府志》和《乐清县志》，而梅冷生则在温州向各界募捐落实经费，尽显其长袖善舞的一面。而且这一注释，分别从刘绍宽和张棡日记相关记录入手，指出这个钞费有数目上的出入，抽丝剥茧，引人入胜，读此书者万勿放过此节。至于任馆长以来，与各地藏书机构交换复本，梅冷生的往来书札常有书单明细，注释的重心则转到记录这些书籍后来的收藏、整理以及出版情况。到了一九五〇年代，温州旧家大族之藏书事业跌到低谷，唯有图书馆尚有力挽狂澜、鲁阳挥戈的资格。《中共温州地委宣传部复梅冷生》一函于一九五一年一月十二日晚发出，卢礼阳的注释特意点明这个“晚”字:“足见事情紧急，系当晚回复”，因为是图书的浩劫间不容发。在此情势之下，梅冷生的历史贡献更为突出：

一九五一年初，温州农村土地改革运动中，个别工作队采取过火行动，竟然将乐清倪悟真家藏古籍六万卷焚毁，梅冷生获悉，心痛如焚，连夜草就关于保护温州地区古迹文物图书的建议，翌晨由军事代表林大夏陪同谒见李培南，李表示接纳意见，即写手令，交代图书馆派人迅速下乡，抢救古籍文物。同时，温州地委宣传部也赶紧通知各县及土改工作队加意收集保护。梅冷生随即率馆员到近郊点收戴家祥白鹃楼、王希逸雪蕉斋等多家藏书。之后又奔赴各地，陆续点收瑞安张㭎杜隐园藏书，戴炳骢、张组成等残留古籍，瑞安陈介石烛见知斋、林公铎叔苴阁、项慎初染学斋藏书，平阳刘绍宽厚庄、王理孚念庐、吴承志培英图书馆等藏书楼部分古书。温图古籍由此骤增至二十万册。除此之外,派员到温州造纸厂检回名贵图书多种。在这场轰轰烈烈的土改运动中，梅冷生为保护浙南诸家藏书，夜以继日，雷厉风行，立下汗马功劳。

类似的书札中彰显了梅冷生之于温州图书馆事业的贡献，至于梅冷生对于温州市图书馆的管理能力，只举一例即可概见，《王荣年致梅冷生》中对于“之芳”的注释云：“之芳，系梅冷生次子，曾供职于籀园图书馆，梅冷生接长籀园，以父子一馆共事不便，不得不辞去馆职。”身正则令行，读者自可领会。至于梅冷生对于读者的关爱，《韩天衡致梅冷生》一函的注释所录韩天衡跋语，以见前辈提携、后辈缅怀之情。这些注释中，卢礼阳对于梅冷生的才干和人品，是至为佩服的，《包通华致梅冷生》是向梅冷生借款治病的求助信，注释则又加了相似的情况说：

乐清张云雷一九五五年因为上海、温州两家公司股息收束停止，生活发生困难，估计包通华情形与之仿佛，致函梅冷生求助，当在同年或稍后。以常理推断，梅冷生不会拒绝她的请求。

“以常理推断”简直与全书的风格迥异，全书收录书札清楚交待来源，一一说明书札的用笺样式，文字识读审慎，校订认真仔细（与同样见收于《梅冷生集》的书札两相校对即可知），完全是讲求文献的朴学路子，言必有据，扎扎实实，而这里完全因为出于对梅冷生人品的推重。这样的情感之中，也不免有为尊者讳的嫌疑。比如夏承焘书札中有“风流自赏、不矜细行之陋习”等极重的用语，卢礼阳虽然也录了夏承焘的日记，但侧重于夏的规劝，是为“畏友”，而叙事似有嗫嚅未尽之感，其实所谓“风流自赏”，夏承焘日记中“冷生皓然须发，尚有绮障。其家人极困窘，尚借钱周其情妇之子，自谓道义之交”云云，已为《梅冷生集》所附录。

本书的笺注除上述所谓的基础性注释、彰显梅冷生的真生命外，还能见到笺注者自己的真性情。《林鹍翔致梅冷生当选通知书》中的抬头是“梅雨清君”，读者一般不太会注意到，卢礼阳笺注说:“通知书称梅雨清君，可见当时习尚。而晚近省人民委员会或省人民政府给馆员发聘书，一九五七年尚称先生，至二〇〇六年已直呼其名，姓名之后不书先生或同志，相形之下，令人哑然失笑。”《杨俊友致梅冷生》一函极短，引录如下:“顷奉武昌委员长行辕秘书处函，嘱寄《永嘉县志》一部以为参考之用，可否向乡遗著会照预约特价购买，请示知，以便价买为祷。”卢礼阳评论说:

为委员长行营采访参考书，杨俊友作为转达者，并没有狐假虎威，而是以商量的口气提出，只是希望按“预约特价”（《永嘉县志发行预约》办法：定价六元，预约仅收工料费四元）给予优惠，可谓明白人。由此推知，武昌委员长行辕秘书处也没有就此大肆张扬，随意勒索。当时官场与社会风气还不是一团糟。至少他们头脑里没有区区几块大洋不算什么的念头。联想到一九六二年一月，中办秘书田家英以领袖名义向温州博物馆“借”取谭嗣同书赠宋恕的扇面，从此一去不还，杳无音讯，相去不可以道里计。

最后一段愤慨之情溢于言表。再如《中华书局复温州市图书馆》的注释借周梦江之口，为温州图书馆鸣不平，中华书局当年整理《叶适集》时，主要得益于温州图书馆所藏《水心文集》几种本子和一些选本、钞本、校本等，“而《编校后记》中对温州图书馆所给予的帮助竟只字未提，因此不为外人所知”。

既有怒目金刚的一面，对人对事也有“同情之理解”的一面。如《江蕙林马翊中与梅冷生》第二通附有“冠三先生暨介庵、宋庼诸同志均此问候！”这一客套语，注释则读出这里的深情和侠气：

冠三先生，即温州市文管会主任、市政协副主席刘景晨。此前不久刘景晨在市政协小组上的发言，被媒体与读者来信歪曲为“反共言论”，正处于风口浪尖之上，被迫检讨。连同情刘景晨的市文管会兼职副主任方家溪也受到批判，稍后被打成“反党分子”。而江蕙林、马翊中两位在刘景晨落难之际，特地附笔问候，看似平平淡淡，其实饱含深情，很不一般。两天之后，七月四日的报纸公开点名，称刘景晨“确是右派分子”。

总之，本书的笺注评释，勾勒书札的背景知识，详考其所涉及的人物生平履历，梳理事势前后因果，读来有置身局中晤对其人之感。这些评注还彰显了梅冷生的真生命，洞幽烛微，抉发梅冷生在图书馆事业上的惨淡经营，透逗出评注者自家的真性情，遥体人情，悬想时势，有所论断则如老吏断狱，平情论人，即使起梅冷生于九原之下，也当颔首称是。偶尔借古讽今，露出锋芒，令人击节赞叹。

二〇二〇年三月四日

上海书评网络版二〇二〇年四月十八日，又载《民主》杂志二〇二一年第五期，60–63 页。

读《梅冷生师友书札》感言

郑梅翁

此书系卢礼阳编注，二〇二〇年由浙江古籍出版社出版，收入自一九二〇年至一九六六年四十多年之书信都两百零八通，作者皆读书人，即今所谓知识分子，以永嘉籍者为主，部分为外地来温任职或从事工商之读书人。

予读是书，犹如读历史。观得洪宪退位，南京政府成立之前浙江民选议会自治之节略，抗战前夕西安事变先生历险之侧记，日寇侵华期间保护典籍之坚持，建国之初倾力抢救文物图书，继之以为温州乡邦文献收集、整理、出版之不懈努力。

予读是编，如读史诗。予也曾忝列劲风楼诗友之末座，乃概见永嘉前辈创立慎社、瓯社，以文会友，弘扬诗教之斐然业绩。

予读是编，宛如与古为徒。前曾识荆者有孙孟晋先生、梅先生、吴天五先生及梅先生哲嗣梅之芳、方介堪、苏渊雷、任梓良、徐规、胡福畴、王国桐等，心仪者有夏承焘、王季思、夏鼐等；未曾知见，因读其书信而心向往之者也不少，如衡阳李洣佩秋先生，以“尫瘵龙钟，待尽旦夕”之身，犹为温州图书馆搜集宝贵图书资料，与时下贩卖文物，混迹斯文而唯利是图之辈不啻天壤之别！

此书所收集书信大都为文言文，普通读者有阅读困难。且其人其事因时异代易也不易了解。端赖卢礼阳先生，搜集资料弘富，凡书中涉及之人几乎都有详释，所议之事也作考释，有便于读者良多。兹就书信中涉及之人与事，就予所知所感略述一二，以付嘱托。

林铁尊为梅冷生、夏瞿禅之师，有如瓯社之词宗。林氏乃《蕙风词话》作者况周颐之入室弟子。况氏弟子甚多，唯林铁尊与缪子彬（缪荃孙之子）两人为亲授，其余皆挂名收受挚金而已。故梅、夏也是蕙风先生再传弟子。林铁尊致王梅伯信中曰:“蕙风先生云，填词先求凝重，凝重中有神韵，去成就不远矣。若从轻倩入手，至于有神韵，亦自成就，特降于出自凝重者一格。天分聪明者，最宜学凝重一路，却最易趋轻倩一路，苦于不自知耳。又曰，填词要造句自然，又要未经人说过。其道有二：曰性灵流露、曰书卷酝酿。性灵关天分，不能学；书卷关学力，求词词中，不如求词词外。”（105至106页）此天分、学力之谈，确乎为成就一切艺术之至言，非有艺术创作之经验者不能道，不能悟也。

书中一九二〇年至一九二二年陈珩（纯白）及他人致梅冷生先生书信，多涉及梅先生竞选（当选）浙江省议会议员相关事宜。当此之时，正值推翻帝制之初，国人曾就如何建立共和民主制度，积极尝试。故任职于北京民意日报的陈纯白劝说梅冷生参与省议会议员的竞选活动。据予所知，当时省议会以各道尹公署为单位举荐议员候选人，并且提供一份议会自治宪法草案。予因撰写《宁波港史》曾查档案。当时浙省议会通过法律途径打官司，从哈同手中将平湖秋月及哈同花园（今省博物馆一带的园林及建筑）收归国有。梅冷生先生等参与议会自治运动，应视为对历史进步的贡献。陈纯白书札第四通中曰“自治潮流弥漫全国，北政府尾大不掉，无法遏止，已有遵顺之势”云云（37 页）。

王梅伯致梅冷生书之第二通云:“满江红，西湖白文公祠附祀樊谏议敬赋，用平韵。”（第 18 页）樊谏议者，唐代文学家樊绍述，宗师是也，自号魁纪公。为韩愈竭力推崇，其诗文真正做到了“唯陈言之务去”。可是樊的诗文点不断，读不通，看不懂。其《绛守居园池记》在陶南村《辍耕录》中有点断本，也仍是看不懂，读不通。予家外祖父樊漱圃，自号小魁纪公，致力于搜集研究樊谏议之著述。抗战期间发现有刻樊谏议文章之石碑，即印行公诸同好。马一浮先生题七古一首，中有“文从字顺今乃详”之句。谢无量题五古一首，均刻在四川乐山复性书院之摩崖石壁。其拓本各地图书馆有藏。杭州西湖白居易祠附祭樊谏议，皆由家外祖父发起。马一浮《蠲戏斋诗编年集》（壬午）有《漱圃辑录亡友诸真长诗文见示感赋一律追忆真长兼答漱圃》七律一首，其第四句“堂下秋兰荐水仙”下注曰“漱圃尝祀其远祖樊绍述于西湖白公祠”。又《蠲戏斋诗编年集》（甲申下）“答樊漱圃见怀”题下注曰“漱圃新刊唐南阳樊氏遗文成，又发愿助书院刻资，故以是嘉之”。杭州孤山白公祠附祀樊宗师之事，知之者甚少，文献亦失载。今竟于《梅冷生师友书札》中见之，甚为感慰。王梅伯亦当是家外祖父之文友也。王梅伯满江红词，注明用平韵，盖因《万树词律》载有此词谱共有六体，五体皆为押入声韵，只有一体为平韵，甚为罕见，故特注明。

本书收入夏承焘与梅先生书信多达十五通。永嘉“三风”予识其二，唯天风不与，然予在“文革”前读中学时即已购得《唐宋词人年谱》阅之。其中收集史料甚为详备。详记宋太宗强幸小周后，以牵机药（番木鳖）毒死李后主，读之令人扼腕。“文革”时予有一小箱书寄存温州人民东路友人家中遗失，此书亦在其中。观夏致梅书，知梅与夏可谓诤友也。一九四七年十二月第十五通书信记载，玉海楼文物图书由于孙孟晋捐赠浙江大学，最终玉海楼藏书分属浙江大学和籀园图书馆（第67页）。此前予得之传闻，谓玉海楼藏书之精华被郭沫若拿去中国科学院了，看来传闻失实也。

梅冷生先生于社会剧变之际，抢救保护收集图书文献，可谓不遗馀力。张慕骞书信第二通一九五二年十月二十日来信后之卢礼阳注曰：“夏鼐日记一九五二年十月九日：下午赴籀园，遇梅冷生先生，并稍观新没收诸家之书，以瑞安张慕骞君9000余册，永嘉王希逸4000余册，戴幼和3000余册为最多。”（173页）而台州项士元来书云：“敝乡图书文物土改之际损失颇巨，杨氏崇雅堂、屈氏精一堂均荡然无存，一部分为土特产运销公司收购，运至贵县及沪江，又一部分则化为灰烬或投入溷圈。及弟自杭返里，怂恿人民政府当轴组设文管会，远在乡区者已难挽救，所幸黄岩、温岭、天台及临海各城区文物大多无恙，台州土特产运销公司收购贮存之旧书五六间亦经躬往检查，先后从破纸堆中检得稿本抄本明刻本及乡先进批校本总逾千斤。关于东瓯人士之手迹，计有孙衣言、孙仲容、孙诒泽、陈介石、黄仲弢、项维仁、马公禺、戴礼诸人手札及书画，将来整理时当随时留意，另行奉告。”（124页）其时温台两处图书馆（文物部门）互通有无，数量可观，于梅项书札中得以窥见。

杨俊友致梅冷生书信，有卢礼阳按语云：“联想到一九六二年一月，中办秘书田家英以领袖秘书名义向温州博物馆‘借’取谭嗣同书赠宋恕的扇面，从此一去不还，杳无音讯。”（144页）田家英曾向西泠印社“借”去号称“邓王”之邓石如行书“海为龙世界；云是鹤家乡”对联，不仅不还，而且收入“小莽苍苍斋藏品”印成书册，变成田家英私藏矣。由此可见，田家英“借而不还”，并非偶一为之。

王荣年致梅冷生书，记录一九四六年杭州物价高出温州四五倍。信中称：“之芳曾过此，□□、孟晋、默庵□同饭。瞿禅寓所仅隔一孤山，每逾数日一晤对，尚不寂寞。惟物价奇昂，高出吾温四五倍，入城一次，来往车资需二千元以上，每顿客饭稍洁净者即需二千元，稍有酒菜，非五六千元不办。”（189页）又陈纯白致梅冷生书第六通，记录一九二一年杭州至湖州之交通曰：“赴湖州乘城站车至拱宸桥下车，改乘小火轮到湖州，来往不过两天。”（39 页）是皆可为经济史、交通史之史料。

一九四六年王荣年信函后，有卢礼阳按语曰：“夏承焘日记一九四五年七月二十八日条或许可作注脚。王梅庵来，午与天五饮雨农家，贞翁、冷生、梅庵同席。听梅厂以日本音歌唐诗‘月落乌啼’一首，日人妇孺亦能歌此也。”记得上世纪八十年代改革开放之初，杭州武林门红太阳展览馆开辟一书画廊，予友王君书法在焉。王君谓予曰：日本游客专门订购《枫桥夜泊》，不知凡几，亦不知何因。今见此按语，可以释然。盖唐诗之魅力在其音韵优雅，传唱一千余年、流传东洋而长盛不衰。可见中国优秀文化之生命力强健，至千秋而不老矣！

写于辛丑暮春，杭州

原载《瓯风》第二十二集，文汇出版社二〇二二年三月版，176–180 页。

梅冷生的小小“揩油”

方韶毅

最近读到一通梅冷生写给夏承焘的信，颇多感触。梅冷生是温州市图书馆的老馆长，为地方文化建设贡献卓越。《梅冷生师友书札》编者卢礼阳认为，他的一生至少有三点值得称道：一是只有合作才能共赢，二是关键时刻举足轻重，三是以身作则公而忘私。这封信可以作第三点的注解。信很短，兹录如下：

瞿禅我兄：

昨见大著《唐宋词人年谱》已出版，温馆本年购书经费不多，五花八门都要具备，想小小揩油，请兄寄赠一册，以充众览。如蒙许可，并请把《师院学报》同寄一册为感。

即颂

大安

弟 梅雨清 顿首

二月七日

信写在温州市图书馆便签上。夏承焘《唐宋词人年谱》，上海古典文学出版社一九五五年十一月初版，此信当写于一九五六年二月七日。时夏承焘在浙江师范学院任教，《师院学报》指该院学报。夏承焘日记一九五六年二月九日记：“得冷生函，为温州图书馆乞《词人十谱》。夕马骅返温，托其带《词人十谱》与冷生、止水。”即说此事。梅冷生长夏承焘五岁，他们从青年时代开始就已来往密切，友谊至老不渝。向老朋友讨书，不需客套，梅冷生却幽默地说要“小小揩油”，我的理解是：第一，公私分明。第二，以馆为家，把图书馆的事当作自己的事。“五花八门都要具备”，这个家着实难当。现在家里缺盐少米，理直气壮向老朋友“揩油”，是为忘私。

类似的事，还可举出一例。《梅冷生集》收录一九五七年十一月十九日写给夏鼐的信：“昨奉到代钞《章安杂说》壹册，并散页壹份，感谢之至。钞费等念叁元馀，本即汇还，因会计方面以单据未有经手人署名盖章，且上面亦未写明温州市图书馆，碍于规制，不便支付。兹将原单据再附上，请即在年内补一手续，以便此间在年内赶付做账。”夏鼐也是梅冷生老友，时在中科院考古所工作。请老朋友帮忙代抄温州文献，一则说明梅冷生搜罗地方文献不遗馀力，再则可看出梅冷生善于借力、借资源，乃另一种“揩油”，应支付劳务费才是，但他偏讲“规制”，公事公办，亦是忘私。

梅冷生有时也揩不到油。《梅冷生集》前言透露，抗战胜利后，他到上海采购图书，趁便拜访温州旅沪商人，请其为图书馆添砖加瓦，遭到权贵者白眼。查梅冷生《访书日记》，某权贵者所指为浙江兴业银行董事长徐寄庼。“余临行时往诣刘贞晦丈，作一书与徐君，请于籀馆有所援助，刘丈欣然命笔，情意恳挚……讵徐君阅函后，开口先言事忙，似于故乡事不屑措意。余本以馆舍扩建须鸩资庀材，不能无望于旅沪同乡……不料结果适得其反，本出身教育之人，居马首共瞻之位，不思孱手为桑梓谋百年大计，别具肺肠，我所未喻。”刘丈乃刘景晨，地方上德高望重的文化老人，搬出有分量的人物，还打动不了徐寄庼。梅冷生几近动怒：“余非亚父，亦几撞碎玉斗矣。”为公家的事情，如此愤慨，忘私更甚。

不管“揩油”，还是讲“规制”，甚至“撞碎玉斗”，梅冷生目的是“为桑梓谋百年大计”，让更多的人享受公共服务，怎不令人肃然起敬。如果我们自己的事、身边的事，读书、生活、工作，都能像梅冷生这样投入，何愁不成。

原载《南方都市报》二〇二〇年十二月十三日，GA11 版。

张棡日记（三四则）

张 棡

民国六年三月廿六　五月十六　礼拜三　雨。

晨改卷。又看《十国春秋》。为梅冷生书折扇一柄。

民国七年四月初四　（五月）十三日　礼拜一　晴。

晨八句钟乘钦良船赴塘下趁小轮，时波安正抵埠，即附官舱上郡。陈雅堂、梅冷生均来访，盖冷生新从支那新购得残本《粤雅堂丛书》，欲与予所藏之本拼凑。然予宁守缺抱残，实不肯为人割爱也。

四月初十　（五月）十九日　星期　晴。

四句钟梅君冷生同其友陈君来访，坐片刻，因同予到伊家一游。冷生居于道前街中和小学校内，家有花木、书籍。冷生自言有《坚白石斋诗集》新收来。予久思此书，今忽无意遇之，因向其借钞。诗凡四册，是泰顺董斿为石农先生刻者，上有蒋攸铦、恽敬二序。冷生亦借予《玉甑山馆集》六册去钞。归校片刻天又雨。

十二月初六　（一月）七号　礼拜二　晴。

赴城西嘉会里访张君玉生不遇，又至泰兴栈访宗翼弟少谈。乃赴道前访梅君冷生，时冷生尚未起，与其乃翁梅君淦谈片刻。俄而冷生出晤，遂邀予至其新造洋楼上茗谈。该楼仅一间，而四面开窗颇觉爽亮，中置书桌藤椅，图书插架，悬名人手迹联四对，甚是幽雅。坐谈之下，冷生示予史梧冈所著《华阳散稿》二册，系同治年间王遯叟所刊本。书中心刻“弢园丛书”，虽系排字板，然甚大方。按梧冈笔墨极幽隽有味，予仅读其《西青散记》及零星文于《虞初广志》中，今读此文不啻入宝山矣，为之一慰，明年当借阅之。自梅宅出，又过府前墨香簃一坐，即赴德昌午饭。

民国八年三月十八　（四月）十八日　礼拜五　阴。

晚赴梅冷生家一谈，时叶君范卿亦同在伊处，因与纵谈至九句钟回。予借冷生处《华阳散稿》二册、《小豆棚》六册，而冷生亦借予所藏《太鹤山人文集》抄本一册。归时便过古今书室，询知此书坊已非老傅所开，近新开者为乐清郑志明君。

十月廿三　（十二月）十四号　星期　晴。

晨饭后赴大同巷陈启兴店问金价，言仍是廿三元一两，乃定打小印戒一个，计一钱六厘，上刻“子越”二字，订于下午三句钟去取。旋至道前街梅宅访梅冷生，冷生邀予楼上茗谭，坐数点钟回，取还太鹤山人抄本文稿一册。

民国九年四月初九 （五月）廿六日 礼拜三 晴。

是日李生骧、夏生承焘来访，并赠予梅冷生近刊《慎社》一册，书品极佳，内容亦富。时胡生荣铨亦来访，旧雨纷来，令人颇有鸡鸣不已之客感矣。

九月初四 （十月）十五号 礼拜五 晴。

晚膳后赴维新书局看书，遇梅冷生谈片刻。因购来《女子尺牍注释》二册，并支《情天宝鉴》第二册来校阅之。

民国十一年四月初三 （四月）廿九日 礼拜六 晴。

下午二句钟赴梅冷生家叙阔，既而宋墨庵、王玉侯先后至，因与共谈近事至五句钟回堂。晚赴旧友处叙阔。

八月十五 （十月）五日 礼拜四 晴。

是日为中秋节。晨六句钟起床，盥洗后磨墨拂笺撰贺梅冷生之父秀芝先生七十双寿联：

古稀与淑配偕庄，真不愧于陵灌园，吴门隐市；

手泽喜佳儿克绍，况复能云台抗议，月旦驰名。

梁孟庆齐眉，扶杖看花，浊世甘为吴市隐；

乡邦罗众望，呼儿肃客，名卿交颂宛陵才。

是日校放节假无功课。

民国十三年十一月初七　十二月三日　礼拜三　晴。

自仓桥回，过府前横街梅宅访冷生不遇，遇旧门人高铭在梅家坐馆，与坐谈片刻出。

民国十六年六月十九　（七月）十七　星期　晴。

下午一句钟，坐人力车赴嘉会里五味和家访吴云仙不值出，付车力铜元十二片。旋步行至道前街梅冷生家，与冷生坐内客厅茗谈片时出，又赴乘凉桥宾乐客栈访戴婿腾秋。

民国十六年三月十八　（五月）七日　星期一　雨。

晨不出外。下午霁。乃赴梅冷生家借玉句草堂《杜诗》十七卷钞补。冷生最喜藏书，出示近所购《尤西堂馀集》，中有《年谱》《艮斋倦著》《艮斋杂说》《明史志稿》《外国史传》等种，均非近坊行《西堂集》所有，唯《性理吟》《论语诗》则同云。又如原刻《姚惜抱集》、浦二田《史通集释》、大板《袁文笺正》、《渊雅堂集》皆精本可爱，而《粤雅堂丛书》则已收得二百八十册，亟思求予所得者为凑原璧，亦永邑中好学之佳少年也。自梅宅出，赴长发栈与房内弟妇辈少叙回。

民国十六年三月十九　八日　星期二　晴。

晨赴梅冷生家付还《杜诗》一册。冷生示予周之琦《金梁梦月词》二册，雕刻极精，乞予代为题跋，予辞以寓无笔墨，俟另日补题之。

民国十八年三月十五　廿四日　星期三　晴。

自（府前街）还吾（摄影店）出，赴府前桥下梅宅访冷生兄不值而返。

六月初八　七（月）十四　星期　晴。

晨起看《东方杂志·国花市花议》。是日写信数封寄符笑拈先生及池仲鳞、郑一山、梅冷生、叶墨山诸人，并媵以《七十书怀》诗笺。

十月廿八　（十一月）廿八　星期四　晴。

自务本出，去访梅冷生不遇而回。

民国十九年三月初三　四月一　星二　大晴。

晨在德昌与亲翁茗谈。（中略）遂赴梅君冷生家茗谈，并借来《冯注苏诗》十九卷一册补钞。

民国二十年六月初七　（七）廿一　星二　晴。

晨早起拟买舟赴南湖，而亲翁坚留予盘桓一天，情不可却，乃于饭后出外赴道前街梅君冷生家少坐。冷生言，前月黄滨虹来温，曾同之偕游雁荡，且绘山水一幅，题赠梅君。予于梅君见室藏钞本《月槎诗》一册、《春园叙乐图题词》一册，中有予家兰舟公及林石笥先生留墨，乃乞借来迻录之。自梅宅出又赴公和酱园访孙生孟晋。

十一月廿五　正（月）二日　星六　晴。

饭后予独赴叶二房晤仲诜夫人，茗谈片时出，又将《曾氏聚乐图》诗册送还梅君冷生，便过商务书局与朱君廉青少叙回，即从德昌出赴久源与刘雪山一谈，乃同婿父子登舟回南湖。

十二月初九　正（月）十六　星六　晴。

晨遣工人赴郡送叶宅年节。

萱寝善丸熊，培成桂子兰孙，文藻远扬仙尉烈；

蓬瀛惊驾鹤，恰值年头腊尾，束刍难唁敬姜丧。挽永嘉梅冷生之母徐氏。

民国廿二年四月初二　四（月）廿六　星三

午后录诸联：

门闾人远，灯火窗虚，到眼即生愁，梅福难为城市隐；

风雪岁除，酒刍道阻，抚躬同在疚，王裒早废蓼莪诗。平阳王志澄挽梅冷生之父秀芝翁联。

民国廿五年四（月）廿四　六（月）十三（日）星六　晴。

九句钟梅君冷生来（五马街交通银）行访予，茗谈片刻，并付来钞先哲文稿卷子数百张，云托人抄字，大约九千字计洋一元，予允归觅人为之。午后与黄瑞（熙）君弈一局。二句钟赴梅宅访冷生，引予坐其书室，示所辑先哲之本甚夥。又邀予同赴县政府访许专员蟠云。晤时予见其人大约卅多岁，而貌尚厚重，颇敬老重士，见予来即约予明午去饮，予因初次会面，不便扰其盛情，只得婉谢之。冷生为天一阁嘉靖《永嘉县志》是稀本宜抄，然须费洋百余元方肯许钞，乃乞专员从地方分银行领洋一百二十元应用，许君旋为盖印付之。予即与梅君告辞出，旋又便过玉林裱画店玩石笥公遗墨，冷生乃别去。

六（月）十四　七（月）卅一　星五　晴。

校林氏《玉甑山馆诗集》。写寄永嘉梅冷生信一通。

七（月）十三　八（月）廿九　星六　晴。

换《曾文正全集》书面。本日又收到梅君冷生寄赠《岐海琐谈》一部。

七（月）廿五　九（月）十　星四　晴。

下午校《玉甑文集》。写信寄永邑梅冷生。

民国廿六年六（月）七　七（月）十四　星三　微晴。

下午四儿邀予及次女出外游湖，于二句钟坐车至湖滨，税游船一只，同坐划至三潭印月、白云寺、汪家园、静慈寺各处纵游。予三年前来寺，大殿正拆卸重建，今已焕然一新，惟大雄殿外高悬“具平等相”四大字，是某和尚所书，极丑劣。入寺遍游各院落，有和尚名印西者，系瑞之陶山人，曾拜弘一和尚为师，颇娴文墨，与梅冷生、夏瞿禅及四儿诸人熟识，乃于库房上把晤之。其人年只卅余，颇清雅有儒士气，与四儿执手茗谈片时。予以时间不早，又见雨，遂匆匆告别出寺下舟，因雨势渐大，遂不赴刘园、灵隐、孤山各名胜，命舟子放棹直抵第二公园码头，坐车同归叶家弄寓中。

民国廿八年三（月）十六　五（月）五　星五　晴。

晨看明姜平仲《岐海琐谭》，中述吾瓯掌故轶闻，颇资考证。此书久佚，近为永嘉梅君冷生搜刻印行持赠。

民国廿九年正（月）廿八　三（月）六　星三　雨。

是日交惊蛰节，而天仍阴寒，不敢外出。昨从邮得项璞如贺游泮诗一首，又接到瓯社梅君冷生传单一纸，将于月之十七即古历二月九日，为旧道尹林铁尊先生于永嘉诗人祠中开追悼会，亦怀旧之佳话也。予于林尹素未谋面，其填词及诗亦只见一班，兹因好友来通知，勉赋四截寄去，聊结翰墨之缘云尔。诗录如左：

平生素未识高贤，偶读新词写玉笺。铁尊先生，予向未识荆，亦未与之酬唱，然其诗词，豪宕奔放，则尝于务本郑君处识之。难得诸君关爱切，特开盛会结诗缘。

多士轮凭大雅扶，名公才调压吴歈。南天忽报文星陨，瓣瓣心香拜老逋。

于今雅废又夷侵，谁向空山听谷音。却幸瓯江留汐社，不教尘榻冷人琴。

驻春太守最怜才，六十年前荷灌培。枝江张春陔太守宦温时，予为其受知最久。罢官后，寓吾戚周氏，手榜于楣曰“驻春园”。一样感恩知己去，羞揩老眼会群材。

二（月）三（日）　三（月）十一　星一　晴。

晨将赠瓯社诗函寄梅冷生，即付钧孙手，送莘塍投邮。

民国三十年八（月）三（日）　九（月）廿三　星二　雨。

晨六句钟四儿又附轮晋郡赴青田中校。又代梅冷生借去家藏所录孙太仆评本《陈止斋集》《叶水心集》共十册。

八（月）廿八　十（月）十八　星六　晴。

是日南湖叶宅船尚未来，因先作二函付公祏及梅君冷生。寄梅信云：

前遣崟儿奉上孙评陈、叶两先生《文集》，想必细心移录一过，时已月余，未知录毕否?如已蒇事，希转交舍亲叶公祏手送还为感!至前借尊架《坚白石诗集》十六卷，曾付次儿手抄，奈抄未五卷，因君索还，殊为怅怅，刻老境务闲，再忍告借，得将未抄十一卷录完，实属铭佩之至。《粤雅堂丛书》四百册，系刘蘧川家物，被人偷出大半卖于支那，新由足下购去；其少半入陈涵瀛手，则由舍侄购藏。昔年足下曾许厚价合购，用意极善，恨事不如愿，搁置多年。现侄已辞尘，书无人理，似可仍申前议。然足下现任图书馆长，此种丛书，馆中已有，甚可随时抽阅，无须再行复购。老人于此书，久思浏览，倘肯割爱让我，俾再于侄家取来凑数，如果完璧无缺，使散佚巨编一旦延平剑合，亦书林之快事也。明达如足下，想必乐赞成之。需

书价若干，俟覆示照奉，不劳锦注。专此布臆，顺候
撰安不僞

杜园老人张〇〇谨启

八（月）廿九　十（月）十九　星期　阴。

写寄外孙叶公祏信並梅泠生信两件，即于下午一句钟付次女回家之便寄去。

九（月）十五　十一（月）三　星一　微雨。

拟写函寄梅泠生：

〇〇先生清览：日前曾肃一函，托舍亲叶公祏转寄，想必久尘签记。现已阅旬余，未悉尊意如何？《石农诗集》、《粤雅》残编倘肯允许田之假，还合浦之珠，鄙人当遵命报酬，不负素诺。如曰不然，亦希鸿覆，作为罢论。陈、叶两集评本，亦望早日掷还，敝帚自珍，幸勿目笑。耑此手布，敬颂
吟安

杜园老人缄启

又寄书叶公祏外孙：

日前寄尔安函，並附寄梅君书，想尔当早已转交，何至今未得回件，殊令老人悬揣不测。兹再函催梅，如有好音及交还之件，希代为包好，另日觅妥价带下，无任抃慰。天气渐寒，千万珍摄，并祈代问尔令堂近安，专此布臆，顺颂
筹安

八十二老人真叟字寄

又《温州日报》十月廿五、廿六、廿七，三天报未收到，未知有寄瑞失落否？如未并祈补来。

《张棡日记》，温州市图书馆编、张钧孙整理，中华书局二〇一九年十月版，第四册至第十册。

夏承焘日记（五〇〇则）

夏承焘

一九一九年三月初六日　晴

九时，往访林漱泉，与同出游。便道过梅冷生家，登其新筑之劲风楼，出其旧藏古板书籍见示。玲琅满架，殊令人羡，有坐拥百城之乐也。借其手钞纳兰容若《饮水斋诗集》一部归。抵家，已亭午矣。

四月十九日　晴

午后，闻梅冷生方自杭州归，往访。谈及西湖游趣，谓已探赜索隐，一穷其胜，三竺、灵隐各足迹行到，且娓娓言两处风景动听，转令人惜去春游湖时错过也。出在杭新得古籍示予，见赠《谭复堂诗词》一本，又借《灵芬馆词集》一部归。

闰七月二十一日　晴

午后，家居殊悒悒，走访梅冷生。于劲风阁捉麈清谈，津津有味。相商创办瓯社，予亦甚赞承之。

九月十四日　晴

归来，便道过梅冷生劲风阁，共坐谈诗，旁及词。冷生谓此学在吾乡几成广陵散，行当联络同志数人悉心研究之。予笑然之。然丁此时局，吾辈少年人尚何暇顾及此雕虫小技哉！十时，辞返，借其《馀墨偶谈》一部及瑞安薛钟斗《寄瓯寄笔》一本携之来。

十一月十一日　阴

是日为阳历元旦，校中照章放假。三时，于日新书坊逢梅冷生，谓组织瓯社，拟即于年内出板，招予投稿，且托转语李仲湘焉。

十一月十五日　晴冷

上午，访郑姜门不值，乃转过梅冷生家，谈久之，以近作两首见示，且托予介绍瓯社社员，亭午方归来也。

民国九年正月初四日　晴

上午走访陈酒周不值。途遇林漱泉，同过予家。未几，李仲骞偕高侠波踵至。以近作数十首见示，为应潮社征文也。因往访冷生，共商潮社组织法。适叶范卿亦至，围坐论诗，谈锋对起，直至亭午方各分道归。

元月十五日　阴

是日为元宵佳节。日前酒周诸人曾约予游蒲州。早饭后偕漱泉往访，值其乡中未归。因过梅冷生劲风阁闲谈，遇王隽廎先生及薛立夫焉。亭午与漱泉分道返,约午后赴蒲州访李仲骞,乃至其时,天气忽阴黑,霏霏下微雨,遂作罢论。可见人世不但赏心乐事难得,即良辰美景亦复不多有也。午后稍晴,与郑姜门访严琴隐,才坐定,冷生亦踵至,共访宋墨哀、王梅白两君皆不值。便道参观蒙养院,由院长夏晓秋女士接待,颇殷勤。出院由徐心存介绍,过金石林斋金南庵家少坐,金君精金石之学,且能诗。出其令妹韵琴女史《绣馀诗稿》见示,虽是初学,然颇多佳句。问年才二八,洵难得也。晚间复为潮社出版遍行各石印局订完印刷费,直至上灯方归。

正月二十三日　雨

林漱泉来,携《觚賸》一部见借。午后与其往元升客栈访陈作霖,值其西溪方来,坐谈少时。归途遇梅冷生,谓《潮社》已交美成和石印局开印。因过林沚波处取而观之,诗选材料甚富,共十余人,数百首。以李仲骞所作为最多,予亦十五首得选十一也。

正月二十五日　星期一　晴

午后怀近作词数阕访梅冷生于劲风阁,谓日来慎社投稿甚多而颇有瑕瑜不掩者,将来社约当从严。予谓本社虽本以文会友之义,然亦不可滥收有才无行辈以为全社玷也,冷生然之。

二月初四日　晴

午后访徐心存不值,因过冷生家少谈,还其《觚賸》一部,

二月十七日 清明　晴

上午八时过冷生劲风阁谈久之，又访郑侠肠。

二月十八日　阴

晚间途中遇梅冷生，邀过吴星池凌波小榭射文虎，予以不长此道，小坐即归。

二月十九日　阴

七时访梅冷生，招其往霞坊看会市，盖昨日曾共订约也。时彼尚未起床，坐待久之，十时方行。又过郑昂青家，值其有目疾，不能伴去。出南郊，买扁舟先过第三高小李仲骞处小坐，抵霞坊，步行约十余里。在叶范卿先生家用午膳，时谷寅侯、王希逸及李仲骞皆先后到，同过叶雨田先生家，聚谈久之，乃赴霞坊宫观剧，红男绿女，绎络于道，似较城中更热闹也。直至薄暮方散。夜间复如此，九时仲湘等归梧埏，招予同行，因别冷生，乘舟来第三高小。

二月二十日　阴

十时梅冷生自霞坊至，乃与同返城，途中微遇雨，抵家已午饭矣。

三月十三日　晴

上午窗下集成龚定盦、黄仲则诗两首赠郑姜门，邀郑昂青同送以往，谬蒙赞许也。午后与子翀过冷生家，严琴隐亦踵至，共商议慎社创办社址事甚久。又过星池家，遇林漱泉自乡来，谓张真侠夫子现任教中学，顷逢之途次，邀予辈过谈焉。是夜又与志翀、冷生、琴隐、昂青、幼明诸人赴谢池巷观拦街福，十时方归。

三月十五日　晴

是夜严琴隐招饮酒楼，同席共郑姜门、梅冷生、陈志翀、沈墨池、吴星池、郑昂青、叶雨田九人，席间商议筹筑慎社社址经费，各人或捐或筹，予亦担认代筹三十元。冷生谓天下大事业未尝不始于小事，安知将来此社之不同明季之几、复哉？

三月二十八日　星期日　晴

早晨读英文一课。陈纯白来访，谈次盛称瑞安周叔侻、薛储石二子之才，谓吾辈年与其相若，而学问远不及，殊堪惭愧，行当整顿全神，闭户求实学也。傍午又过其家，出《慎社》杂志一本见示，予诗词得选者共二十余首，然间有不称意作也。午后过吴星墀凌波小榭，郑姜门、林佛伦、梅冷生诸社友皆在，相商慎社雅集，约定农历四月十三日，地址假曾氏怡园，想届时有一番盛举也。

三月二十九日　晴

午后同纯白访梅冷生，取《慎社》社刊一册来。傍晚又与心存过访，谓本日复有杭人某某等四五人入社，而各机关来阅索社刊者亦纷纷不绝，社事日盛一日，殊可喜也。未几，郑姜门、严琴隐诸人亦先后至，围坐纵谈久之。

四月初一日　阴

日间布业国民课暇过星池家，同冷生、墨池、姜门诸人谈慎社善后事，冷生谓将来须通告同人，不可以个人交际牵涉社内交际，以慎重社事。盖结社原以互通声气，然其流弊每致啸聚为非、兆祸滋事。郑坎园先生尝谓此社十年间必兴文字之狱，不可不先事预防也。晚饭后过师校陈化熙处，谈诗甚久，且招其入社。

四月初二日　阴

午后因介绍陈药初入慎社，与漱泉过梅冷生家，谈久之，冷生谓拟将来于社内增设一研究会，分二三人为组，每人随意认定诗文、训诂、金石或新思潮诸科中一科。一月间须将平时成绩寄会中一次，希此社不致徒为标榜名誉，无济实学之举也。予绝对赞成之。晚饭后赴师校药初处通知其入社手续。

四月初五

在凌波小榭遇大雷雨，坐与姜门、冷生取慎社各社友诗评之。冷生谓予诗颇近黄仲则，且间有细腻风光，非粗心人所能领会者。

四月初九日　晴雨交半

上午往访梅冷生，适李仲骞亦在，未几王隽庼先生踵至，共坐谈诗文，颇趣。

四月初十日　阴

作一函寄郭溪张润玉，介绍其入慎社，为梅冷生之托也。午后即得其回书首肯。

四月十二日　晴

午后与陈志冲过冷生家，谓慎社当此积极进行中，而入社者人格调查不可苟且，近方组织一审查会，就会员中选择十四人任之，予亦忝列其末焉。傍晚与诸社友在星池家谈诗词，社友徐君慨夫于词学颇有工夫，且能按拍歌之，与论辨阴平阳平法，甚受其益，盖此道作者虽多，而歌者尠矣。六时与冷生、志冲赴曾氏怡园理集房所，为明日第一次雅集也。

四月十三日　星期日　晴

是日慎社假座曾氏怡园开第一次雅集。早晨起，见晨曦已放，不禁欣慰。饭后少时，徐心存来招，遂整衣冠与同邀纯白赴园。时诸社友到者只李仲骞及王俊卿先生两三人，待之久，梅冷生、郑姜门、严琴隐、金南庵暨王梅伯、龚血忱、胡澍春三十余人方先后到。梅伯携灯谜出招诸人猜之。十二时乃开宴，席间行酒令，令人绝倒。沈云巢、郑昂青复嬲人拇战不已，致两人各酩酊大醉，几在槛上颠入池中。晚间摄影后，方各分道散。兰亭修禊，曲水流觞，暇时得与诸君子风流觞咏，亦乐事也。

五月初三日　晴

便道至吴星池家，冷生、姜门、群明等皆先后来，谓平阳刘次饶先生、黄梅生君以及柳某等各于日前入慎社，社友日益增多，将来发达无限矣。围坐谈笑，天暮方归。

五月十一日　雨

上午与志翀过冷生劲风阁谈慎社，谓林默君自厦门书来，于社事有数件提议，云将来须设总社于沪上，该处交通较内地便，将来易发达；又云如有馀款，可搜集吾永先贤遗著，另刻慎社丛书，此举日前予访张真侠先生，先生亦曾谈及。日来同人方从事筹备，特经费一项未有着落耳。

五月十四日　晴

是日午后二句钟，慎社在梅冷生家开第一次审查会，予亦以忝列审查员，得与其列，到者共周雪庵、林佛伦、李仲骞、郑姜门、徐识超、吴星池等十人。提案凡二，一为追认新入社社友，二为逾期不缴常年费社友出社问题。旁又议及添名誉监助员，盖为一般地方官，因事不便入社者设也。五时方散会。

六月二十三日　凉

午后接到梅冷生来书，谓社刊第二集七月内可出书，且托予于金陵图书馆搜集永嘉先贤佚著以为刻《慎社丛书》之预备云。

八月初四日　晴

上午携《瓯北诗话》一部赠梅冷生，坐次问此行游踪甚详，旁及慎社进行手续，且谓次饶先生颇许予诗，可感也。剧谈至亭午方归。

八月初七日　晴

三时过星池家，冷生、姜门及曾公侠皆在，同出散步至籀园王俊卿先生处，遇翟楚材，谈笑至暮方归。

八月初十日　晴

午后与冷生过星池家同默君、姜门诸人畅谈，至暮方归。携《慎社》社刊第二集一本，是集新入社友较第一集多三十余人，社务扩充之速，实出意外，惟各诗文收取太滥，未免瑕瑜不掩。冷生云编缉一职最难为情，其信然乎。

九月初三日　晴

午时过冷生家闲谈，谓姜门所谋第一高小校长近因荐者甚多，恐不能到手，邀予可挽人向吕文老处说，招其向知事处一行，或者有希望，亦未可知。

九月初六日　星期日　晴

上午与酒周往图书馆看书，十一时方归。是日下午慎社假飞霞洞第二次雅集。三时往，各社友先到者已二十余人。座遇王廷玉先生及瑞安薛储石、李笠臣诸人，皆初次相识也。同人以诗钟助兴，得指名二字，第一唱五时开卷，后即在洞前石桥旁摄影纪念而归。是次社友与会者只五分之一，不若第一次在怡园时之多，故高兴亦逊于前，惟风日清朗，殊难得耳。

九月二十九日　阴

是日看内地报，惊悉瑞安社友薛储石钟斗于日前以河鱼之疾身故，为之震悼。此君颇负文名，冒广生在瓯时称其与宋墨哀为“瑞安二生”，月前慎社二次雅集在飞霞洞一面后，竟成永诀，谁曾料哉！于午晤冷生、姜门，亦为之惋惜不已。闻其所著《寿萱草堂书》共二十余种，有《东瓯词徵》一部，搜罗先哲词五百余首，将来可刻入《慎社丛书》也。

十二月十九日　晴

午后纯白过谈，商议由慎社诸友共创办一义务学校，予甚赞成之，定二十一日在布业公所招各社友开会讨论办法。

十二月二十二日　晴

是日为创办平民学校，邀各社友至布业公所开会，妥商办法。午后三时，到者只洒周、纯白、冷生、姜门、佛伦十余人。而各人议论不一，或主张于明春三次雅集时由全体社友通过者；有主张由少数人组织，不须以全体名义者。卒主张前者多数通过。我国人开会议事，每如筑室道旁，苦无成见，恐雅集时人多言众，多无头绪。人散后与冷生、纯白三四人商议重行组织。晚间与洒周过纯白家谈，九时归。

一九二一年夏历十月十七日　晴

月前纯白曾有函致冷生借川资四十元，今未得复书，昨发一催电，有效否，尚未可知。报馆停后，都门又不能久居。

十一月初五日　晴

上午将冷生杭州寄来票款向中国银行兑现。午后过访郑剑西，问贷秦行资斧。发家书一封，告动身日期，命家中张罗现款二十金寄西安。纯白允代筹二十元，合冷生款四十余金，只够起身时零用及路费，到地尚须支持也。

十一月初九日　晴

日来为川资颇费罗掘。借自纯白、冷生者今只馀一十九金。昨立夫先生见贶十金，纯白向□文废先生处代贷十五金，共四十金，尚恐不足。本定今晚动身，因此延至明晚。

（按，文廔姓方，瑞安人。）

十一月十一日　阴

抵郑州，已上灯。下车寓车站附近文明旅馆，与嘉兴商人盛某同房。灯下发纯白、泠生及家书三封，九时寝。

十二月二十日　一月十七日　冷，雪

对雪，因忆泠生《元旦大雪》诗，云：“解冻正如盼解兵，吾园花木亦苍生。为看雪天消难尽，转忆时艰治未成。野老历头延旧腊，春光天意慰新晴。暑寒岁序商来去，却笑梅花累送迎。”又颇爱郑岳青“寒上荒城数点鸦”及“疏林无树不梅花”二句。晚雪消，冷甚。

十二月二十二日　一月十九日　晴冷

接泠生贺年片。是日甚冷，砚水冻冰，不能作字。

十二月二十七日　一月二十四日　晴

得泠生温州来书，问近状，语甚恳挚，为之感泣，即作一笺复之。

一九二二年二月十七日　三月十五日　星期三　晴

午后赴第一中学授课三小时。得泠生复书，慎社事有足喜者，社址已假鼓楼上层。楼为吕文起先生重修，顷向各社友征联。社刊第四集已付印。《瓯社词》第一集《百字令·仙岩纪游》由梅伯先生及泠生发起刊石流传。又谓陕地僻远，非常人所能到，在此求学谋食，锲而不舍，必有成就，劝予五年以内不必返里。

三月初五日　四月一日　星期六　晴暖

得冷生温州来书，知陈幼民县议会已成，师校同学谢雪仙国溪新委劝导员，为之甚喜。又云前假二十五金不必着急，挚情足感也。

三月初十日　四月六日　星期四　晴

冷生寄来汪楚生知事莹《瓯江骊唱集》一本及《慎社词录》八九纸，有朱古微、况蕙风两先生词。

四月二十六日　五月二十二日星期一　雨，冷

授六课。接冷生杭州书，知李仲骞任职漳州第九中学校。灯下写覆冷生书。

五月初三日　五月二十九日　星期一　雨

接冷生为其尊人秀芝先生征文启、刘厚庄先生撰启。郑姜门作《馀园记》。冷生所撰事略，厚庄谓其文质而不浮，胎息甚古。述其尊人语云:“世多凌人者，受人凌亦不易耳。”亦名言也。

五月初五日　五月三十一日　星期三　晴

结前月用帐，共领第一中学薪水五十余金，圣公会中学百四十金，现贮七十金，下月当寄还冷生三十金，每月膳费五金及万国储蓄会会费三金以外，四个月间杂用费共十三四元，其中四元乃公益捐，无一文浪费也。

五月初九　六月四日　星期日　晴

接家寄《瓯海公报》七八份,《入秦记》已登完。周雪庵及姜门、冷生发起为同社邵心侠君开追悼会。邵君事亲至孝，身后家境萧条，甚可悯也。

五月二十七日　六月二十二日　星期四　晴，凉

得冷生杭州书，陈翰香君托购皮件及碑拓，笺末附一诗，题为《得兰生札感寄》，云："小楼熏被梦难寻，冉冉天涯有绿阴。枉赋惊鸿才八斗，漫劳市骏骨千金。幺弦自触哀时抱，短烛宁销惜别心。十日湖头风雨里，传笺为汝一沉吟。"不知有何本事。冷生书法甚恶，然予只觉其妩媚也。

闰五月二十三日　七月十七日　星期一　雨

成诗一首《得冷生书有感即和其见示近作韵》："鬓丝禅榻一沉吟，芳讯湖州有绿阴。感我尘缘如梦短，干卿池水比愁深。量珠难买怜才意，绣佛虚存惜誓心。莫为相思更憔悴，沈腰秋瘦已难禁。"

闰五月二十四日　七月十八日　星期二　晴

接温州寄来《慎社》第四集三册，新入社者有陈子万先生、王理孚、李孟楚、闻逖生、周仲明、叶子贞、许乙仙、朱谪僧、班仲骧、陈悦霖、景莘农、曾伯明诸君及张红薇、史智玲、王蘅芳诸女士。灯下阅刘次饶先生所作《平阳县志》宋平子诸传及答黄仲荃诗，为之心折。

六月二十五日　八月十七日　星期四　雨

晚得冷生书，《慎社》四集因主持不得人，欲再编四五合集。灯下作覆书。

六月二十六日　八月十八日　星期五　晴

作一长函寄冷生，亦附一诗。《和公侠辛酉杂诗寄冷生》：“住乡只合傍温柔，幽恨人间遍九州。湖水湖烟伴伊坐，可曾云外起朱楼。用定庵词意。”

九月三日　七月十二日　星期日　晴，早晚甚凉

灯下接纯白北京信，于四集《慎社》颇有微词，取材太滥，主持不得人，冷生不得辞其咎也。

九月五日　七月十四日　星期二　晴

晚接陈翰香书，托购碑帖。接冷生书，谓《慎社》四五合集已付印，附莘农先生文数纸。

九月六日　七月十五日　星期三　晴

以《慎社》四、五集社刊样张寄莘农。午后发冷生书，寄诗稿二三十首，词稿五六首。

十月二十一日　九月初二日　星期六　晴

接《瓯报》，见翟楚材駥有慎社联云：“新亭忍泪，复社追踪，多应江汇清流，烟水都能生逸致；嚶鸟云翔，坠欢日拾，只恐楼临大道，轮蹄偏易判分驰。”跋云：“慎社成立第三年，岁在壬戌暮春，创社址于谯楼。时瞿禅旅陕，楚生宦禾，駥亦身如不系之舟，因撰斯联，以志鸿泥。”

十一月十一日　晴

接陈啸秋书，劝予学佛。啸秋谓冷生于把握未定时投身政界，恐立不住脚根，予亦以为然。思人生四十岁以内乃藏修时代，断非做事业时代，且目下社会光景如此坏，立身更不易易。

十二月二十九日　晴

发复李孟楚上海函及龚雪澄温州函，各附《寄怀》诗一首。《叠得雪澄、冷生、孟楚、纯白书问近状，成此以报，并寄怀瓯郡各社友》："不关避地爱幽居，车马萧然自掩庐。高枕江湖千里梦，故人南北几行书。倦游客思逢秋集，小病吟情共酒疏。寄讯梁园旧宾侣，茂陵谁忆马相如？"

十二月三十一日　休日　阴历十一月十四日　晴

龚雪澄均寄来《永嘉词人祠谢康乐公祠瓯社联存》，王志澄题词人祠云："官长今灵运，江山旧永嘉，香火因缘，又见花间开雅集；是非一葫芦，成败三太息，风尘澒洞，谁来池上倚高楼。"

一九二三年一月二日　晴

得纯白北京书，月底返温。得家书，冷生尊人十一月初三日作古，聋妈亦初二早弃世。

一月三日　晴，冷

灯下作唁冷生书，劝其丧礼一切从俭。温俗过奢，逡易之责，端在上流也。

一月四日　早微雪

四时半起。发梅冷生书，寄还十五金。久假岁馀方归，甚歉。

一月十二日　晴暖

思平生直谅之友，纯白、冷生外觅不得第三人，皆缘自无纳谏之量，声色拒人千里之外耳。

三月二十七日　二月十一日　晴

晚得纯白温州来书，谓冷生自入宦途以来，行径甚堕落，闻望日损。因叹境遇移人，非存养有素者，不克保持。冷生在昔，共称一乡端士，苟长此不悛，何堪设想！明日起，当日抄端楷李二曲《悔过自新录》二三叶寄与，劝其及早振拔。自念目前地位，非冷生不及此。此时不尽忠告，又焉用为友！

四月三日　二月十八日　雨

思冷生近来不矜细行，当作书规之，夜间梦见与畅谈甚久。

四月四日　二月十九日　晴

灯下作致冷生书。

四月五日　二月二十日　晴

抄《悔过自新录》。

作致冷生杭州议会书成，录于下：

不承手教六七阅月矣！客中冗懒，无暇作书，奉候遂成疏阔。顷闻阁下近来行径不似从前修饬，闻望日损，甚为吾兄惜之。地位日高，观瞻所系，苟一失足，则人之责望窃议于后者，将更甚于庸劣贪鄙之徒矣。入仕途以来，酬应谅不比从前，但出处取予之际，断不可同流合污，自丧其守。令闻养之甚难，损之则易，不可不慎。自今以往，须早自检点，举凡平日一切风流自赏、不矜细行之陋习，涤洗力尽，重新做一端士。吾辈初出应世，苟不力谨其始，将何以为继?朋交中惟阁下处境进退有余，才能又足领袖一乡，万不可妄自菲薄也。弟自惟目前地位学业，非阁下不及此，在乡时诸承关爱，无时敢忘。去年来秦，岁暮卧病，得大札殷殷存问，辄感激泣下。阁下目前地位较隆，他人不敢有所规谏，故乡诸友又不能进一言为益，故数千里外亟以迂阔之言相闻。幸阁下谅其愚戆而察纳之，不然泥污百尺之下，再求振拔，徒贻后悔矣。纯白赴京未，顷发此书时，不悉阁下已否抵杭?接得即复为荷。

今早发，附《悔过自新说》。

四月十九日　三月初四日　晴，晨冷

前发致冷生一书并《悔过自新说》，计日已达，不知伊得此作何感。冷生学问人品，地方间名望甚好，苟堕落不返，可惜之至。有暇当再致一书，勉其及早反省。

四月二十三日　三月初八日　晴

午得冷生杭州来书，甚悔前非，自谓忧患余生，无心用世，此间小住即去，闭户澄心，读书奉母，兄可觇其进退也云云。得此，为之终日甚喜。

一九二四年正月七日　晴，冷

发家书一片。得《瓯声报》，冷生与瑞安一萍打笔墨官司甚烈，且牵涉及予寄纯白一书，未免多事矣。（编者按，此处正月，指公历一月。一萍，似姓黄。）

二月十一日　阴

上午作一书寄冷生，言慎社事。才发即得其来书，未通信已十个月矣。谓今春当重顿社事，改良社刊，并与予约每月通一札，各述读书立身心得，以相琢磨。又谓慎社二友之卓卓者，在内惟李鹤臣，在外惟臞禅，馀人非无此学问，无此植品也云云。过誉不敢当也。

二月十二日　风，冷

灯下作复冷生书，言慎社不可注全力于社刊一局部，结集数百人为一团体，须为地方上做一点事，免使人讥我辈为风雅闲人。

三月十八日　晴

午得止水复书，谓淑昭已于本月三日由冷生介入女子师校上学，为之欣慰无似。灯下作复书，劝其勿畏难中止。又作一函致女子师校校长木斡斋夫子，恳其格外照拂。

三月二十一日　晴，风

发致冷生温州书，谢介淑昭入女师，并商今夏南归动定。附致李仲骞一书和《岁莫杂感》诗五古三首。

四月三十日　晴

理三年来朋友来信，纯白三十余封，冷生十封，心存十余封，子平八九封，家书百余封。

六月二十七日　晴热

发冷生杭州书，托购《方言笺疏》。

一九二五年七月五日　晴热，九十度

午赴东山书院徐心存诗钟约，晤姜门、冷生、仲陶、公侠诸人。饭后以天热先归。过冷生香烟公栈少坐。纯白过谈至夜深。今日《大公报》载予返里。

八月六日　晴热

夜过冷生，谈商赴陕或留瓯，彼亦不能决，谓刘次饶先生属予作温州图书馆征书启，予劝其明春起弃省议士职，澄心读书，作自好之士。梅君作事甚尚意气，故虽有自知之明，而卒入歧路不肯自拔。

八月十日　晴热，午后秋霖

午后与冷生赴图书馆访刘次老，交征书启，久谈。归，便道访曹明甫昌麟，检察厅长。不值。

八月十六日　晴热，晚大雷雨

午后三时曹民父审厅长约予集图书馆，与冷生、张绚霞同赴，晤刘次老、仲陶及宜黄符笑拈先生。与民父相闻二载余，今日才晤。次老饷短面，席间笑拈谈张香涛事，可发噱。民父出《集羽玙》诗一巨束。流连至暮方散。曹，淮阴人，询及金君珏、程善之。

八月十七日　阴

成一诗。《十四年夏五归自关中，六月廿七日曹民甫厅长邀集籀园逭暑，越日柬谢，并呈刘次饶、符笑拈二丈暨仲陶、冷生》:“腾腾人海倦吟秋，短简林塘约搜幽。垂老炎威强弩末，浪游心事大刀头。招邀过水成三笑，寥阔凭高足四愁。着句未工容兀傲，诗城今日敌曹刘。”

八月二十日雨　午晴

午曹民甫招宴籀园，同席有刘次老、符笑老、朱晓崖、王明卿、冷生、仲陶及审判厅中诸办（事）人。素菜甚可口。笑老谈刘翰怡刻书事，谓此人不学，题跋皆出他人手。民甫谈章士钊，颇不然其为人，曹君与章总角交也。四时散，与冷生过瓯海中学筹备处商募捐事。

九月五日　晴　风

至心存家小谈，同访冷生，听留声片至晚。归借《甲寅杂志》四本。

十月三日　阴

夜与纯白贺冷生三十寿辰，宴至九时归。

十月十八日　阴历九月初一日　休日　晴

早冷生来，同过图书馆。征来诸书如《适园丛书》张石铭、《观堂集林》王静安、《天苏馆丛书》丁福保等已多部，价值五六百金。十时同至石坛巷冷生姊家小坐，有园池之胜。

十一月十五日　阴

午赴东山词人祠秋祭，同集有张冷僧道尹、余文耀知事、梅冷生、郑姜门、严琴隐、陈仲陶及周仲明、林澣尘十一人。先祭谢康乐，后祭词人。予谓当辑《永嘉词人传略》。冷生属各社友为瓯社饯秋词，阄调《霜花腴》，以今日夏正九月杪也。宴散，复与冷生、仲陶过杨雨农、杨淡风家看菊，垂暮方散。兵甲满天地，吾辈犹能酒尊箫鼓修此韵事，亦云幸矣。

十二月二十二日　夏正十二月初七日　冬至　晴

过冷生谈。翻阅周寿昌《思益堂集》，文、诗、词、日札四种。日札记唐宋人不矜女节，引韩文公、欧阳修事，多趣。观曾宾谷《赏雨茅屋集》、孙子潇《天真阁集》、施均父补华《泽雅堂集》。冷生蓄诗文集甚富，谓欲遍购诸名家集，暇当以一日力遍观其所藏书。

十二月二十六日　晴暖

冷生尊人于今日安厝，夜六时会宴，宾客到者共二三百人，甚热闹，七时归。

民国十五年正月十日　晴。休日

午赴县学前卷烟税局，冷生邀作诗钟集，同集有仲陶、姜门等十余人。不闻钟声四五年矣。阄题妻、影二唱，题太纤巧，难得佳构。予只成“荆妻书问生疏字，梅影窗分南北枝”一联，塞责而已。姜门以“瘦影窥卿疑贮恨，病妻对我讳言愁”一联得元。午饮醒春居，三时散。

正月十一日　晴暖

灯下读《两当轩诗》，二十岁时笃嗜此集，所作小诗，友人谓有肖黄君处，后以戒作苦语，乃屏绝之。是书转借于冷生许，曾携之客陕，不展卷四五年矣。重摩陈篇，如逢旧友。少时有自负如仲则者数首云：

望诸台上吊秋风，半载幽燕作寓公。

自恐诗才太萧飒，又听笳鼓到关中。秦行杂诗

黄九清谈类晋贤，去年邀我共僧毡。

何时重扫松风阁，一榻寒云抵足眠。怀黄一萍

六桥烟柳木兰舟，我亦三年忆旧游。

昨夜月明水西阁，梦君时复梦杭州。怀梅冷生

纯白清狂貌更癯，十年踪迹满江湖。

归奇顾怪休相笑，眼底吾卿未可无。怀陈纯白

正月二十二日　晴

午赴东山瓯社张冷僧道尹招饮，晤吕文老、符笑老、曹明甫厅长及冷生、仲匋、公侠、浮沚、姜门、澥尘等二十余人。山梅百余本，前由各社友醵金购种，已花数十本，风日暄和，香气欲动，明年当成盛观。饮散击钵，题为井、通七唱，姜门以“寂寞宫花悲辱井，芊绵春草赋文通”得元，予成三联云：“《心史》秘书沉古井，目耕散帖陋横通”；“侠客声名传轵井，儒门将相陋王通”；“忤俗书成须锢井，惊人诗好不关通”；一联得胪，三联得殿。三时散。

二月二十一日　雨

诣民甫先生久谈至暝，以卧云和尚《东游诗钞》四本见赠。卧云云南人，曾为□□法官，前年住本地江心寺，甚骄恣，为

冷生诸人所逐去，住金山寺。此本即居永及游雁山诸诗。闻近居京口，又刊《东游续集》，骂此间人士甚不堪。诗少有才气，有甚粗犷者。

三月九日　阴，上微雨

夜饮梅冷生卷烟公栈，同席有笑拈丈、明甫厅长、郑姜门、李孟楚、严琴隐、王明卿、陈仲陶及纯白，黄仲荃、刘次饶二丈，及李雁晴未到。席间闻人谈此次吴佩孚由鄂入豫，信阳屠戮之惨，为之心恻。席半有警备队十余人，为纸烟税事来咆哮叫号，失兴而散。

五月一日　晴

世界劳工运动纪念日，学校放假。冷生处借来胡刻涑水《通鉴》残本四十本，唐一代完，字大如《相台五经》，可爱之极，惜非完璧。瓯社简来邀明早祭词人祠。

五月二日　休日　阴，夜雨

十时予赴东山书馆瓯社祭谢康乐及词人祠。戾止者有冷生、琴隐、姜门、秋桐、仲陶、澥尘、梅伯、雪澄，及张冷僧道尹、曹明父厅长、余知事代表闻逖生、警察局长马摈尘。十二时宴散，冷僧、明父复约八九人作联字诗，轮流人集一字，阄题东山种花，得五古一首，有云："池皱春漪活，鸟欢晴林幽。香风来芜径，恍入罗绮俦。"清婉可诵，较诗钟尤趣也。冷僧倡重修王儒志祠堂，筹划须千金左右，属仲陶为集捐启。予正月间赠诗有"好为此邦留掌故，水心坠绪足跻攀"，亦为此也。

七月三十日　晴热

夜过冷生小谈，新自杭议会归。

八月二日　晴热，晚酿禾

过冷生，见其持筹握算甚悤悤，小立即行。午饭岳家。

八月六日　晴热

志冲过籀园谈。午后访冷生小谈。

八月十日　晴热

籀园阅宋墨哀所为《孙籀庼先生年谱》，载《东方杂志》。孙君十三岁即著《广韵姓氏刊误》，二十七草创《周礼正义》。予今年亦二十七矣。冷生来。

十月十七日　阴雨不定

晚与雪庵赴瓯校调停风潮，至梅冷生、陈宛香、范介生诸人已调节就绪，介生携条件来：林、金、陈三人去，梅、吴告假二星期，学生回校，斥革生具悔过书回校。陈志冲事由介生负责调解，两方皆已通过，惟在校各生反对斥革生返校甚激，予与寅侯、仲协再三劝导，尚有二三人崛强不从。上灯时归家。

十一月二十日　阴冷

刘次饶丈今年六十，旬前报上见其辞寿启，闻其弟子王理孚诸君近为发启各交游，以贺寿金购《藏经》全部贮平阳之半山庵。予谓刘丈方长籀园旧温属图书馆，最好以此一二千金购《四库全书》或他种要籍贮藏馆中。前瑞安黄氏蔘绥阁书寄存馆中，近人拟为仲弢先生悬一象纪念，刘丈将来正可仿此例为之。此事关系全邑文化，沾润后人无穷，较购《藏经》胜多，有便拟属冷生为刘丈言之。

十二月十一日　阴

午后籀园《知不足斋丛书》廿三集至廿五集完。歙县鲍氏流寓吾浙桐乡之郛镇，乾隆间四库馆开，进书六百余种及此《丛书》，恩赏举人。《丛书》刊至廿七集，未竣。廷博卒，其子士恭续刊至卅集而止。籀园所贮止廿五集，又间有残阙，暇当就冷生许遍阅之。

一九二七年正月五日　晴暖，夜大雨

早道前失火，过冷生家慰问，晤周仲明、许漱玉、王永山。父亲亦踵至少坐。

三月三日　阴

前寄冷生一书，劝其乘时局改易，因风收帆，杜门读书，足以自娱，欲不可极，自知实难云云，未知能听从否。昔侯朝宗谓能建设与能割舍同为英雄事业，冷生年来之自贬身价，与屠沽贩卒为伍，问田求舍，不自检束，正坐不能割舍之病耳。

七月廿五日　晴

夜过冷生久谈，亦及仲陶事。冷生赞予严州之行，劝予一意学问，勿见异思迁。时变扰扰，读书人日少，三数年后必有才难之感。晤王永山。借冷生《词苑丛谈》《词源》共五本来。

八月二日　晴

晚赴籀园图书馆诣次饶丈，已于今早归平阳。晤吴江冷及其妹莲影、叶生月眉，借《赌棋山庄词话》六本来。江冷邀共诣雁晴及黄美玉，皆不值。翻次饶丈新修《平阳县志》，载予及冷生和灵峰摩崖词各一阕。

十月十九日　晴

发冷生一函，借词集，辑《夫妇词》。

十一月十五日　晴

接冷生复。新自苏、扬漫游归，谓林铁铮先生在杭任民政厅第二科科长，发愿拟刻其词稿，客中购得词集数十部，以目附示，皆未见者也。冷生劲风阁藏词书甚富，欲尽搜清代作家。年假南归，可假其辑《夫妇词》，编词学史。

一九二八年一月十一日　阴冷酿雪

早冷生来索观日记，谓予作绝句有进步。

一月十四日　晴暖

午饭岳家。与止水过冷生，借沈雄《古今词话》三本、《茗柯文》四本、《香东漫笔》一本、《蕙风簃随笔》一本、《阮庵笔记》一本。见其《茶山看梅》五绝云：

数峰清峭初消雪，万树高寒始作花。缚个茅亭自临水，五更我复梦移家。

偶从篱落折苔枝，减却春来青子垂。曝背老翁摇手说，家家粮在熟梅时。

垂虹想象小溪桥，一棹何人领玉箫。疏影暗香都负了，江湖传唱亦寥寥。不填词者三年矣，过此间桥有感。

贾祠占取十分妍，冷蕊尚温香火缘。花下若参诗一席，倘教岛佛夺逋仙。

野店青旗借酒沽，风神得似九姨无。闲摹嘉道词林事，载写寒垆买醉图。

冷生不多作诗，而出语自然名贵。彼自赏其三，予则爱其第二首。劲风阁明窗四辟，积书满室，冷生处境本可优游艺苑，高自位置，乃甘伍屠沽，奔竞财利。世变如此，怀璧堪虞，我不解其何所为而为此也。

一月十六日　晴暖

冷生来，见日记，谓年来负债至六千金。

一月十八日

过冷生谈，晤曾公侠，两年不见矣。烟容憔悴，与曩时似另一人。冷生谓当时朋辈，今日惟予一人不失本色。

一月廿四日　阴雨

与止水过冷生谈诗词至暝归。借得《赌棋山庄笔记》八本、《第一生修梅花馆词》一本、郑叔问《大鹤山房遗书》八本。冷生谓在杭晤林铁尊先生，谓清人词必不可学，此不可解。又谓谢玉岑工词，在温时交臂失之为可惜。

一月廿七日 晴暖，夜雨

与止水诣冷生，方举诗钟会，晤曾公侠、翟楚材、谢立珊、李葛夫、汤楚臣、杨淡风、徐辛历十余人，予成一卷先归，句云：“词林校律推红友，畔楚磨刀壮白公。”词、畔一唱。诗钟社起于民国十年间，予出门后消歇半载，李、徐、汤诸老赓续至今，五、六年不辍，此亦所谓艺术生活，然雅兴逊前甚远矣。借冷生谢元淮默卿《碎金词谱》残本一册归。

一月卅一日　晴，冷

冷生来，不值。以《大鹤山房集》《碎金词谱》还冷生。借《词苑丛谈》四本、《妇人集》一本、《箧中词》五本、徐本立《荔园词》一本、张祥麟《半箧秋词》一本、黄曾《瓶隐山房词》八本、许宗衡《玉井山馆词》一本、刘毓盘《濯绛宧词》一本、袁通《捧月楼词》二本、《彊村词》一本、《彊村语业》一本、《宋词三百首》一本。冷生好弃书，予沾溉不少矣。

二月二日　晴

午冷生招饮，晤笑老、孟容先生、公禺、仲陶、姜门、烈珊、介盦、琴隐，席间酒令，三时散。

成一诗。《答梅冷生人日大雪寄怀，仍用高适寄杜甫韵，时将客严陵》：“江湖日月去堂堂，落手青山是故乡。春寒大奇贷一雪，令我芒角茁枯肠。笑侣尊前幸许预，挂眼世劫纷百虑。白榆历历换红桑，天上今无寄愁处。明日抽飘向富春，看山径欲逃嚣尘。一竿合向庄光借，梅福平生是故人。子陵，梅福婿。”

《人日大雪柬赵大柏青夏二臞禅，即次高适寄杜甫韵》（梅雨清冷生）：“昨日两君过草庄，倾谭喜各在故乡。今日怀人君未见，应知冰雪浣诗肠。萧条百事无一预，坐对霏琼澄万虑。劲风阁上寄题诗，欲觅云龙追逐处。梅花亦放故枝春，敢持雪意谢埃尘。好山头白更能几，眼底高寒三两人。”

二月七日　晴，冷

乘车送书还籀园图书馆及冷生书。于冷生处见符丈一诗，翻《娱园丛书》一过。

八月廿九日　夏正七月望，晴，凉

王丛自温来，携来冷生《彊村丛书》四十本及杭州志冲一信，属介赵蔼华女士。

一九二九年三月十四日　晴

今日连接温州五函，父亲一手谕、一明片及大哥、止水二函。冷生一函告词书数种，嘱作《词人年谱》及《梦窗行实考》须以治学方式行之，精确详实，勿落时人寻尸改殓之窠臼。林铁尊先生任嘉兴统捐局长，上年去一书，竟不得复。后亦不敢通讯矣云云。又属写寄近作诗词一长笺，苦草草无暇也。阅《语丝》，见冯沅君女士《玉田朋辈考》一篇，抄袭江昱《山中白云词》不易一字。又有《玉田年谱》未见。冷生信谓见朴社新出《张玉田》一册，有年谱、有朋辈考，当即此书，真寻尸改殓手段也。

十月四日　晴

发止水信，附笑拈先生信，问考订白石旁谱书籍；冷生信，问借《词源斠律》；柏庼信，问借《民铎杂志》。

十月廿九日　晴

冷生自上海寄来林铁尊先生《半樱词》一本。谓在沪遇于逆旅，谂余近状甚悉。别七八年矣。冷生属余与商榷著述，直寄嘉兴统捐局。拟托其转致朱彊村书。

十一月廿九日　晴

家中寄来冷生《白石集》二本，《词源斠律》一本，《瓯报》一束。杲明贻余《曲苑》一函。阅《词源斠律》，札数条入《白石集》。

一九三〇年一月廿八日　阴

作家书及止水、冷生书，未发。问冷生借《说郛》，并告作《白石词考证》颇得各友人之助。

一月卅一日　晴

又发止水一书，附冷生信。

二月十三日　晴

得冷生书，乃复予重九书者，谓时难年荒，不善治生，恐有衣食之虑，欲就贾自赡。又有志冲消息杳然，“厚禄故人书断绝”，此人尚非厚禄也之语，则出于误会，当为书解之。

三月十日　阴

发家书，汇二十金，附二笺致冷生托查《宋诗钞》。

六月二日　阴

得榆生函，问冷生所藏清词，谓《清词钞》近由叶遐庵恭绰专办，拟请叶聘冷生任分纂，并问予下学期行迹。午后即复一函，托求彊村《姜词考证》题签。问遐庵所藏姜词版本，告十种词人年谱体例。附去《歌曲旁谱说》一本，托转致彊村。灯下作冷生书。

六月三日　晴

发家书，告拟与燕弟同过田园生活。附止水、冷生书，属冷生寄藏词目，致榆生意。

六月九日　晴

附榆生信，言《旁谱说》近复涂改，并为丁仲祜介《四部书目总录》。发内子一信，附去《四部总录》样本寄冷生。

六月十四日　雨

接冷生信，辞榆生《清词钞》分纂之约。

六月十六日　晴

接榆生一片，覆一函，附去冷生信，并问《古今词话》以《尊前集》乃吕鹏编可靠否。

七月十三日　风雨

午后冷生来，索观日记，坐至暝去。邻居鲁纤纤纹女士有画名，孙仲容先生曾为订润格，有“圆姿月映”之语，冷生谓其少时丰姿动一时。其兄小池先生与伯枢伯父总角交，有七女，皆擅画，今待字最少者名芝，尤端庄姣丽，日日临窗握管，可

八月廿八日

过冷生，为榆生假词书共廿二本。

九月一日　小雨，阴晴不定

予乘汽车赴真茹见榆生，晤其尊人，送冷生清人词集廿一本。见潭秋信，知已返杭州。榆生夫人杀鸡留午饭。

十二月二十二日　晴冷

九时起。冷生来取《梦窗词》及《菌阁琐谈》二本去。云有挂号信向志冲索偿，不得复。过冷生，值其与柏庼、江冷、赵孟侯戏牌，小坐归。

十二月廿三日　晴

午后过冷生谈，遇谢烈珊。冷生谓在玉海楼见《山中白云》抄本，有江昱印，不知与其考证本有异同否。借《民国杂志》五册来，有禺麓张德瀛《词徵》三卷，有数条可取，其关系坡词者，当告榆生。友人中有二人，天资境地可致力问学，玉岑困于病，冷生困于交游，殆天靳之。冷生近虽好赌，而语学无一毫虚骄气。

一九三一年一月八日　雨，大风，冷

今日复留上海一日。早九时与冷生乘火车过暨南大学访榆生。十二时榆生邀过聚餐室用点。午后本拟同诣彊老，以榆生畏寒不果。二时借《词莂》一本，乘小汽车返北站。与冷生换人力车至英界大通路培德里六十九号访张冷僧先生，小楼甚雅洁，冷僧方坐抄查伊璜一书，似名《惟罪录》，云是明史料，百馀本，皆取材庄氏《明史》。又见其新出版之《合校洛阳伽蓝记》，小楷甚佳。谈次谓近欲辑王荆公《字说》。又谓“椅”字作坐具解，大抵起于唐代。予举《五代史》与徐铉见后主事为证。问白石板本，云无所见。五时辞出。此君时有虚骄气。与冷生谈时局，谈买公债，亦娓娓不倦。盖圆滑者，不免政客气名士气。谈次阍者送一函至，拆封未徧阅，即折之揩爪秽，予为之匿笑。惟见书甚多，抄书之勤，十年如一日，此不可及耳。夜仲骞自温来，同寓香宾馆。于冷生房晤周守廉，同乡，中央银行副行长。

一九三二年正月十七日　晴

访冷生，唁其丧母。谈彊村先生身后。

正月廿二日　阴

过冷生久谈。见柏庼函，词采斐然。冷生谓，具此手笔年入不乏二千金，惜其尚沉沦黉舍也。冷生甚憎恶其长子不熹学而好冶饰。予举习斋“督子十过不如奖子一长”之语告之，因叹温州私立中学之宽纵误人子弟。使予而富财货，当发一宏愿，岁斥万金，办一中学，造育乡里人才。

一月廿四日　晴　休日

过冷生谈，遇薛立夫，谓蛇床子与花椒叶蛟翔巷张赞卿家有。合煮，或西药硼酸一角碳锰养半角可治湿疹，又可服补中益气丸。

挽冷生太夫人：

揽辔负澄清，遗教永悲范滂传；

娱亲饶著述，雅言今废九能书。

一月廿五日　晴

午后过冷生，遇王永三。冷生沦伍此辈，且纠缘不解，甚不可晓也。闻冷生长子阿焱祖母服内出赘。

一月廿七日　晴

午，冷生家四七留饭，有二客面誉予。其一人则不欲受其誉者。杨淡风先生谓今年有怀予诗云“诗在三唐两晋间”，何敢当哉！遇乐清吴天五三圩君，才廿二三岁。冷生甚称许之。午后过其家，看收藏名画甚精。宋石门山水手卷、查士标山水立轴皆百余金一帧。啖雁山蕃茹枣甚美。遇仲陶，同过淡风不值。

二月二日　夜微雨

午后过冷生。为止水作挽冷生令堂联。

读《泷冈表》，共知欧阳氏有子；

会林宗吊，不许夏侯玄登门。

二月三日　晴　阴

八时赴冷生家开吊，遇友人甚多。午后送丧至小南门。

二月五日　夏正十二月廿九除夕　阴

冷生遣次子来邀，告贷七百金，以中国银行存单四纸付之，共七百零数元，谓夏正明正交还。午后又遣次子来，谓交王某抵押，须予盖章签字。冷生年来倚王某为深知，而其人纯是市侩心肠，料其他日不隙末凶终不已。

二月七日　雨

过冷生久谈，于志冲假五六百金不还，甚致不满。

二月十日　晴

天五来，同过冷生久谈。冷生颇誉予“惟公念我在江湖”一联。为予诵其挽金氏妇云：

凉月黯金奁，廿载秋风伤寡鹄；

疏星淡银汉，五更清露泣牵牛。

别有本事者也。

二月廿三日　阴，夜雨

早过冷生，以鲁雪湘女士画菊相示。冷生旧有《题雪湘画菊》诗，云：“雪湘颇似黄皆令，闺咏曾闻学士夸。谁识心期霜节里，白头铅泪写年华。”即录题其上。雪湘画笔早年为黄仲弢、孙仲容所赏，故冷生以梅村《鸳湖闺咏》拟之。

二月廿五日　晴冷

早送书还籀园。午过冷生，强还予九金，并开七百元借券一纸，另有子钱八金。予坚不受，与冷生十年交好，不望其斤斤为此也。

五月八日　雨寒

雁晴问予治学经历，予谓二十岁以前，得力于李仲骞，在师校时，喁于一堂，胜于师门。旋得交梅冷生，亦多进益。三十以前，则由遍翻仲弢先生捐温州图书馆之蔘绥阁藏书。平生恨事，不得接一名师耳。

八月廿四日　晴雨无定

陈瑜来，欲转学之江。谈志冲不偿冷生诸人旧债，冷生对之极不满。

九月十日　晴

接父亲谕，嘱勿买高公桥屋，并言冷生借款。

九月廿七日　雨

接玉岑夫人赴，玉岑行述长文洒洒感人。夫人名山先生长女，费玉虹先生外孙女，名亮远，字素蕖。从名山先生治《通鉴》甚勤，从费先生习云峰碑。卒年三十三。玉岑此文，才子之笔，朋辈中惟冷生能为。

一九三三年七月三日　雨

早冷生来看《词学季刊》。晚过冷生，谈至上灯归。

七月廿五日　晴

过冷生谈。朱铎民招冷生为甘肃财政厅秘书，畏道远踌躕不决，予则怂恿其行。冷生沉沦乡里，意气日落，望其远行一振发之。

八月廿四日　晴，晚雨。一番雨一番秋凉矣

过冷生，商自题《北堂吟韵图》七古，属冷生著手为《永嘉年谱》，彼方记温州掌故为《瓯闻琐记》也。过十中，为冷生问一事不成。

十二月十八日 晴

接冷生函，为《瓯风杂志》征稿，云是陈穆庵办，登仲容先生《经迻》、漱兰先生《钱虏爰书》诸遗著。冷生不喜作函，予作客十年，冷生书不过十封左右。重阳节前过杭赴沪，渡钱唐江望见六和塔，竟不及一来登月轮楼。

一九三四年四月十七日　晴

以《姜白石议大乐辨》寄榆生，附去冷生片，索叶誉虎所借书。

六月十六日　晴

端午。发玉岑函，为冷生求字并问陈慈首先生遗著，附去一笺致仲联、《旁谱辨》一本寄毕贞甫。以石遗字寄冷生。

一九三五年四月六日　阴

予拟辑《永嘉词徵》，分内外编。内编登地人，外编登外人有关永嘉之作。前拟作《浙东词徵》，犹嫌范围过大也。冷生处有清代乡前辈词，当借来过录。

十月九日　雨

接冷生问疾函，冷生今年四十矣。今日无客，得稳卧。予病第七星期末。

十月十日　午后雨

作一词寿冷生。《减兰·寿冷生四十》："梅边笛里。冰雪相看人剩几。商略行藏。坡颍平生愿莫忘。　名山计稳。我亦乐闻人隐遁。卿法何如。已倦飞腾可著书。”

十一月九日

发冷生寿诗，属照弟付裱。

一九三六年一月十五日　阴

接永嘉区征集乡哲遗著委员会寄冷生《郡斋征书记》一文，谓会中同人推予与陈穆庵、宋墨庵、陈仲陶、孙师觉辑《永嘉诗传》。冒疚斋欲作此书，似未成。此非予今日所敢任。目前所要征集别集，预为他年选料耳。

二月廿一日　雪冷

接冷生函，属助里中诸友编《永嘉诗徵》。永嘉一县，以余及池仲林、陈仲陶、严琴隐分任之。又谓厚庄丈今年七十，同人拟为醵建一别业于籀园左侧，生前为寓庐，千秋即以供香火，属予为作醵金启。

二月廿二日　雨

作冷生复，告欲作《永嘉学年谱》，倡议为《永嘉词徵》，托提遗著会征众意。

三月一日　晴冷

发冷生函，寄《募建厚庄别业疏》。

三月十一日　雨

接冷生复，言次老甚爱《建别业疏》，而终不以此举为然。

四月廿五日　晴

二时与孟晋过伯烺，打长途电话与泠生，约其同赴嘉业堂看书。

五月二日　阴

刘次老寄来稿一册，属代删存。接泠生书，谓刘祝群先生来杭。

五月六日　晴

发泠生函，附去答刘次老函，挂号还词稿一本。以《正中年谱》《补题考》寄王志澄，并还泠生《南唐书注》一部、《补注》一部、《太鹤山人诗》一部、《双照楼词》一册。

七月八日　晴

早晤泠生，同谒次饶先生于府学巷，须发皓然，一目已眚，精神尚好。谈同庄死事甚久。

七月九日　晴

早泠生、天五、宋庼、孟晋来，同至中山公园乡哲遗著会看抄书。泠生留饭。午后过雨农、天五家。夜泠生、汪惺如招饮于交通银行，同席有张云雷先生、朱铎民、高觉夫、王心如、张宋庼诸人。

七月十八日　雨

早孟晋、天五、伯烺来，尚未起床。邀泠生同过中山公园先哲遗著会剧谈，孟晋留小饮。午后泠生导过三号，饭啜粥于杜家，九时半归。

七月二十日　晴

早介夫来，同送书还冷生，承赠《岐海琐谈》一部，中卷四有宋人瑞安曹穭孙《贺新郎·题江心》一词，即作一片钞示圭璋，入《全宋词》。午后校玉海楼本《珠玉词》。

七月廿四日　晴

午后雁晴自瑞安来，三时冷生邀同琴隐同往木杓巷曾家看画，冷生爱乐清薛英山水八幅，有子昂、十洲二幅，恐赝。途遇沈鍊之。晚宴雁晴于功德林，冷生、孟晋、琴隐陪。

八月三日　雨

午与孟晋合宴诸师友，到刘次饶老、刘贞晦丈、子植、天五、笃仁、介夫、伯烺、冷生。宴散，至中山公园选《词徵》，得潘自彊、陈虬、张铭、张□□、林培厚等数家。接榆生上海来书，谓下期欲向中山大学乞假半年，属予往代其国文系主任或研究所中文部主任。如予不往，将向校辞职。此事出意料之外。冷生泥予行，止水则劝予往。

八月二十日　午后大雨转凉

早过冷生，谈某君好名，人之度量不同如此。冷生、介夫来夜谈，止水劝冷生着手为永嘉县志。

九月十二日　晴

抄徐班侯词入《词徵》，即送还冷生。

十一月十四日　晴

午饭孟晋处，闻冷生方在上海，将应朱铎民聘入秦。饭后小坐，即见其自外来。午后同看文献展览会一过，见竹垞手定词稿二册，张芹伯藏，颇思过录其圈点。四时听朱遏先讲太炎史学，殊平平。夜招冷生、孟晋、巨猷、慕骞饭市楼。宿孟晋处。

十一月十五日 晴

与孟晋、冷生同访太炎夫人于沧洲旅馆，听谈太炎身后及章氏讲学会将来办法，娓娓逾两小时。午承招宴于天香楼，又谈至四时方散。

四时，送冷生至净寺返山，朱铎民新放陕财厅长，招冷生、孟晋去，孟晋犹迟疑。席间听黄龢靖君谈练气术，其法甚简，云于肾弱者最有效。可试行之。晤孙鹰若世扬、诸左耕。

十一月十九日　晴

早与宋锡人、龚志、蒋礼鸿三生往文献展览会，晤廑才、佩秋、黄华表、孟晋，谓冷生已赴陕矣。

十二月十四日　阴雨

阅报，蒋介石仍未脱险。闻共产军已入陕矣。念冷生不置。

十二月十五日　阴

午后，孟晋来携到冷生旬前到西安书，谓为贫而出，蹈予陈迹，哑然失笑，不知变故以后在陕安否耳。

十二月十七日　阴

发冷生陕西财政厅挂号函，问安否，为介绍陕友，并问需款否。

十二月廿一日　阴冷

西安事似未解决。寄冷生书，不知到否。

十二月廿三日　阴冷

作一词寄冷生未成。

〔按〕

此词题《水调歌头·丙子岁尽，寄冷翁西安》："箕斗亘南北，车马忽西东。函关飞上明月，盼断几归鸿。一片阿房焦土，一夕渔阳鼙鼓，成败亦匆匆。劫火有馀焰，杯酒息兵戎。　芳菲节，一转瞬，待春工。山河故国，依旧万紫复千红。只恐忍寒双袖，凭到朱栏日暮，无奈雨兼风。叩角不须叹，携梦约相逢。"（见《天风阁词集》后编）

一九三七年一月三日　晴

午后入城晤磊明于铜印局，闻冷生已有平安电到家，为之甚慰。

一月四日　晴

发家书，属照弟送冷生嫁女人情，附去冷生书。

一月十四日　阴

昨接佩秋自沪归函，知冷生已自西安平安返里，即复一函。

一月十六日　雨

接伯烺函，示一诗，知冷生已归，即作复书，写去水调词，由照弟转。

一月十七日　雨，休日

接冷生函，已到家矣，云西潼道中甚困顿。

一月廿八日　阴

接冷生函，问借三百金，仅能以百金相濡。托止水往商之，若早半月告我，以杭州医院三百金应彼，毫无问题矣。

五月廿八日　雨

杂物中觅得一旧诗稿，改成之。《廿五年岁尽，怀冷生西安》：“旧游清渭十年东，梦路函关万角中。未许鲁连归玉貌，已传甘露死卢仝。邵元冲。苍黄望气张星见，离乱弦诗秦妇工。为我黄图问旧月，几时真见九州同。”

六月十九日　晴

早七时访冷生于杭州华兴旅馆，谓周守良为介一杭州会计机关文书，七月一日始成立。

六月廿三日　晚雨

冷生来，谈至晚去，下月将入浙江会计处办事，谈西安事变甚悉。

六月廿六日　晴　晚雨

访冷生不值。访张驭虚于潘鉴宗家。

六月廿八日　午后大雨

早冷生夫妇来，傍晚冒雨去，其夫人昨孑身自家来。

六月三十日　晴热

冷生来电话, 云杨雨农明早往游黄山。午后与内子访冷生, 已以雨农邀出。待至午后五时不来，乃返山。

七月二日　晴热

早以慕骞招入城，先过华兴旅馆晤冷生夫人，谈冷生外妇事甚久。予二十岁始交冷生，来往甚密，其时冷生好储书，其尊甫好莳花，夫人鬻育子女，家人怡然。逮予出游平、陕，冷生为省议员，尽反昔所为，不检之行播于人口。二亲即世，家日中落，长子又不率教。此外妇名识莲，前时阅人甚多，冷生迷恋不返，闻不日亦欲踵其夫人来杭。晤时当面劝其毅然割爱，亟亟回头，教子做人。

九月二十一日 雨

致电冷生，谓惜怜近欲归，予允假五十金为资斧。

十二月十一日　晴暖

午后王永山来，为冷生情妇事不值。访雨农、三访冷生夫人，各不值。早晨一面哭诉冷生不顾家事，予劝其亟电冷生，促其入蜀。

十二月十九日 晴

午后与礼鸿访冷生，则已于今午偕永山赴青田，或即往四川应朱铎民之邀。晚薛立夫来，谈其行止不可测，属予作书劝其返里。

十二月廿一日 阴

早永山来，谓冷生、昔怜事已解决，由朋友十人凑三百金与之，予与天五、磊明、雨农皆在局。

一九三八年一月十日　晴

午后与天五过冷生，谈至瞑，见其一词甚佳。彼赏予七里泷《浪淘沙》词，谓为天机一片，近日转不能为。

一月十九日　雨

午后与天五过冷生，谈至晚。座间阅《缘督庐日记》辛亥革命事。孙益庵为《辛稼轩年谱》未成，求鞠裳为序。亦见日记。冷生问："陆沉后将何如?"相顾黯然。思人心陷溺，乃致亡大因。亭林遗言，必有振之者。果得有气节好义交游数人，相与提倡于乡里，世事未必真无可为。惟自顾赧然，无能为役耳。

二月十四日　晴　夜又雨

早过天五，晤贞晦翁、冷生、周仲铮。午后与天五过冷生。

二月十八日　晴

过天民、冷生，晤润玉，座间见登原《议清史稿》一文于《国闻周报》十四期。

四月十三日　晴　夜大雨

午后雁迅来，与出访孟晋，半途又闻警报二次，一在止水家，一在冷生家，路人惊避纷纷，幸即解除。遇刘翼夫，谓轰炸时正在梧埏家中，共投十六弹，十弹落田间，六弹落机场，库屋三间仍未伤，敌费数千金，又了无所得。闻有航空母舰在瓯江口，未知信否。午后与冷生、雁迅过性朴翁及孟晋，谈至暮，冒雨归。

五月二日　雨

早铭石、堇侯、天五来，同过冷生小坐，谓战局即和，内部矛盾亦不可免。

五月四日　雨

夜与季材醵饮贞晦、适庵、性朴诸翁，冷生、孟晋、天五、堇侯、明石、介庵诸君，席间冷生口快，有数人为之不欢，贞翁于时事大发议论。群居守口不易，冷生将悔之。

五月七日　晚大雷雨

贞晦翁来，共拟成《募修叶水心墓启》，欲于四围植树，前建牌楼，限五月初九水心生日之前竣功，并于是日举行公祭。列刘次老、高性朴、池仲鳞、黄仲荃诸翁及冷生、孟晋、天五、仲陶诸君为发起人。午后持访孟晋不值，还《小三吾亭词》一册。贞翁拟组一水心社，每年生日公祭。水心卒于嘉定十六年癸未正月二十日，生于绍兴二十年庚午五月初九。

五月十三日　晴

午云从来，定明早乘船往上海。夜冷生为其饯行，贞晦翁、孟晋诸人同席，冷生托其甥婿朱耀东为换船票，十时余方携行李上船。此君绌于外才，不及任心叔，温州师范教职半途不终，亦坐忠厚被欺，可恨也。

五月十四日　雨

午后冷生来，商量同避乱桐岭外贾漱梅家，谓此间党部已得省电属，准备一切，宁波住民已有来避永嘉者。

五月廿七日　雨　晚晴

过冷生，晤孟晋，皆未他避。

七月八日　晴热

昨冷生赠予乡前辈陈用斋汝霖墨迹一联，予不在家，今日遇于途次，乃忘作谢。

九月二日　夜雨

冷生托买慈善奖券，即函去一张，附往孟晋信。

一九三九年六月六日　雨

作孟晋函，为欣夫问籀庼先生遗稿及玉海楼藏校本书，附去冷生书。

八月十九日　晴

发孙孟晋函，附去张文伯小姐函，言《攈古楼金文》事。发冷生一笺，附孟晋函去。

十月三十日　晴

冷生来，谈各交游困厄状，感喟不已。

十月三十一日　晴，夏正九月十九日

是日为观音证道日。大人以晚七时正弃养，伤哉伤哉。早冷生来。晚六时孟晋、止水来。

十一月五日　晚雨

午家祭，戚友家人共四席。冷生来，谓《自述》可省移数节入哀启，即从之。

十一月十九日　雨

今日大人三复之期，吊客百三四十人，宴十八桌。午后客散，冷生、姜门、琴隐、孟晋、仲陶留坐谈诗。

十一月廿五日阴风，大冷如严冬，始御皮袍

午雨农招作餐菊宴，贞晦丈、余听樵姻丈，八十一岁。张驭虚、陈仲陶、梅冷生、王冰臣、吴洗凡诸君同席。冷生从陈穆厂处抄得孙蕖田先生《盘阿草堂词》一卷来。词仅八首，在梅溪、草窗间，首首可选。其女婿杨晨跋，谓黄宪清《续国朝词综》曾选先生词，不知即此九首否也。冷生属录入《永嘉词徵》。

十一月廿八日　夜雨

接王欣夫函，嘱向孟晋代借玉海楼校本书，并问张宋庼《丛编》集款，即作片与宋庼。以原函由冷生次郎转孟晋。

十二月一日　晴

午后冷生来，近应党部聘在业余学社讲国文，专选关系世道者，予力怂恿之。

十二月三日　晴，夏正十一月

今日大人五复，开吊出殡。昨犹阴翳欲雨，今早放晴，和煦入春。早五时大哥即起，八时家祭，九时开始受吊。男女来宾共二百五六十人。午宴廿余席。午后三时发引，白衣执绋者二百人，仪仗长半里。出谢池巷，由大街折入县城隍殿巷法院前，再自大街入五马街出三角门，抵清明桥厝所。刘贞晦、余兰卿诸翁送至三角门，冷生、仲陶、孟晋、介夫、性禅及诸戚友送至厝所。四时与子平同归，途中甚虑有警报，居然安度。各戚友无不羡大人修福。今日共用百五六十金。

一九四〇年一月十四日　晴

王欣夫抄来孙蕖田先生一词，谓宋赓函来，谓冷生不日来沪。

一月十六日　雨

以三十金交欣夫，冷生、宋赓寄印《己卯丛编》者。

一月十八日　晴冷

早大考毕。阅报，惊见林铁师一月十六日卯时之耗。今日正欲抠谒，为之叹诧。前月自温来沪，只一度与天五往谒，家人以病少瘥谢见客，不得一面。闻其病喘甚久，夏间李文忠祠社集，则已霍然，不谓遽以此不起。前月廖忏翁招饮，冒鹤亭先生谓其前次社集不到，病必加重。旬来因循不修候，遂悭面诀，愧恨何如。当函告冷生，于东山词人祠发起会祭。念民国十年辛酉，始与冷生、姜门诸君同从师学词，于东山倡瓯社。其年秋，予客北京，遂与师阔久十七年。去年来沪，始得再见，午社社集七八次外，往谒五六次，师携其次君来顾一次，亦不过十余面。方欲写旧作各词求政，亦匆匆不果也。得年六十九。本月廿一日午刻在海格路中国殡仪馆大殓。午后与天五过眉孙先生谈铁师，相对慨叹。

一月廿二日　小雪冷

发怀枫函，作冷生函，皆告铁师即世。

一月廿三日　晴　大冷见冰

发叔炎函，附去冷生函。作挽铁师词《木兰花慢》未成。

二月十三日　晴

六时归。接冷生函，谓不日在乡公祭铁尊师，属寄放大遗象去，并以社款五十金为公赙。冷生为公祭启有云“招碧山玉笥之魂，踵朱邑桐乡之祀”，对语甚工。

二月廿二日　晴

发冷生复，言铁师丧事。

三月九日　晴

接冷生寄瓯社三月十七公祭林铁师启。

六月八日　晴凉

午冷生外甥潘叔西自温来过，谓冷生有款寄沪经商。

六月十日　晴

夏正端午。接冷生寄挽林师联，即交潘叔西携去，中藏数百金也。

八月廿二日晴　风凉

发照弟信，附去冷生函，问受虚惊否。发止水书，问避乡间否。

八月廿七日　晴凉

孔子诞辰、教师节，上海悬旗。阅报。十一日温州日机投九弹，府头门大华饭店前落百磅一弹。岳家及冷生家想大受虚惊矣。

十月廿四日阴　暴冷

漱翁来，谓温州旬前大炸谢邻，对面杨玉生医院亦落一弹。家人如未他避，想惊惶万状矣。夕作照弟、冷生、止水书，并复贞晦翁，寄寿诗去。

十一月十一日　晴

接冷生函，谓前旬日机扰永，一弹落府头门街中，幸未伤人。冷生全家屏息桌下，震动之烈似在轮舶风浪中。承惠肉松一瓶。

十一月十五日　晴

发叔炎函，附去冷生函。今日报载温沪航路又断。

一九四一年三月五日　晴

早作冷生书，介《戊寅丛刊》。作贞晦翁复，作天五书，作鸣石书，皆由照弟转，午后送与陈仲雷，代付便船。

三月十日　晴暖

得冷生快函，孙孟晋调任浙江省立图书馆馆长，籀园遗缺以冷生接充。嘱予为征求藏书。

十二月卅一日　晴

冷生办籀园图书馆甚有进展，月前请贞晦翁讲《劝学篇》，听者百馀人。

一九四二年九月十六日　晚雨

午后泠生来，同过籀园，借马夷初《读书记》三册归。泠生长书馆年馀，以七八千元买得馆后馀地，欲募构讲演厅、旅行社，为来往名流淹息之所。泠生往年私生活不免小德出入，而任公勤恳，一丝不苟，至可叹佩。

九月十九日　晴

午后伯烺来，同过泠生久谈，瑞安有十老祠，结社为息老之所。泠生欲于籀园后新买地筑数椽，约同志各移藏书实之。此意甚好。夜饭冼凡肆。同座梅庵、宰平。泠生谓《永嘉县志》载《竞渡歌》“思远楼前路”之词，此乃刘后村《金缕曲》，见毛刻《后村词》。思远楼在永嘉西山，故词有“珠帘暮卷西山雨”之句，可收入县志。予疑后村无永嘉行迹，当再检本集。

九月二十日　晴

伯烺、泠生邀游江心孤屿，遇翩父同行，三时渡江，傍晚归。卓公祠被炸，颓坏不堪；文信国祠，亦野草齐人。江心寺晤钦云方丈，壁悬贞晦翁寿序，称其为临济宗第七十四代。谈次屡言钞票可爱，为之匿笑。过籀园，假石斋书牍归。途次泠生谈阮元、周稚圭事。王梅庵评予诗，何苦学后山作苦语，屡对泠生言之。泠生谓姜门亦好为苦语，憬然有忧生之惧。梅庵气盛言宜，殆半关天分，半关体力。

九月廿一日　晴

夕与天五过泠生久谈。天五携来瑗仲七月十二上海书，谓李培恩去金华行时行李被炸，孑然一身，近已安抵闽中。

九月廿三日　晴

与天五访池苏翁不遇。鸣石老、堇侯、天五来。夜鸣石、堇侯、天五、泠生同步公园玩月。

十月一日　细雨

午后与天五过泠生，闻与宋墨庵为借书事争闲气，殊可笑。

十月八日　晴

早归省，母病仍未愈，为往道前桥买草药。过泠生，承赠三圣门痢药。晚过泠生，谓仲容先生今年九十六岁，拟出其手稿为百年纪念会，不知四年后得承平否。又谓陈介石颇窃宋平子所校子书。泠生谈整顿籀园图书馆事甚久。

十月十一日　晴

泠生邀往霞坊搬籀园书，自茶院寺雇舟先过南湖，看杨家祠堂，泠生约同来此避乱。午到霞坊，饭叶范卿家，五年不见，老态龙钟矣。过幼和不遇。过叶徵礼家，见其寡妻，悲哀可愍。四时载书到籀园。晤孟晋、无闻，同归。借孙琴西先生所校《水心集》一部来。

十月十六日　夜猛雨

早泠生来，属过录孙琴西先生评点《止斋集》。

十月二十日　晴

两过泠生不值，还籀园书四本。午饭岳家。

一九四三年七月廿一日　晴

夕过冷生久谈，约予暑间在籀园讲演。有警报二次。

七月廿二日　晴雨无定

早冷生来，同过雨农，晤贞晦翁、介夫。十一时与冷生同过南门土地堂巷五十五号访王志澄翁，新居甚爽垲。王翁须发皓然，不多发言，微笑和蔼，与刘次老同风范。

八月十三日　晴

冷生来，馈蛋糕。冷生今年四十九，多病，居然似老人矣。昨县府派冯举千来，属为林主席挽联，即成十四字，托冷生送去。天五为冷生成一五律，予为书之。予联云："要将慈俭扶元气；盍缓须臾见太平。"

八月廿日　晴热

早冷生来，谓病得一诗云："身后不知谁念我，眼前总觉受恩多。"讶其衰飒。同过雨农，见报载予廿二日籀园讲演消息，冷生于予多过誉。

八月廿二日　晴大热 西风 休日

午后三时，乘车往籀园演讲。骄阳似火，听众五六十人。讲题：《苦节诗人林霁山》，讲一点半钟。单君寿年作笔记。张贞园、刘印顽、朴庄、雁迅、无闻、希真皆往听，甚愧其盛意。冷生介绍，谓予以诗词治宋史，欲独力重订《宋史》。后者不敢当，前者可以自勉也。

八月廿九日　傍晚大雷雨。转凉。休日

早赴籀园。午冷生招饮，贞晦翁、季思、桂芳、蔡孔耀、王小同、幼和同席。午后季思演讲。以天雨早归，中路避雨国货公司。

九月二日　夕大雨

早冷生来，说定为天五代永嘉中学课，每周六小时。夕云帆来，要予添代一级，予不诺之。午赴瓯海中学，寅侯招饮，晤林树艺、高育浙、吴国栋、孔显谟，皆瓯公旧学生也。过籀园，阅周予同《汉学与宋学》一文。借《阳明与禅》、康德《人心能力论》、《日常生活之科学》三本归。

九月十二日　晴

往籀园听桂芳讲演《空间与时间》，傍晚归。

十月三日　晴　休日

早过冷生，谈瑞安诸君恩怨，见新修《瑞安志·艺文》一册。

一九四四年一月三日　阴。夜雨

托季思入城复贞翁、冷生电，告浙大聘约未满，辞志局事由张宝琛转。

一月七日　晴。冷至零度，见冰

作冷生书，告辞志局之故，如必以公谊相责，可为分纂充数，担任专门短篇，为力所能勉者，不领薪米。由炎生转递。

二月五日　阴冷

发冷生书，借钱竹汀《放翁年谱》。

二月十三日　晴暖

发天五书，寄五古八首；冷生书，借《老学庵笔记》，寄“读中州集”《洞仙歌》词。

二月廿七日　晴。休日

接冷生复，谓修志事，贞翁雅意殷拳，似不可负，浙大聘期内不能来，后约仍坚持也。竹汀《放翁谱》、《老学庵笔记》，已交季思带来。疑予《洞仙歌·题遗山集》，似为孟劬翁而发，此误会之见也。

三月七日　晴暖

接冷生电，催杨生事，殊为难。

三月廿六日　晴。夏正三月初三

覆妇书，告暑假前提早一月归，约五月底动身，不重返龙泉，属其养病医院或女居士林，附一笺与鸣石及冷生，告归期。托冷生在里中借放翁集，恐年谱不能在此断手也。

六月十九日　晴

冷生来，坚约为县志局协纂。

六月廿四日　晴阴

冷生夫人来，与内子谈一下午。冷生又沾恋旧燕，夫妇时时反目，天五谓由冷生不看佛经。夕与天五谈诗至八九时。

六月廿五日　大雨。夏正端午

早季思自龙泉来，与同过介堪、幼和、冷生。冷生、磊明来，二君近皆经商获利，磊明犹眉黛沉沉。

六月廿六日　阴

午雨农招饮，贞晦翁、泠生、天五同席。晤德清俞寰澄翁凤韶，县志局协纂，民元时曾任湖州军政分府，新自雁荡归。一妻一女同游七日，费二万元。

七月三日　晴。大热

午后泠生、宋墨庵来，同往籀园县志纂修处开第一次处务会议，五时散。议决由止水往景德寺运县署档案，由马眉仲调查工厂，胡衡忱调查矿山，由戴幼和调查氏族，由宋墨庵作经籍志及杂记，由泠生与予合编人物传。泠生交予郑烺《明瓯东殉节三先生合传》，属予为林讱斋传。

七月十一日　晴

过籀园，晤贞翁、泠生，谈县志人物传。予拟重修《叶尚高传》。泠生以刘中藻《葛衣集》见假，可为《林梦龙传》参考也。予意水心先生可为事辑一编。

七月十八日 晴

上午敌机过境。午后过籀园，晤泠生，出《叶尚高传》与商酌数字。留一函与贞翁，告不领公粮，仍不能无计较心。

七月廿日　晴

早赴籀园，与泠生商《林梦龙传》，翻南明野史，无林事。

七月廿一日　晴雨无定

夕，云帆、泠生招饮云帆家。陈继严、林长风、洪芷坨、谷寅侯、王季思、朱一青、邱瘦荆及萧山蔡君同席。十时归。

七月廿五日　晴热

有飞机过境。冷生来。

七月廿六日　夕雨。凉。久旱，望雨如望岁

冷生夫人来，诉冷生情妇事。

七月卅日　晴热

途遇冷生，劝其勿再恋昔怜。

八月四日　阴雨，旋晴

早雨农翁来招午宴，同席许蟠云、萧冀勉、副军长，粤人。贞翁、冷生，蟠云欲为予印《词徵》，不见七八年矣。冀勉谈近日军人信佛道，贞翁骂省当局不识人才。四时散。

八月六日　晴

夕，冷生送《艺概》来。

八月八日　晴。晚密云不雨

伯焜新自宁都归，午后与同过冷生，晤贞晦翁。贞晦翁谓，中央党部令各省县志局主纂须尽先用党员，拟呈请辞职。

八月十五日　晴。夕雨

午后与内子过冷生，见费晓楼为端木鹤田绘小像，五十六岁。已以万元卖与青田县库。又见许督仁遗稿一小箧，零乱纸条甚多，冷生属予为整理。

八月十七日　晴

午王梅庵、吴洗凡招饮，俞怀忱、贞翁、冷生、伯焜、云帆同席。贞翁谈《续孽海花》，二时散。有飞机过境。

八月十八日　晴

季思来，留午饭，邀冷生共访俞环忱先生，谈乐府诗、谈词曲、谈战局。俞翁主诗必合乐，方能普及民间。

八月廿日　晴

早途遇冷生，谓昨夕间消息甚紧，缙云来电，告日军企图在永嘉，重兵器已到永康。沈鍊之、江冷来，鍊之新自闽研究院归，谓前星期在途已闻金华敌增兵之说。（中略）席散，与止水过冷生，云午后无特别消息。此番如再须避居乡间，每人须带万元。连日银根奇紧，上乡又收成不佳，人心为此益惶惶。

八月廿二日　夕雷

夕过冷生，谓传杭州又有三团南来，缙云已闻炮声，武义前线被炸。

八月廿四日　晴

与冷生同过正报社，询吴望伋，云敌离丽水尚有数十里，在相持中。晚闻人言，丽水电报仍通。夕与剑生过冷生，适其次郎自丽水来，云昨下船时，确甚紧张，我军继续退入城内，青田人亦多逃避，敌在缙云、宣平、丽水界，似有向龙泉企图，我军自破浙闽公路。

九月廿六日　晴

晚与天五行田间，论学颇多开悟。夕坐月谈马湛翁。忆十三年前，与天五初识面于冷生家，问予在杭识马翁否，谈此老竟十余年不倦。住南阳一月满矣。

十二月十三日　晴

张君自永嘉来，知贞晦、仲荃二翁皆在枫林大箬坑陈继严家，即作一书候之，并问冷生消息，附去《清平乐》词。张君谓，前日有盟机在永城扫射八小时，并以五百架炸福州，敌死数千，我民死数万，敌已退出福州云云，不悉信否。

一九四五年三月十八日　晴。休日

无闻来午餐，示本月八日《东南日报》八区专员公署奉省政府令，馈冷生、梅庵、张景飞、仲霖丈、仲荃丈及予六人各万元，贞晦丈、雨农、来科等七人由县酌送旅费，吴百亨等六十七人专函慰问。以皆避居乡间，未尝返陷区也。

三月廿一日　晴

二灵间桃花甚盛。途遇刘平，云张宝琛专员在某报为社论，颇张表冷生及予等四人。

四月十六日　阴

昨接高性朴翁函，有送潘君往龙川书馆诗，疑冷生在龙川，作一书托季思转，附松祺函去。

七月十三日　晴

午后过堇侯，与天五同过冷生，已归二十余日。过贞晦翁不值，遇于途，过翮父、祝眉翁不值。县府、温中初中部、瓯江小学、永嘉中学大礼堂皆一片瓦砾，市面则渐复旧观矣。冷生来。

七月十四日　晴热

午后冷生偕陈穆庵、张宋庼来，同访堇侯、贞晦翁。夕冷生招饮，十时与天五归。

七月十七日　晴热

夕与天五过冷生久谈。看中央镇迎灯。

七月廿一日　晴

午后与天五过冷生，过温中朱一青，为天五两郎复学事。

七月廿五日　晴。午后凉雨

早与天五、鞠真过籀园，晤冷生、贞晦翁、仲武，借《西塞罗文录》及《爱弥儿》来。

七月廿六日　晴热

冷生来，示专员公署王永山批示，冷生侠肠可佩。

七月廿八日　晴

阅报，美中英三国发文告警日本无条件投降，昨东京广播日要求盟国宽大条件。王梅庵来，午与天五饮雨农家，贞翁、冷生、梅庵同席。听梅厂以日本音歌唐诗“月落乌啼”一首，日人妇孺亦能歌此也。

八月五日　晴。晚雨

过冷生，谈贞翁《大若岩志》。

八月七日　晴

看冷生病。改《读山记》。阅《爱弥儿》。

八月九日　晴

午后闻呼卖外号，知苏联已向日宣战，炸满洲。此非英美原子炸弹之威力不致此，战事当急转直下矣。宋子文重飞苏，与史太林续开谈判，甚望中共问题亦得解决。夕于冷生家闻之翁圣木县长，谓十余日前重庆已有日苏将开战消息，并传苏只认重庆政府。夕与天五、岳希看冷生病，已愈，承留饮，同席翁圣木外，有仙岩寺了剉和尚、陈仲武、吴明远诸君。

八月十三日　晴热

夕与天五过冷生、剑生。战事将结束，物价、金价皆大跌，商人甚惶恐，全世界欢庆声中，乃有此辈贱丈夫。

八月十四日　晴热。夏正七夕

午后，籀园开永嘉修志局结束会。初识王亩仙业。修志局开办至此共二十月，遭寇迁徙，遂无成业，共费款二十万元。

八月廿六日　晴热

冷生送翁圣木县长函来，邀明日讲演。

八月廿七日　晴热

今日孔子圣诞、教师节。早八时，冷生来邀，同往城南游艺园讲演，听者百余人，大半中小学教师，张专员与予皆讲半小时。过籀园看《续藏经》。

九月一日　热。夜大雨

冯超尘携来《太师张文忠公集》十册，《张孚敬奏议》六册，文、诗各二册。永嘉陈先生《两汉博议》五册，皆蓝格钞本，黄溯初先生敬乡楼藏书，有贞晦翁校跋。《博议》讹字甚多，似刘次饶丈校。超尘谓新以五百元得于城西街冷摊者，属予为署端。溯初去年在西南下世，其藏书钞本数大簏（其）[在]永嘉，前冷生诸君欲为介沽。书存溯初夫人处，破屋数间，不蔽风雨，夫人光景甚困匮，此书遂分散流出。故乡劫后，公私皆无力顾此，甚可惜也。

九月二日　晴。休日

午后三时，在籀园图书馆讲“不游雁荡是虚生”，听众一二百人，贞晦翁、翮父、天五夫人、内子皆在座。四时余毕。今日上午日本代表在美舰签降书。

九月三日　大风雨

今日全世界和平胜利纪念日，九时放长声警报，满城燃爆竹，以大风雨未开庆祝会提灯。过冷生，看其所藏书画，借曼青荷花一帧归。晚与冷生、季思在雨农家宴仲荃、寰澄二翁。查诵坚、贞晦翁、翁圣木、徐堇侯同席。贞晦翁每饮必骂。十时冒雨散。

九月九日　晴。夕雨

今日上午九时日代表冈村宁次向何应钦投降，此为对双十节之双九节矣。午后与心叔、天五过籀园听俞寰澄翁讲中国古代经济思想。夕与冷生、孟晋、季思过蛟翔巷，应翁圣木县长招宴。晤赵明止翁，新自重庆参政会归，谈会中见闻颇多。

九月十八日　晴

午后冷生来，属写讲稿付《温州日报》。

九月廿日　风雨。夏正中秋

夕天五招饮，黄仲荃先生、冷生、堇侯、明磊、云帆共席。写《不游雁宕是虚生》稿未竟。

九月廿五日　阴

冷生来，寅侯来，朱重光来。

十一月十四日　晴。甚暖

早冷生来，谓《地方新闻》有署名“庸史”者评予《不游雁宕是虚生》一文，共有三篇。接吴洗凡桐庐函，谓廿七日在杭州《东南日报》见予此文，不知何人持往。

十一月十九日　晴

夕寅侯招饮，天五、冷生、介夫、剑生、笑清、堇侯同席，八时归。

十二月五日　阴

昨夕府前失火，早过冷生家慰问，幸无风未殃及。

十二月十五日　阴

午天五邀饮市楼，孟叔坚乐清县长乔梓、蒋德川夫妇、冷生、堇侯诸君同席。叔坚谓印西已还俗取妇，此亦意中事，唯望其勿再出家耳。

十二月廿八日　晴

早冷生来，属为《温州日报》撰文。

十二月廿九日　晴

命敏侄抄孟劬先生信，冷生为《温州日报》索稿也。

一九四六年一月二日　晴暖

杭州之行，今日首途。午后四时与季思、挺三、慕骞同上大华轮船。房舱半票一万三千元。月来行客较前减拥挤，然亦杂沓不堪。雨农、冷生、徐绮琴姊妹、修龄夫妇来送行。

一月六日　晴阴雨

午后到上海。冷生托携函交王咏三，遇刘郘卿先生，因托其代致。夕咏三留宿。

一月十日　晴冷

浙大旧生今日开课。发咏三快函，附去冷生书。发冷生书，雨农书，俶昭书，附去天五、无闻书。

三月二十二日　雨

棱金松岑先生十九日苏州函，别五年不通候矣。为吕诚之问浙大史学系讲史。松翁三月中欲重游雁宕，问冷生诸君住址。七十老翁，有此雅兴，想腰脚尚健。

三月二十八日　午后晴

午后见日，偕妇行白堤，入里湖，过大佛寺，为冷生问乱前所存衣物。访慧山和尚不遇。过通志馆，晤孟晋，为冷生问韩湘岩字幅，见钞本章宗源《隋书经籍志考证》，末有仲容先生题识一行。卷中校语，则仅一二处。

三月廿九日　晴

青年节、先烈纪念日放假。之芳来，为作一书与一飞，以泠生属也。

五月四日　阴

得金嵘轩书、泠生书。

五月五日　晴。休日

接泠生电，属觅翁圣木，问所托事，不知何事也。

五月六日　晴

为泠生探问翁圣木□□□□。

五月七日　夕大雨

午后入城，过鉴宗夫人问翁圣木，发泠生电报，告圣木已赴嘉兴。

七月七日　晴雨无定

午后过通志馆，晤孟晋、梅庵、墨庵、抱冲，谈泠生、永山事。

七月廿九日　雨

得季思函、慕骞函。季思与刘子植同舟归，子植十年不宁家，已持长斋数年，益静好矣。泠生以保永山事不慊于温州各校学生，又夫人病重，欲辞籀园书馆。

八月十日　晴热

得天五书，泠生前月丧妇，心绪甚劣。梅夫人与予妇甚亲爱，数日前予妇告予，得一奇梦，到一积水处，如非人境，梅夫人以一黑纸衣赠予妇穿之。彼时虽知夫人病笃，不知其已故也。

八月十八日　晴。休日

早梅庵翁来不值，云欲为冷生令嫒介婚王抱冲。

八月廿七日 晴

孔子圣诞教师节。与孟晋访超英，商改籀园书馆为省立事。孟晋谓他日可尽出玉海楼藏书迻贮，与文澜阁东西浙相抗。午孟晋过予寓啜面。

九月一日　晴热

得冷生复，示挽妇联。

九月廿二日　晴。午后大雨

午后过冷生，谓欲改名生单，欲以游食过活，学半个陈性禅也。听谈商人陈君办孤儿院事，甚可钦佩，拟为文记之。

九月廿四日　晴

早冷生来，同访周守良。午后过天五理书。

九月廿七日　晴凉

介夫、天五来，冷生来。午后诣金嵘老于温中，苍老多矣。冷生索去太炎夫人词札。

九月廿九日　晴

早，冷生邀同王定侯、朱铎民、李德生、天五游护国寺。舟中听铎民谈《金刚经》破相之说，颇念阳明语不可易。护国寺兵后荒废。过雪山紫霄观啜面，一老道谓永嘉二次陷寇时，观中道人殉难者七人，此老道匿菜圃得免。二时过西山地藏王庙，微妙上人留啜年糕。五时归。微妙颇不俗，僧界新进之能守戒行者。

十月六日　午后雨

天五母堂似有起色。过泠生，亦病顿格热。

十月九日　阴雨。九月望

午后过泠生，渭夫瓯公，简师徐仲英。

十月十四日　晴

体温卅八度。可卧阅书报。堇侯、泠生来。

十月十五日　晴

夕温度转高，此病象如此，再发高热一二日乃退。泠生、祥楣来。

十月廿一日　晴

午后始出门，过泠生，过菊英。泠生欲盖新屋，问予借钱。

十月廿三日　晴

泠生来，取去五十五万五千元。

一九四七年一月廿六日　雪止，甚寒

于《温州报》知泠生以九十万元为籀园书馆购得杨志林先生家藏秘籍数十种，有旧抄《宋元词选》一种，不知何人选。

一月廿七日　晴，融雪，甚冷

早泠生次郎之芳来，留午饭，新自家中析产来杭。

五月十七日　晴

午后泠生自温州来，讶为意外。饭后同过孟晋、博文处久谈。

五月十九日　晴，大热。休日

夕往通志馆访冷生，又迁往旅舍矣。

五月廿日　晴热，晚雷雨

九时过里湖新新旅馆看冷生不值，闻其明早返里。

五月廿一日　晴

六时下床，即出散步至断桥，因过新新旅馆访冷生，同来罗苑早饭，九时送其过西泠桥。

七月二日　晴

冷生来。夕与天五坐月久谈。

七月四日　晴

冷生来，以王式通《志庵稿》二册赠之。

七月五日　晴热，夕仍凉

冷生为予作一联挽池苏翁先生："耄年秉烛深宁叟；高咏传灯老学庵。"

七月十日　晴，大热

过籀园晤冷生，借得《万有文库》五本。《英雄与英雄崇拜》二册，《魔侠传》二册，《七月十四日》一册。以二万元托冷生转遗高性朴先生刊书。

七月十二日　晴，大热

夕冷生来。予问驭虚何如人，冷生曰刚介。天五谓其治《通鉴》甚勤，并好读宋儒书，虽不免富贵气，然读书绩学，诚富贵中罕有。予欲以张南湖为比。

七月十七日　阴

翮父来，谈冷生、江冷往事。

七月十八日　晴

夕与天五过冷生，不遇，其令嫒谓在妆楼下。出与天五相慨，叹冷生不谨细行，将何以齐家；近又为王永山事不谅于众人，以道义施之惜怜、永山，其如道义何？

七月廿三日　晴

午后与天五赴吴洗凡宴。冷生、仲陶、钟芷芬、徐仲和同席。仲陶新自上海归。席散，与冷、陶同过谢池巷拜周守良殡。连日与天五商定《张驭虚墓铭》。冷生嫌起首不妥，复改写一过。天五谓以张功甫比驭虚，甚斡旋费力，乃删去此段。

七月廿八日　晚密云不雨

早十时与天五赴籀园冷生、定侯招，同席王亩仙、钟芷芬、谢磊明、陈仲陶等十余人，午后四时散。雨农谓贞晦翁病仍未愈，验痰有肺病象，忧甚难治。冷生出示符笑拈先生遗稿十余册，诗文外有《范子辑略》《立宪胶言》二种，乃其嗣郎石卿度钧托庋书馆者。石卿近任直接税局收发。忆早年与符翁、明甫、次饶丈游宴籀园，忽忽二十年，三老皆先后去世矣。冷生谓文中屡及予及仲陶。仲陶谓可刊入《籀园丛书》。见笑拈先生尊人雪樵翁兆纶《卓峰草堂诗》，有江弢叔序，论诗运日新，不当依傍古人。此当抄示黄胜白。胜白于弢叔研究甚深，不知已见此否。送《张驭虚墓志铭》交渭夫。平生未尝为铭箴文字，四易稿方成，颇得天五、冷生之益。

七月卅日　晴，大热，九十馀度

夕朱铎民、吴国栋招饮功德林，同席仲陶、冷生、堇侯、倪文亚夫妇、庭侯诸君，十时散，步公园。

八月一日　晴，大热，夏正六月望

夕冷生来谓王永山汉奸案十二日公审。冷生自谓若当时不当省议员，今日已是第一等财主。

八月二日　晴

作欣夫函，为冷生问《辛巳丛刊》。

九月七日　晴热

理行装，拟以十日首途赴杭。夕雨农招饮，纯白、冷生、蒋一鸿、张磐孙、徐行长中央银行同席，听纯白谈收复杭州时捕汉奸王五权经过。

九月九日　阴雨

途遇慕骞，明早首途，予以母目未愈，决迟至十七日行。渭夫、天五、礼芳、冷生皆馈路菜。早访冷生，衔纯白命，请为县府主任秘书，坚不肯就。归与天五谈平时交游皆文学清谈之人，无一干济之才。

十月廿八日　晴

早过通志馆晤孟晋，谓浙教育厅第三科科长赵欲仁过孟晋，谓玉海楼当分一部分赠籀园及浙省图书馆，此报纸引起之纠纷也。

十一月六日　晴

午后孟晋来，示冷生函，以玉海楼书归浙大事对孟晋极不满，颇多意气语。

十一月十四日　阴

国民政府寄到仲容先生百年诞辰匾额“学林泰斗”四字，午后心叔送与孟晋，孟晋甚欣喜，谓已得家书，族中于此事皆无异辞，此出意外。属予作书与冷生疏说。

十二月四日　阴雨

晚过孟晋，告已发冷生信，言玉海楼归浙大事，由予无意间谈起，缘心叔甚念籀公遗著未尽出，属予商之孟晋，承孟晋慨然肯捐。冷生前致书孟晋，诮其好高骛远。心叔属予作书解释之。

十二月十四日　雨。休日

得冷生覆，言籀园分玉海楼藏书事，谓须得相当精本，若陈编巨册，馆中已嫌夥颐。

一九四八年十一月十日　阴冷。报载北平已下雪矣

发止水、凝香信，告瑞兰百金已由冷生划汇。

十二月十七日　晴

发冷生函、天五函，詹祝南函，唁其丁忧。

一九四九年一月七日　晴，冷，里西湖全冰

十时往赴袁孝根之约，至白堤，遇潘希真来访，新自嘉兴法院归杭。谓其母堂欲捐鉴宗先生藏书于公家，予劝其捐入浙大中文研究所。午后三时即往晤鉴宗夫人，开一书目来，与约定明午邀郑石君主任来谈。所藏有《四库珍本丛书》、《四部丛刊续编》、《四明丛书》、影印《碛砂藏经》、《三希堂法帖》等等，共四五千册。鉴宗夫人初听孙某言，欲运沪出卖，希真主捐公家。予与谈数语，母女即慨以赠浙大，其藏书在温州者多于此间两倍，予亦劝其捐入籀园或各中学。

一月十日　阴，大寒，西湖冰益厚，里湖可行人

午后并作一书与冷生，告潘鉴宗夫人有意捐赠在温州藏书与公家，嘱其径与一函，请其归籀园书馆。晚间心叔自校归，云潘家书共三千九百余册，今日午后已完全点交与浙大中文研究所矣。此事仅两面十数语即说妥，可谓顺利。此在希真，可谓义举豪举矣。昨夜夜半醒，思晚年当捐谢邻与温州有功于教育之教师，今日与内子言之，彼亦赞同。

二月十七日　晴

得冷生书，属设法使希真家永嘉藏书捐归籀园。

三月二日　晴

早冷生函告潘宅赠书籀园事，已与潘夫人洽妥，但有二条件：一登报，一每书盖捐赠印章。

三月九日　晴

过弘道女中看希真，谓捐书籀园事，已去数函矣。

三月十五日　雨

冷生寄来《温州日报》，载予记郑以真文，即寄数份与以真。

四月七日　晴

过弘道中学访希真，告籀园已取得瞿溪藏书。

一九五〇年三月十四日　晴

张嘉仪偕史颂远来，留午饭。张君昨夕自温来杭，谓五六日后往北京访梁漱溟。谈温州各友人近况甚详，谓戴幼和、方介堪、王梅庵皆甚艰窘，惟贞晦翁及冷生尚优裕。贞翁惯于处穷，冷生则社会关系较好，依然长袖善舞也。

五月九日　晴

得冷生书，属汇贷五六十万元。前者故乡人来，皆谓其仍是长袖善舞，不谓亦复诉穷，疑其仍有外遇。

五月十一日　晴

复冷生，告下月以卅万相濡。

十二月十日　晴。休日

晨孟晋来馈虾尾，谈温州各友困状，以王梅老最甚，冷生收房租尚不恶，刘贞翁亦可过。

一九五一年一月十一日　日出，雪未消，甚冷

四时五十分上火车。七时余抵杭，雇人力车返罗苑。灯下阅来信十余封，冷生函有所告贷。

一月二十日　阴

寄冷生覆，汇去三十万元。

一月三十一日　晴

得冷生复，发岳希上海复，得陈奕良长春书。

四月十日　雨

晤慕骞，谈家事，甚懊丧。谓拟作书与冷生，商其尊人藏书事。

四月廿六日　阴

下午开学习会，讨论镇压反革命是阶级立场关系，非由经济生活关系。晤慕骞，出示冷生来书，梅庵确已作古，刘祝群亦同命。闻王冰臣舁至半途气绝，刘、王皆八十左右，梅、冰有夙冤，今白首同归矣。

十月三十日　晴

晨天五来。与天五过冷生，方病痢疾。

十一月一日　晴

上午天五来久谈，同视冷生病。谓次饶先生日记四十本，皆在籀园书馆。午后介堪、季材、洗凡来。诣贞晦翁久谈。昨夕母亲睡不安，今早有痰。冷生谓其母堂去世时方饮粥半瓯，痰上遂不治。四年不归故乡，经故人门巷，不胜感慨。

一九五二年五月十日　夕雨

晨在中文书库阅孙仲容先生各手稿，有一册题《橘枝胜述》，录弘光年间清兵到温州时情况，约八九纸，日记体裁，字甚潦草，不注出处，当录自当时地人日记。第一条是生员谷积被打杀。忆曩年见冷生藏清初永嘉人某日记，记清兵入城事，极简略，不及此编之详。当考出，载入地志。

十一月十五日　晴

闻徐赤文被选为温州副市长，冷生被推为协商委员。

一九五三年四月十三日　雨

夕天五过谈，谓冷生办图书馆甚积极。劝天五亦以身许国。冷生不致与王永山等同归，是籀园救了他。又谈陈剑生见识亦不可及。

一九五四年一月三十一日　晴

慕骞今日返里，属予写新诗示冷生。《新年移居头龙头新舍》："窗下风船唤不膺。昨宵诗梦落西兴。写江曾费千张纸，历块今须五尺藤。老去本应置高阁，吟成剩可颂新灯。旁人倘讶门墙峻，第一龙头最上层。"

八月十四日　晴，夕转凉。七月望

晨与天五往大华饭店访贞晦先生，谈至十一时。午同过孟晋于菩提新邨，邀其同出饭于杭州酒家。午后二时散。贞翁谓冷生明年六十，欲辞去图书馆事。

十月二十三日　晴

发冷生片，托查潘柽卒年。

十月廿九日　晴

得冷生复片,《永嘉内外集》无许及之、潘柽墓铭圹志,《永嘉外集》有张栻《思终堂记》,为及之父事。

一九五五年四月十三日　热,多骤雨

雁迅来电话,谓冷生来杭。发一函,告星期六往访。

一九五六年二月九日　晴

得柔庄函。得冷生函,为温州图书馆乞《词人十谱》。夕马骅返温,托其带《词人十谱》与冷生、止水,并四十元与柔庄。

十二月一日　晴

午后冷生自北京南归过访,七八年不见,颓然老矣。二时与同车往文化区访天五,不遇。过化工学校,遇徐㷝,亦七八年不见。介唐澄士、董朴垞。五时与冷生饭于新会酒家,谈冒疚翁诸老事,七时别去。

十二月二日　晴。休日

午后往西湖饭店,送冷生返温州,遇张冷僧先生于门口。

十二月十一日　晴

得冷生函,托荐宋庼。

一九五七年三月十六日　晴

得冷生函,约春假返温讲唐宋词。

句用智者大师事。五时送其至松木场，雇车去。

一九六一年十一月三日　阴

得冷生片，前月来杭。（按，时作者在上海）

十一月五日　休日。阴

发冷生片。

十一月十日　雨

午后参加政协文史资料研究委员会成立会，予被推为编审会委员。会上遇冷生，明日离杭归，今年六十六岁，仍甚老健。五时散。到会五六十人。

一九六四年四月十日　阴

得大哥函，谓冷生患心脏肿大症，仍住雪山疗养院，近体重增加殊可虑。

十月十三日　阴

晨入城访孙孟晋，借《水心年谱》稿本来。谓琴西先生一生熟于《水心集》，今赠杭大之三个本子之《水心集》，皆有其手批每篇文字之作年，可札出为《水心集》作编年目。宋刻《水心集》本编年，明人乃易以分类，惜宋本今不可见。《四部丛刊》本《水心集》有沈子培题记，谓曾见宋本，不知今在何处。孟晋谓曩年所编《温州宋儒年表》，只写至南宋初，始于王开祖。稿本近交冷生携去，予怂恿其写成。午后阅《水心年谱》，甚精细。

一九六五年一月十八日　晴暖

今晨慕骞入殓。九时到凤山殡仪馆，各校长、同事及温州各女眷来者共三十余人。十时行礼入殓，十时半还家。张夫人及慕骞姊甚悲怆。夕妙杭、锬孙来，谈锬孙工作事，予属其整理《明季南北略》。今日冷生来书问慕骞病，并嘱寄还震轩师诗集九册，即以告锬孙。

四月十一日　晴，冷

得止水温州函，谓近月来皆学习廿三条，冷生亦作大会发言，揭了不少盖子。止水写示一词数诗。

八月十七日　晴热

晨遇驾吾，云冷僧翁已于昨日下午三时一刻去世。予疑今日下午在浙江医院大殓。二时半与心叔往赴，则昨日已移往殡馆。夕眠不安。片告从周冷翁耗。

挽张冷僧先生

香国祝来生，词榭联吟如昨日；

梨洲承绝业，礼堂馀恨在遗编。

四十年前侍先生吟集永嘉词人祠堂，记先生有“愿王香国祝来生”句。补编《明文海》，尚有数卷抄校未竟。

予年二十五，自西安归娶，冷翁方任瓯海道尹，以冷生介，初谒见于道尹公署。时翁四十余岁，已伏案钞书，从木箱中取出手钞《洛阳伽蓝记》见示，谓旧图遗一河道。时黄式苏先生亦来见，因成初识。越日晤于东山永嘉词人祠堂会祭，作诗钟王射二唱，翁得二联：“欲射文禽怜并宿，愿王香国祝来生”；“假王已识淮阴祸，观射方知矍圃尊。”其后尝与冷生过沪，谒于沪寓，仍伏案钞书。抗战中闻其流转西南，所钞书颇亡失。解放后，翁来长浙省图书馆，年六十九。同寓西湖，时相过从，予妇多病，时时请诊。近十五年来，旬月晤见，谈学不倦，今年六月廿八日，病榻旁谈《兰亭》真伪，谈修《明文海》二小时，为最后一次矣。

一九六六年二月廿一日　雨

发冷生函，问肯出让《南社全集》与研究室否。

二月廿八日　晴

得冷生复，谓藏书已捐与籀园图书馆，去秋其七十生日，寄来与鹭山唱和二首，谓鹭山近作《周易象象微》，心叔甚赞其为为己之学。

三月四日　晴

《虞美人·寄冷生》：“儿时小阕依稀记，颠倒双星事。画堂灯影有沧桑，能几回逢，各已满头霜。　江城合眼长如画，归梦真无价。三年一纸是寻常，不用相思，自是不相忘。”

与冷生缔交五十年，相聚首者不过三数年，阔别十余年中通书不满十纸，然论平生故人，第一仍数我冷生。顷得函告，去年七十初度，回忆初识面时和作《反七夕》词，如昨日事也。

三月五日　雨

午后写冷生词示心叔，心叔谓改稿好。曩年为予跋词稿，许予词为学东坡、遗山者。

三月六日　晴，夕雨。休日

上午检日记五六册，寻与冷生初识面年月不得，费时半天。自觉日记浮泛无意义。

三月廿二日　雨

发苏渊雷哈尔滨师院复，写去寿冷生七十词。

五月十七日　晴

得怡哥函，冷生前月得半身不遂症，近已稍愈，能绕室扶行；陈守庸前月逝世。

一九七二年九月十日　晴，休日

夕陈增杰来久谈，留饭，以杨无恙画海棠及《剑庐说诗图》属题、听谈毛主席悼陈毅词，谓冷生卧病如常，自谓一生作诗，只二句可存："微阳温落叶，残水答疏钟。"

十月三十日　晴

得冷生函，示钵水、景逊诗，即写复书，写《钗头凤》一首，只尽二半纸，即头晕。

十月卅一日　晴

发冷生复。

一九七三年一月廿五日

得冷生、梓良函，录示《桃花》诗各八首。枕上成《桃花》

六诗和冷生。

二月六日　阴

昨夜哦成《桃花》诗和冷生八首。

二月九日　雨

过仲浦，与商《梅花八咏》，午后嘱哲明写出，即寄与冷生，并告请诸乡友代删《词问》。

二月十日　雨

良侄傍晚来送季炎，季炎今晚返里，托其带《词问》一册与梓良，转交冷生，嘱梓良为冷生之《病榻梦痕录》。

二月十九日　雨

下午接冷生长函，有天五、王景逊《桃花》诗多首。

三月五日　上午晴，下午阴

冷生寄来龙顾山人郭则沄《清词玉屑》一函。

三月十八日　晴。休日

与鬟选《词问》，存五十首。得梓良函，谓冷生嘱勿仓卒印《词问》。

四月十三日　晴

得冷生挂号信，言《词问》事。

四月十四日　晴

发冷生复。

六月四日　雨

得梓良书，示与冷生和水心诗。

八月十六日　晴

朱鹏图南来杭开会，下午过访，托其带《清词玉屑》一函还冷生兄。

一九七四年三月二十二日　阴

发叔常、冷生、止水、承锡、承炽、阿雷信，问平安。

三月三十一日　晴风

接止水、冷生信，告温州近已平靖。得冷生示句，有“江山如此待红甜”句，拟对以“口口口口须白妥”。冷生原句“岁月口口抛白战。”

四月十四日　阴间雨

孙孟晋来信，转冷生。

四月十七日　晴

下午接叔常、冷生信。

四月卅日　晴

托云从代寄浙医休假一个月条与钱师傅、毛逸，请将月薪减至全休八折。前日新工宣队数十人进校。他校亦如此。

尻轮行七十五岁右髌生骨刺，作诗自遣，并寄斐、同、冷三友。

老犹摊书鲰鱼虫，久忘屈伸师禽熊。八秩摩髌刺生骨，乃诧痼疾同放翁。放翁七十余病右足，有诗。阴陵大泽梦再过，膝行楚帐嗤群雄。晨游每被邻妪笑，出入妇臂代扶筇。一筇昔曾行松顶，今乃伛偻学蟠松。南北故交几才杰，眠床债重同书空。眠床债，温州俗语。尻轮作驾忽浮想，庄生奇语可发蒙。孤枕神游周九塞，乾坤偌大输房栊。五岳回游有遗憾，偿我天南十万峰。客来谑妇学翳飞，李白诗“拙妻好乘鸾”。拏云上下应相从。何须作计浮江峡，连宵了了瞰崃邛。放翁梦路如相逢，诗成咳唾随天风。

五月一日　上午雨，下午晴

上阮延龄持冷生、介庵信来取孟晋家书。

五月四日 雨间阴

上午阮延龄过谈，取去写字二幅。

六月廿九日　晴

得冷生函，寄敬身髌刺诗。

九月二日　星一　晴

得思雷函，惊悉冷生以流毒性感冒毒入脑，神志不清，已奄奄一息。午后发函问其女绿云。

九月三日　星二　晴

发怡生及梓良信，托问冷生病。

九月十日　晴　星二

得梓良信，冷生已有起色。

九月十一日　晴　星三

得怡生覆，冷生已有起色。

一九七五年一月廿八日　晴　十二月十八日　星二

得任梓良北京函，近寓其女家，寄来诗多首及冷生书。

二月十二日　初二　晴

访叶遐修夫妇，在其家遇梅冷生之孙梅余春兄弟等，彼新从温州来杭，谈其祖病况。五时回家。读冷生信，谓病体稍痊，经济拮据。

二月十三日　初三　阴雨

得严乙苍信，谈其父古津临逝状况及其家经济困难情形。与闻至保俶路取款，汇梅冷生、严乙苍各一百元。复冷生信。

二月十七日　星一　晴　初七

夕，庚君来。得冷生寄中文系信，贷二百。

二月廿五　星二

冷生来信，谓百元□已收到，附来一诗。

二月廿八日　星五　十八　晴

犹记抽帆过富春，看山镜面净无尘。一竿合向严光借，梅福平生我故人。严江舟中赠梅冷生。

三月四日 阴雨 廿二

“往岁抽帆过富春，谁歌小阕动星辰。看山镜面净无尘。一竿合向严光借，梅福平生我故人。”赠冷生

五月十一日　晴

梅冷生来信还百元，尚以未来生活为忧。谓诸葛亮身殁之日，不使家有余财，彼则望身后无欠债。

五月十二日　晴

复冷生，寄去送宗白华词。

五月十七日　晴

忆冷生句，似有“江山犹白战，岁月正红酣”句。昨闻欧亚风云日恶。

六月十七日　雨　初八　星二

得冷生书，今年八十岁，嘱为一长调寿之。《赠梅冷生》：“记共抽帆过富春，谁歌小阕问星辰。一竿合向严光借，梅福平生我故人。”传说严光是梅福女夫。

十二月廿七日　晴

发梓良信，寄文丞相祠词及四印斋“庚子秋词”词，属示冷生诸君，并问止水家有《残水浒》否。

十二月廿九日　晴暖

得梓良信，寄来王敬身与伊和文文山祠满江红各一首，谓冷生因谷寅侯去世，情绪不好，未和。谓故乡前旬大雪。

一九七六年一月十九日　冷

得梓良函，寄来乡友和文山祠共有徐平老、朱洁父、林镜平、陈冰原，其中三人未识面。闻冷生心情不宁。

八月二日　晴

《减兰·得冷生噩耗》：“滩声七里，牙旷知音今已矣。旧梦低回，白月烟篷访钓台。冷生五十年前在七里泷舟中齿及小词《浪淘沙》，谓他日刊集，当首列此阙。　　江湖迟暮。不分邯郸寻梦路。莫话黄粱。绕枕风雷过太行。邯郸有小站名黄粱梦，在太行山麓，时河北京津地震。”

八月三日

发天五信，寄去《满江红》词十首并告到洛情形，附去挽冷生词。

九月十五日　晴

得阿铿函，转来天五三绝句，乃赠浦江清夫人者，因忆与浦江清旧情不可无一词。天五谓冷生久病中尚对天五诵予“试展龙须遣归梦，龙湫雷雨夜浪浪”全首，“可谓知音矣”。

九月十六日　阴

阿铿来信转寄其父函，谓冷生临逝之前尚击榻诵予“试展龙须遣归梦，龙湫雷雨夜浪浪”之句。

一九八〇年二月廿七日　晴

寄任梓良《词论集》，附为冷生劲风楼题辞。

四月十六日　多云

梅之芳来信索挽冷生诗词。检得《挽冷生词》:“滩声七里，唱我小词人冷齿。”

五月十八日　晴，休日

上午君曼来，阅《西清散记》颇有味。数十年前尝在冷生家见此书，尚记得大概，不能舍手。下午君曼伴予下楼散步。

《夏承焘日记全编》，吴蓓主编，浙江古籍出版社二〇二一年十一月版，第一册至十二册。

厚庄日记（一六〇则）

刘绍宽

民国九年九月廿八日，十七日己丑，晴。

访梅冷生雨清、杨志朗、王梅伯。

三十日，十九日辛卯，晴。

访杨志龄绍廉墨香簃。旋访梅冷生，谈甚久。

民国十一年二月八日，十二日丁未，晴。

梅冷生招午酌，随在劲风阁会作诗钟。

十五日，十九日甲寅，雨，霁。

为梅冷生尊人作征寿言启。

民国十二年五月三日，十八日丙子，晴。

早晨往永嘉，至寓大新街杨顺发栈。黄仲荃寓同华栈，来访。吕文起先生邀晚酌，黄仲荃、符笑拈、严琴隐、梅冷生、王对山、陈仲陶、严筱如均在座。

五日，二十日戊寅，雨。

访梅冷生、王梅伯。回寓，蔡揖臣来招饮，遂同至乐园。严琴隐、梅冷生、陈仲陶晚宴沈道尹，招酌。

六日，廿一日己卯，晴。

与祭词人祠，主者沈道尹致坚，与者胡监督维贤、吕文起先生、王俊卿、梅冷生、陈仲陶、严琴隐、黄仲荃诸君。前冒鹤亭监督尝于监督署作诗人祠堂，林铁尊道尹工为词，乃于东山书院辟一词人祠堂，梅冷生、陈仲陶、夏瞿禅等从之学词。林道尹去后，此祠堂尚不废，故沈道尹继主之。午酌于乐园。沈道尹、胡监督、吕先生去后，遂在乐园为诗钟小集，“东、语”第一字。余有句云：“语孟文章关国粹，东西学说信潮流。”

民国十四年四月三十日，八日甲申，晴。

浴佛日，“九山第一”前为放生池，买物放生者甚众。张阆僧道尹邀午酌，首座许达夫，省议员梅冷生、陈苑香、贾君惠玉均在座。

八月十二日，廿二日戊辰，晴，雷，无雨。

梅冷生邀本午会饮飞霞洞，以足疾未往。

八月十六日，六月廿七日壬申，夜雷雨。

曹明父厅长、符笑拈先生、陈仲陶君前小集黄园，晚回，约今日来馆。申后来，梅冷生、夏瞿禅亦来，至晚始散。

八月二十日，初二日丙子，晴。

明父厅长约明日午刻设宴籀园，来者符笑拈、王明卿、梅冷生、夏瞿禅、王永山、陈仲陶及厅署诸友，食皆用素。宴毕，畅谈至晚，始散。

民国十五年一月十二日，廿八日辛丑，晴。

编馆书数部。谒张道尹，过访梅冷生、符笑拈先生。夜访曹明父厅长。

民国十六年三月十四日，十一日丁未，雨。

诣符笑拈先生，后往永嘉县署，晤闻逖生，舞，时为教育科长。催戏捐款早发。过梅冷生，谈少顷。

民国十七年九月二日，十九日乙巳，晴。

梅冷生昨寄来高吹万夔近作，并乞《国学丛选序》。

十一日，廿八日甲寅，晴。

梅冷生示以和《买陂塘》一阕，甚佳。梅僧示以《和林寿卿生挽》诗及《西女妆》词一阕，皆意真而词不华，由腹俭耳，气骨不振，亦是其病。

十月六日，廿三日己卯，晴。

访符笑拈先生。午后访梅冷生，谈少顷。

七日，廿四日庚辰，晴。

夜，梅冷生以诗钟会来邀，题为“叶、斜”两字，余有联云：“墨敕斜封新秩授，桐圭叶翦上公尊。”归拟一联云：“千树叶声风雨骤，万山斜照画图开。”

民国十八年二月廿一日，十二丁酉，晴。

在谢叔和寓宅，同方鼎如、梅冷生诸人为蒱戏。

四月廿六日，十七辛丑，雨。

梅冷生、严琴隐等邀集同人于东山书院，祭词人祠及谢康乐祠，推余为祭酒，祭毕聚饮。后同至洋广局作诗钟，题系“两、图”二字。夜周郁甫复邀至谢仲裕处蒱戏。

廿八日，十九癸卯，雨。

午刻邀胥庵、仲荃别号。赞文、符笑丈、梅冷生、严琴隐、方毅君、吴啸夫饮于乐园。晚池仲鳞邀酌，胥庵、叶墨卿、池小槎、俞春如煦笙均在座。

廿九日，二十甲辰，晴。

谢仲裕招午酌，梅冷生、吴啸夫、方毅君、陈苑香、方鼎如共九人，留为蒱戏。

九月五日，初三癸丑，晴。

函致梅冷生，附致谢磊明《印存序》。

民国十九年十月十四日，廿二丁酉，晴。

校陈子上集至卷五。梅冷生、张宋卿来访。午后往访冷生，回访余纯甫，留为蒱戏，夜回寓。

十五日，廿四戊戌，晴。

校陈子上集至十一卷，未毕。余纯甫来约，云下午梅冷生、谢仲裕在渠处拱候，因往，仍为蒱戏，晚回。

十七日，廿六庚子，晴。

校陈子上集至十六卷，未毕。晚邀刘冠三、池仲鳞、梅冷生叙酌于郑生记。

十九日，廿八壬寅，晴。

昨晚李澄川招酌，同座刘冠三、刘小白、叶志超、李小波、杨联芳、吕麟士、梅冷生。

二十日，廿九癸卯，晴。

孙孟晋招午酌于城南大南医院。此院为李淑冰所开，孟晋之戚也。同席刘冠三、陈仲陶、梅冷生、赵柏庼、王仙逸学羲、王季思、傅某复大令弟。

廿五日，初四戊申，晴。

梅冷生招晚酌，首座刘冠三，同席唐伯寅、曾丹轩、王咏山、赵柏庼、谢磊明、吕惠周、徐勤侯、杨雨农。

廿七日，初六庚戌，阴，夜雨。

夜王永山招晚酌，在座冠盖骈集，此可见永山平日交游矣。余与冠三、冷生皆在座，席罢即回。

廿八日，初七辛亥，晴，颇暖。

梅冷生、谢磊明来，邀到醒春居午酌，王永山、僧墨桥、吕麟士、徐勤侯均在座。席罢，至城下寮，即僧墨桥所居。墨桥，弘一弟子也。陈仲陶、王希逸、季思、赵柏庼招晚酌于醒春居，鲍竹君、希初、刘冠三、梅冷生均在席。

民国二十年三月六日，十八日庚申，雨，夜雷。

访梅冷生，与同至实业银行，旋即回寓。黄溯初来访。

九月廿四日，十三日壬午，雨。

函致梅冷生，寄《爱晖亭序》，为王永山作。

十月十五日，初五日癸卯，晴。

三校《永嘉集》，抽换各纸，并校《泉村诗选》毕。溯初邀陪梅冷生宴食于功德林。

民国二十一年一月廿一日，十四日辛巳，阴。

挽梅冷生母联："挽鹿鲍宣妻，丸熊柳郢母，值今兹礼教崩颓，高山景行，犹有彤编遗范在；梦兆一月前，归省千里外，此慈孝精诚感召，痛心噬指，未应青史古人遥。"冷生九月间在上海将往南京，梦母病笃，急归，而母健在。一月后病，遂殁。

五月廿二日，十七日癸未，霁，热，晚雷雨，雹。

往麻行门访马祝眉乔梓，留午饭，有女生马碧篁、张谨怀同席。碧篁，系缉夫女，许嫁而夫死，守贞不再字。谨怀，则百之女也。午后仍留谈，适杨玉生如夫人来，祝眉邀晚酌，同席杨淡风、梅冷生、陈叔平、仲陶、王希逸及祝眉、孟容乔梓。仲陶亦作东道。

九月廿八日，廿八日壬辰，雨，阴。

夜访梅冷生，至新瓯潮报馆，遂回。

民国二十二年五月七日，十三日癸酉，晴。

午后至东山书院旧址，孙孟晋、梅冷生、柯怡斋、严琴隐、吕维周、周驹材、王则时等十馀人开会，议东山图书馆事。查书院本有藏书，皆孙仲容师、张文伯、周仲明，朱眉山、郑一夔两学师，严筱如、吕文起先生等所捐集，后加入报章等，为书报公会。上年永嘉教育局长王人驹欲将该书移入通俗图书馆，而仲明不予。王遂呈准教育厅来接收，仲明等又与力争。本年琴隐再开会集议，余谓此等书入通俗馆，实无人肯看，如管理不善，反致失去，不若捐书之后人自行经管为妙。惟王前局长既经呈准移并，未便与抗，只好将详情向教厅疏通转圜之。目前佥议由琴隐保管。是晚童局长来，适琴隐亦来，因为言暂缓接收，由琴隐辈向上游疏通之。

九月八日，十九丁丑，晴。

杨雨农邀午酌，同席梅冷生、陈仲陶、谢磊明、叶适庵、童局长、王希逸、杨雨苏。第四特区送来公费伍元。

民国二十三年九月十六日，初八庚寅，晴。

过梅冷生，赠朱铎民母夫人墓志铭拓本三纸，一以赠刘赞文也。

十月廿八日，廿一壬申，晴。

梅冷生、严琴隐、吕维周邀同至东山书院，会议修理院屋等处。缘该地由林道尹改设词人祠堂，立瓯社于内，集捐馀有七百馀元，存永嘉县署为基金，以后领息修理。该款前经领过，修理一次。有住院台州人，每月薪水四元，由县支领，每年四十八元，计已十三年，耗洋六百二十四元，现和本息仅有四百五十馀元。此次修理限定百元，俟明年公债期满，发给本息后，将馀存一并领出另存，再作商议云。

民国二十四年二月五日，初二壬子，晴，午后颇热。

梅冷生、池中霖、杨雨农来。

二月十七日，十四甲子，雨。

晚邀郭文琴、李澄川、金荣轩、余度初、刘贞晦、梅冷生、郑克之、章莱峰、林君楚酌于醒春居，郭、李、金三君皆辞，金到而面辞。

二十日，十七丁卯，阴。

十时第三特区开会，为征辑乡先哲遗著事，午席辞不往。晚吕维周招酌，刘贞晦、叶适庵、杨雨苏、梅冷生、孙孟晋、郑姜门均在座，议东山书院书社保管事。

廿二日，十九己巳，晴。

晚与孙孟晋同请许专员于意大利菜馆，同席徐县长用、刘秘书先沛子馀、范秘书翰芬、吴秘书朝冕、陈守庸、高性朴、吕维周、梅冷生、谢磊明、杨雨苏，共十一人。高性朴来，赠脯腿一只、茹枣一色。孟晋草定征集先哲遗著案，余为酌定之。

四月五日，初三辛亥，晴。

往观书画展览会，晤马公愚，适自上海来，云游雁山归，始知有此盛会。谢磊明、梅冷生邀马君与方介堪同酌于醒春居，周季材、孙孟晋亦在座。午后开征集乡先哲遗著成立会，许专员赴省，余代主席。议决三案，推定总务与印行为梅冷生，征辑与保管为孙孟晋，整理股属余兼之。晚与孟晋邀集马公愚、方介堪及中午同席诸人，酌于醒春居，高性朴亦在座。

十五日，十三辛酉，阴雨。

瑞安孙公达演万、张宋庼、宋墨庵均在孙孟晋家，梅冷生亦来，与共谈至晚，遂共酌于经济中菜馆，冷生邀酌也。

五月十六日，十四壬辰，晴。（见）。

孙孟晋来，梅冷生来，示以《征乡哲遗著募捐启》。前向杨宅借来项瓯东《私录》五本，兹交实业银行，转托丁三带与溯初，拟将刊入《丛书》也。

十七日，十五癸巳，晴。（长）。

梅冷生《募捐启》，略为酌定。

十九日，十七乙未，晴。（万）。

冷生来，以《募捐启》再商定。

六月二日，初二己酉，雨，星期。（凌）。

往访刘祝群，午邀酌于醒春居，孙孟晋、梅冷生、刘赞文、谢磊明、周之庠、陈仲陶、严琴隐、叶墨卿、朱廉青均在。祝群《南田山志》已付刊，惟余序未作。

三日，初三庚戌，晴。（一）。

征辑遗著会招考缮写生，来试者三十一人。孟晋邀酌祝群于醒春居，同席共十一人。

四日，初四辛亥，晴。（天）。

阅试卷毕，与孟晋同定分数，及格者十九卷，不及格者十三卷。梅冷生来，遂检卷去第三特区，呈由许专员核定，正取五名，备取五名。

五日，初五壬子，阴。（秋）。

朱廉青招祝群晚酌于商务印书馆，同座刘赞文、张益平、叶墨卿、孙孟晋、梅冷生、谢磊明、金慎之、陈仲陶、李小波及余也。

六日，初六癸丑，雨。（碧）。

刘赞文招陪祝群午酌，同席十一人。晚梅冷生宴许专员、徐县长、刘祝群，邀陪席，同席共十四人。午后祝群邀孟晋、冷生同摄一影。

八日，初八乙卯，晴。（宇）。

陈守庸晚邀刘祝群、王玉侯酌叙，余与刘赞文、张紘卿、梅冷生、谢磊明、陈仲陶、孙孟晋、陈瀫廷皆同席。

廿五日，壬申，雨。（**望**）。

高性朴、郑晓初来。午后第三特区开征辑遗著大会，到者余与高性朴、梅冷生、孙孟晋、童海鹤鹏超、黄鸣祥庆瑞、朱郯川华。决议铅印经微室遗著、何丹邱遗著，木刻补足《瓯海轶闻》，钟灵机印施六洲《雁山志》、《岐海琐谈》。冷生晚邀性朴饭于醒春居，余与孟晋陪席。

七月八日，乙酉，晴。（**举**）。

晚陈仲陶、严琴隐、梅冷生为宴郑曼青、章味三，邀陪席于复兴园。

十五日，壬辰，晴，晚阴。（**成**）。

午后至梅冷生处，检来《纪年总辨》钞本二册、施《雁山志》钞本一册。孙孟晋来，知昨日江心会议到者仅十人，仅开谈话会。

八月十二日，十四庚申，晴，晚雷雨。（**何**）。

校《纪年总辨》第六卷，未毕。许专员邀晚酌，首座刘贞晦，同席章味三、马祝眉、郑曼青、孙孟晋、谢磊明、梅冷生、杨雨农、叶景中，共十人。

廿五日，廿七癸酉，晴，仍热。（**横**）。

高性朴以所钞《鹿迹山房诗》见示。性朴邀余及梅冷生、孙孟晋、林志甄午酌于醒春居。晚志甄邀余及梅冷生、孙孟晋、陈仲陶、高性朴酌于意大利菜馆。午后开征辑乡先哲遗著大会，许专员主席，永嘉教育科长童鹏超、瑞科长黄庆瑞、乐科长朱华、平科长林仲章，委员梅冷生、孙孟晋、翁纶及余，共九人。

廿六日，廿八甲戌，晴。（笛）。

上午图书馆开会，报告成立，议决数案。孟晋邀集会员酌于图书馆，同席许专员、童科长、朱科长、黄科长、林科长、刘子馀先霈、范科员翰芬、谢科员持方、梅冷生及余。余今日素食，特设馔二簋。

九月廿四日，廿七癸卯，晴。

校《纪年总辨》第十三卷，未毕。今日来客：刘祝群、张紘卿、陈性禅、梅冷生、刘赞文、余筱山、李济川、平阳人。曹缉之、江光第。冷生携去顾清济诗稿，吴国华、张陶、郑兆璜、张潜斋綦毋、兰畦元启诸诗稿。

廿五日，廿八甲辰，晨阴将雨，旋霁而热，入夜雨。

校《纪年总辨》第十四卷，仅得六叶，未毕。梅冷生以《南田山志》《永嘉县志》两跋见示。夜孙孟晋以《南田山志序》见示。

十月廿一日，廿四庚午，晴。

校《两汉博议》至第十卷毕。梅冷生赠《永嘉县志》一部。招刘祝群、林志甄同午饭，晚回。

廿五日，廿八甲戌，晴，阴，晚雨。

至图书馆，检对《两汉博议》疑误数条。午后作与刘贞晦函，随往永嘉特区公署开征集委员会。瑞安陈穆庵、林志甄、张宋庼、宋墨庵俱在梅冷生家，将邀瓯风社诸人同拍一照，因天气不佳而止，在梅冷生家中晚饭。

廿六日，廿九乙亥，晴。

陈穆庵、林志甄邀集瓯风社同人宋默庵、孙孟晋、张宋庼、高性朴、梅冷生、陈仲陶、谢磊明、刘祝群及余，并请许专员聚餐于意大利。午后拍照于东山书院，又往江心孤屿，拍照于西塔及文信国祠两处。晚许专员为学艺会邀单次刚猛及孙孟晋、陈穆庵、梅冷生与余等十馀人，宴于督察公署，推次刚总其事。

廿七日，十月初一丙子，晴。

午邀陈穆庵、宋墨庵、林志甄、张宋庼、刘祝群、梅冷生、孙孟晋、谢磊明、万冠球、陈仲陶酌于醒春居，孙孟晋同作东道。

廿九日，初三戊寅，晴。

杨雨农邀午酌于其家，刘祝群、刘赞文、孙孟晋、梅冷生、张玉书、谢磊明、叶适庵、池中霖、杨雨苏、黄吉人，共十二人。

十一月四日，初九甲申，雨。

方介龛岩为其父冠英君六秩称寿，余与冷生、孟晋、仲霖均往贺。所悬书画，琳琅满目，亦胜观也。

十八日，廿三戊戌，晴。

《纪年总辨》未校正者悉为签出。旋往访刘祝群，与同至马祝眉家，谈一时许回。午后与祝群同至梅冷生家，晤赵悦群。

廿七日，初二丁丑，阴，霁。

梅冷生来，取去永嘉场王氏诸集，共二十四本，乃王亩仙业所送来者。

民国二十五年一月七日，十三戊子，雨。

王志澂以所印《半山藏稿》王叔果著。属分赠梅冷生、孙孟晋，以一部置温属图书馆。午后三时，学艺会召集大会，到者仅十馀人，瑞安县长陈成、玉环县长卢云琛均在座，遂改开理事会。以单次刚所拟进行计划不合用，取消，另指定沙迦耶起草。

十日，十六辛卯，雨，寒。

今日陈穆庵之祖母安厝，余本拟亲往，因天雨且寒，不敢首途，将奠仪交梅冷生兄带去，至为歉然。作《陈母林太夫人百岁坊记》毕，交陈筠荛录之。

十三日，十九甲午，雨。

永嘉张紈卿道镕为平阳承审员，来访，云二十一日后赴平。前闻刘卓群被匪戕信，兹闻冷生自瑞来，云卓群因元旦祭宗祠，忽被匪劫，以身有符号，遂遇害。卓群为祝群从弟，名立，前曾在温州中学肄业，后在水上警察教练所毕业，遂为军官，人甚干练，深为痛惜！

十四日，二十乙未，雨。

校遗著会抄张幼亭《淑园诗稿》、吴星池国华《香雪庐吟稿》毕。高性朴来，又抄得乡先哲书数种。梅冷生赠年糕及山东菜二株。

廿六日，初三丁未，晴。

昨杨雨农、周季材、刘贞晦来访。晚许专员邀刘贞晦、梅冷生、孙孟晋及余酌于县政府。又征辑遗书开会，惟余及贞晦、冷生、孟晋四人到会，议决修理叶水心祠、墓，由会发起，合学艺会诸人同为之。又议选《永嘉诗徵》，以余及贞晦负责，另组各县诸人为之。

廿七日，初四戊申，晴，夜雨。

余度初、范介生、王永山、王亩仙、梅冷生、方鼎如来访。晚杨雨农邀酌，同席刘贞晦、陈守庸、梅冷生、叶适庵、张玉书、池仲霖、陆某，共九人。雨农、守庸共邀余及贞晦、冷生、仲霖至福禄林，看文明剧。

廿八日，初五己酉，阴。

下午六时同孙孟晋于意大利菜馆邀宴许专员、刘贞晦、杨雨农、马祝眉、刘赞文、梅冷生、池仲霖、陈仲陶、严琴隐、王亩仙，仲霖于席上吟诗，谈艺颇畅。

二月一日，旧正月初九癸丑，晴。

为石坪事函上许专员，得复，已饬详查，秉公办理矣。校《郡志选举考正》至第五卷，未毕。吕维周为饯刘贞晦，邀午酌，同席马祝眉、叶适庵、杨雨农、孙孟晋、梅冷生、谢磊明等，共十人。晚梅冷生邀酌，首席许专员，同席刘贞晦、孙孟晋、杨雨农、项铭周鼎、谢磊明、马祝眉、叶适庵、吕维周。

訾侄以鲍拙中谢赠梅诗见示，颇寓勉励意。

三日，十一乙卯，晴。

梅立青邀午酌，同社唯项幹臣在乡未来，社外到者则梅冷生也。

四日，十二丙辰，晴。

陈穆庵、张玉书、李子瑾、梅冷生、孙孟晋、刘贞晦来。沈仲纬邀午酌，同社八人，社外梅冷生。杨雨农、张玉书为胡奉群、吴天五备素食，邀酌，同席叶适庵、刘贞晦、梅冷生，共八人。

六日，十四戊午，晴。

王志澂来永，与许专员同自平阳来，以下午开会也。午后二时永嘉区开会，为编纂《永嘉诗徵》事，临时推余主席，列席者梅冷生、王志澂、洪鲁山、陈仲陶、严琴隐、宋默庵、刘贞晦、池仲霖，惟李孟楚后至。同时开纂修《永嘉区志》会，到者孙孟晋、梅冷生、徐世康、沙迦耶、杨雨苏、刘贞晦。发议时，孙孟晋主前清截为府志，民国另为区志。刘贞晦主专修民国为区志。最后决议，从杨雨苏说，从前皆通为区志。两会皆推余为主席，许专员列席。

十七日，廿五己巳，阴。

午后二时，特区开修纂《永嘉区志》会，到者沙迦耶、徐世康、孙孟晋、梅冷生，议决会址在中山公园中山纪念堂，三月六日开成立会。

廿三日，旧二月初一日乙亥，晴，阴。

许专员行政会议时通过议案，创修《永嘉区志》，现将开成立会。梅冷生来，言须加入陈穆庵云。

三月五日，十二丙戌，阴。

午后，永嘉区志会开成立会，到者十馀人，瑞安县长陈成、教育科长胡封同来，推许专员为主席，余及杨雨苏、梅冷生、孙孟晋、沙迦耶、徐世康、邱鸣和、胡封诸人为常委员。晚同会集宴于意大利菜馆，共两席。

十八日，廿五己亥，雨。

晨起正在检理物件，阅诸信稿，而刘祝群来访，留午饭。后与同至梅冷生处，并邀孙孟晋为叶子戏，几达曙，始罢。

四月五日，十四丁巳，阴，午后雨。

午后，《诗徵》编辑处开会，到者梅冷生、高性朴、严琴隐、池中霖、宋默庵，提议于阳历八月毕选。晚会员酌于意大利菜馆，赵伯廎在座，余以斋期，别而不与宴。

十六日，廿五戊辰，晴。

校《马鞍山人诗集》十六叶。孙孟晋、梅冷生、严琴隐、陈牧庵来访。

五月九日，十九辛卯，阴，午后雨。

瑞安戴守雅炳骢来访。守雅现任瑞安修志采访，近搜得戴氏遗著数种，送与梅冷生。

三十日，初十壬子，雨。

晨理诸事毕，正欲阅《圆觉经》，适刘祝群来，谈甚久，因与同往醒春居，邀梅冷生、刘赞文同点数菜，叙谈甚洽。

六月九日，二十壬戌，阴。

校《马鞍山人诗稿》毕。高性朴来，视余目疾并携所钞乡哲遗著来，即转交梅冷生。

十一日，廿二甲子，晴。

梅冷生云，天一阁有前明《温州府志》二部、《乐清志》一部，须捐金一百，方可借钞云。万冠球函来，云《玉环志》决聘孙孟晋为副总纂，乞示复。

廿三日，初五丙子，晴，申后雷雨。

赵柏庼来函，寄与梅冷生云。天一阁有《温州府志》弘治、嘉靖二本，弘治本共廿二卷，嘉靖本仅八卷。又有《乐清县志》八卷，不著撰人姓氏，所纪皆永乐二十年前事，姑定为永乐间所修。三志一并移钞，并代乡哲遗著会缴捐款百元云。

七月八日，二十辛卯，晴。

高觉夫倬、梅冷生、夏瞿禅来访。觉夫言广东军官余汉谋、李扬敬等皆蒋司令之人，陈济棠亦无能为，非蒋所忌。粤尚依违于中央与桂省间。桂军现仿洪、杨办法，力求出路，到一处是一处。所云兵有三十万，连民团数之耳，实则精兵只有二万云。大局如何解决，总看二中全会云云。

十日，廿二癸巳，晴，连日皆热。

车至梅冷生访朱铎民，云已于今晨六时乘汽车往南京。

十一日，廿三甲午，晴，热极，午后阴。

志澂昨晚寄《玉介园存稿》钞本来，复笺，为遗著会将结束，所有抄稿早寄来，以备报告云。函致黄梅生、鲍拙中、李寅生、陈小垞、郑孟达、李声初、梅冷生、孙孟晋。二中全会，七月十一日开幕，外交部张群报告半年外交经过。

十九日，初二壬寅，雨。

为陈叔芬所言堂侄楚卿函致梅冷生，请转询许专员。少顷，许专员来，言该案尚须审慎考虑，以有南麂地图，可疑也。午后梅冷生来，余适出外访友，留字，云陈案可秉公办理，毋枉毋纵，叶惠人及池仲霖令祖当存记任委云。

廿三日，初六丙午，晴。

晚梅冷生来，与同至周惠中处小坐。惠中为法院书记官，以有拐带案颇关风化，请从严判决也。

廿五日，初八戊申，晴。

午后三时征辑乡哲遗著开会，先将该会结束。孙孟晋初议报告杭州双十节开文献展览会事，征求各县推举会员，遂散会。到者许专员、童科长鹏超、朱科长华、黄科长、戴科员义、梅冷生、孙孟晋、高性朴及余，列席者夏瓘禅、郑伯烺、池仲霖、严琴隐诸人。

三十一日，十四甲寅，晴，晨雨旋止。

凌晨同万冠畴过孙孟晋，因同至中山纪念堂，并请梅冷生来，商定玉环修志。明日来住堂中。

八月四日，十八戊午，阴，后申晴。

孙孟晋、夏瞿禅以郑伯烺、魏介夫将出门，邀设宴于醒春居，刘贞晦子植乔梓、吴天五、梅冷生、杨雨农、许笃仁均同席。

十日，廿四甲子，晴，热。

午后邀刘贞晦子植乔梓、夏瞿禅、赵伯钦、吴天五、周孟由、梅冷生、孙孟晋、万冠球蔬食于功德林。

十三日，廿七丁卯，晴雨不定。

镠孙婚期定七月廿八日，将柬式与梅冷生商之，云须余出名为是。

廿三日，初七丁丑，晴，热。

为小孙昌镠九月六日结婚，今日发柬。上午至高盈晤周之庠，以池中霖所作《征刻书启》奉乞与梅冷生诸君酌之。遂过方鼎如、陈子琳、张云秋，晤谈竟日，午饭于鼎如家。

九月八日，廿三癸巳，晴，热，夜雨。

瞿禅十二日始动身也。郑伯烺邀陪席于女居士林，以夏瞿禅出门，又请李亦怀也，素食菜甚佳。同席吴天五、徐堇侯、池仲霖、梅冷生、孙孟晋，其一人忘之矣。

廿二日，初七丁未，晴。

翻阅诗旧稿，凡经高、黄、王三君所不取者，悉删去。尚有数首，俟与梅冷生君商之。往访梅冷生，不晤。二时冷生来，与商刻诗钞，即请冷生代付梓，以老戴楚卿已殁，而其子在平时不甚规矩，恐刻板不成，故将诗稿分他家刻之。

三十日，十五乙卯，晴。

谢磊明、梅冷生来，以磊明子博文，字师约，将于十月三日，即旧历八月十八日于中山公园开画展会，请为加语评判。

十月三日，十八戊午，晴。

刘祝群来，与同至吴天五处，坐谈少顷，遂同往中山纪念堂参观谢师约图画展览会，为题评语一则。孙孟晋、祝群、天五皆有题。所画以花卉为最胜。谢磊明邀酌醒春居，吴天五、梅冷生、刘祝群、孙孟晋皆同席，余今日本斋期，竟忘之。

十七，初三壬申，晴，颇暖。

访黄胥庵，与同至梅冷生处。冷生邀午酌于醒春居，菜较昨特佳，记有珍珠团、葛粉团等等。归后，散步多处。

十一月七日，廿四癸巳，晴。

高性朴来，赠余印书资十元，余往访之于吴天五处，谈甚久。天五邀至功德林晚餐，梅冷生、陈铭石同席。

十二月三日，二十己丑，晴。

玉环戴女士礼著有《礼记通解》八十卷，叶惠人为寄来五部。余受其一部，分致温州图书馆一部、高吹万一部、李佩秋一部、梅冷生一部。

按，是年日记，皆在永嘉，迄无间断。夏历三月廿旬后，右目内障，至秋后而渐重，所恃者左目障尚轻，可看耳。看佛经，虽无旷废，然无进步。文字亦无进步，然较之在平阳时阅看较多，讲此艺，亦尚有人，池仲霖、吴天五、郑伯琅、陈铭石、陈仲陶、梅冷生、夏瞿禅、刘贞晦、黄胥庵、高吹万、李佩秋，或屡商谈，或间投赠，皆较平阳为便也。平阳则惟王志澂、姜啸樵、鲍拙中，时有商榷耳。

民国二十六年一月十一日，廿九戊戌，晴。

午后吴天五、陈铭石来，云梅冷生已自陕回，因同往访，不晤。

一月十二日，三十己亥，晴。

午刻吴天五、周季材以冷生陕归邀酌，余与陈铭石、刘赞文、徐堇侯、池仲霖、郑伯琅同在座。阅报，杨、于据陕甘，抗拒中央。日本又令匪伪首领重犯绥远，真可谓外患内忧相逼而来矣。

十三日，旧十二月初一日庚子，阴，寒。

携高性朴信并文件送与梅冷生，谈少顷。往四营堂巷晤陈子琳，留午饭。冷生谓陕变初时主张实出自张学良，且甚激烈。蒋委员长在华清池有自卫军三百馀人，年皆精壮，器械精良，训练娴熟，又甚忠勇。张初派两团往缴其械，该自卫军奋力抗御，死者二百馀人。从官皆住招待旅馆，被围时惟邵元冲自牖出逃，为流弹所中，出血过多而死。蒋委长逃入窑洞，杨虎城往寻，出之。后张学良见蒋日记多誉张语，有云学良小事聪明，大事胡涂，加以历练，必可有成。遂大感动，深悔此举之错误，哀恳无所不至。迨蒋鼎雯来京，宋子文同往接洽，事遂得转圜矣。郑伯琅夜来，示以赠冷生诗五律一首，甚高老。

十七日，初五甲辰，晴。

吴天五来，言前怀冷生三诗，伯琅改“关中”为“秦州”，实误。秦州乃天水，在甘肃，非陕西也，如改秦中，则可。此可见天五读书之精审。

卅一日，十九戊午，雨。

梅冷生来，因以戴女士礼《礼记通解》一部奉赠。冷生言乡哲遗著会款，平阳被人领去五元，瑞安领去三个月，乐清亦领去三个月，疑是书记李英所为。

二月二日，廿一庚申，晴。

访黄胥庵同华旅馆。贞晦晚宴客，黄胥庵、孙孟晋、孙公达、陈守庸、吴天五、梅冷生，余亦与席。

十二日，（正月）初二庚午，霁。

吴在卿、余纯甫、陈旭堂、谢仲裕、沈仲纬、周孟由、仲铮、陈慕垚、方朴如、洪秀越、范介生、梅冷生、赵祖藩、叶云帆、朱廉青、叶墨卿、陈子琳、祝邃生来。午后余过范介生、梅冷生、李亦怀、杨雨农、雨苏。

二十日，初十戊寅，阴。

高性朴示以寿洪鲁山文，予为酌易数字。刘贞晦来，云将乘益利轮船往上海。下午六时吴天五、孙孟晋饯贞晦于醒春居，邀陪酌。同席高性朴、陈铭石、梅冷生、李亦怀、洪叔翰诸君。

廿一日，十一己卯，晴。

郑伯琅邀午酌于女居士林，用素食，共四席，刘贞晦、武如谷、李亦怀、孙孟晋、梅冷生、吴天五均在席。许专员邀晚酌于公署，首席刘贞晦，同席梅冷生、孙孟晋、谢磊明、吴天五、郑伯琅、陈仲陶、曾耕西。

廿二日，十二庚辰，阴雨。

作修区志议案，交筠庵缮之。乐清东乡县立小学校长万里荣，本名昌琳，为本校斥革生。今长斯校，地方不服，诉请张县长撤换。县长碍于党部情面，不之许。乡人乃来诉之许专员，请饬县更换。浼余与梅冷生为先容，专员以俟与张玉麟县长面商之。午刻，乐清代表朱桂秋、胡印心等十人邀酌于醒春居，共两席，冷生、孙孟晋、李亦怀均在座。晚余与冷生、李亦怀等六人同回敬。

三月廿三日，十一己酉，霁，旋阴雨。

朱铎民同梅冷生来访，以自雁山来也。朱名镜宙。

廿四日，十二庚戌，阴雨。

往梅冷生家访朱铎民，约今日游仙岩，余辞不往。

四月一日，旧二月二十日戊午，雨。

宋默庵诗序已就。孙孟晋、吴天五、郑伯琅邀酌刘祝群于醒春居，同席武如谷、梅冷生、严琴隐、徐勤侯、陈铭石及余十人。

二日，廿一己未，雨。

晚与梅冷生、徐勤侯、高性朴同宴刘祝群、武如谷、郑伯琅、吴天五、孙孟晋于醒春居。

三日，廿二庚申，雨。

同梅冷生、孙孟晋、吴天五至“九山第一”，因祝群为母夫人九旬冥寿，在寺延僧诵经，为各致香楮仪式圆。

十日，廿九丁卯，晴。

七时同陈穆庵、林志甄、项任初、梅冷生、刘祝群、黄胥庵、陈铭石、吴天五、郑伯琅、池仲霖、徐勤侯往游仙岩。余仅至梅雨潭，胥庵、仲霖、天五、伯琅、祝群、铭石共游龙须瀑、雷响潭。余坐观瀑亭，少顷，与项任初同回仙岩寺，宋墨庵、张宋庼、俞春如亦至。午后至陈止斋读书台故址同拍一照，归寓已入夜八时矣。

十八日，初八乙亥，雨。

晚邀周幼康、孙孟晋、梅冷生、高性朴、吴天五、郑伯琅、周愿同宴于功德林。

廿三日，十三庚辰，阴。

访黄胥庵同华旅馆，不晤。过梅冷生，而胥庵、高性朴适来，冷生留午饭，并邀吴天五来。

五月十三日，初四日庚子，晴。

郭漱霞邀集于朔门招商旧局之江楼，到者马祝眉、樊逊卿、沈仲辉、刘赞文、池仲霖、梅冷生、吴天五、郑伯琅，共十人。漱霞出所咏牡丹诗，同人拟照和之，不拘体韵。刘祝群今日来永，余以明日将回平阳，冷生为发电话，通知其来余寓一叙。

乃余归，则祝群坐候已久，夜深辞去。

廿四日，十五辛亥，雨，阴。

杨雨农来，知有人伪托梅冷生、孙孟晋函致姚味辛，谓刘某家失火，乞助资六百金，地址为土地堂巷若干号，发信处为虞师里廿二号。味辛以原函寄雨农查究，现雨农将函交许专员饬查矣。

六月一日，四月廿三日己未，晴，阴。

访梅冷生，得见天一阁抄来宏治《温州府志》一部，计八厚册，系永嘉王瓒、平阳蔡芳同编，颇为简要。查得平阳婆山，即北港蒲山。原注云：“在县西南七十五里径口，绵亘崇、宰二乡。”地段甚明，乃乾隆《志》删去“径口”“崇宰”四字，令人不知所在，新《志》遂误以望州山当之。

十三日，初五辛未，阴雨。

午后高性朴来。晚与高性朴同赴郭漱霞之招，宴于老招商之楼上，主客共十一人，余与性朴、刘赞文、马祝眉、池仲霖、梅冷生、吴天五、郑伯琅、魏翩父、沈仲辉，主人则漱霞也。

廿二日，十四庚辰，夏至节，晨雨，阴。

吴天五来，知梅冷生以周守良之招已往上海，且到杭州，孙孟晋尚在杭。

三十日，廿二戊子，晴。

雇车至图书馆，晤高心博，云刘樨诗颇近性，文亦如学。又言梅冷生为守良招往，将为浙财政科秘书。又言冷生此行，其夫人亦匆遽出门，盖恐冷生挟所眷往也。并言高玉衡顷在永嘉，将造访云。

十月十四日，十一甲戌。

昨得梅冷生函，为赵百辛即柏庼。抄书事，拟筹备百元返之。今晨同吴天五往籀园，与孙孟晋相商，为发起募集之。自籀园归，过刘赞文、樊迅卿、梅藜卿、吴子鸿，遂回寓。乡哲遗著委员会中托赵百辛向鄞县天一阁抄旧府志，百辛垫付百元，其款无著，故为筹还。

民国廿七年二月廿八日，廿九辛卯，晴。

昨得孙孟晋书，云梅冷生将来平阳。阅信，是廿五日发，在廿六敌机投弹之前，未知能来平否。

民国二十八年四月三日，十四日庚午，晴。

梅冷生、陈穆庵、张宋庼来访，留午餐，后辞往鳌江访王志澂。询知林公铎在家。冷生云，现中央于党外人员多所延揽，以作捧场之人。△△杨组一参事会，会长陈屺怀，其会员：永嘉杨雨农、乐清陈文、平阳萧谦牧，其候补第二为瑞安许达夫。

四日，十五日辛未，阴，晴，夜雨。

冷生、穆庵、宋庼十时自鳌江来，因与同至游越珊处看书画，遂偕回午饭。饭后与越珊同至枚生、啸樵处。下午三时，三人乃回瑞安。

四月十三日，廿四日庚辰，雨。

梅泠生昨函来，寄赠林铁尊道尹《半樱词续》一册。

九月六日，廿三丙午，晴，夜雨。

连日西风，人多病。函致梅泠生、夏瞿禅、池仲霖、王亩仙、黄胥庵、陈一中。

民国二十九年一月五日，廿六丁未，晴。

昨梅泠生信来，请为王亩仙太夫人作寿序。今晚得梅泠生信，谓王太夫人昨已作古，前件作罢云。

十二日，初四甲寅，晴。

乐清朱德怀系铎民从子，同马敏中来，携梅泠生信，乞为阅定高性朴所作《朱息畊翁墓志铭》，息畊乃德怀尊人也。泠生又属为王亩仙太夫人胡氏题象赞，皆勉为应命。晚遣送马敏中家与之。德怀，敏中儿女亲家也，敏中第四女适德怀长子。

三月六日，廿八戊申，惊蛰，阴雨，晚雷。

前晚得梅泠生信，知前道尹林铁尊于一月十六日疾终沪寓，将于三月十七日在诗人祠堂公祭。

廿二日，十四甲子，阴。

黄胥庵书来，附以小诗四绝，以日前约同贞晦、泠生、孟晋来访，因雨见阻，再约清明后来云。

十一月十七日，十八甲子，晴。

晚得梅泠生信，嘱为谢师约函荐于浙江贸易委员会副主任殷公武。

十八日，十九乙丑，阴。

为函致殷公武，并为谢师约致梅冷生。

民国三十年二月五日，初十甲申，晴。

瑞安林仲璋来，言孙孟晋升省图书馆馆长，梅冷生为籀园图书馆馆长。

三月七日，初十甲寅，雨，午后阴。

得刘贞晦信。前二日得孙孟晋丽水复信、梅冷生籀园复信，皆已接事。

六月十二日，十八辛卯，晴。

晚得梅冷生书，云明日与黄胥庵、刘贞晦、孙孟晋、吴洗凡同来，勾留一宿云。

六月十三日，十九壬辰，阴，晚雨。

晚四时，永嘉杨雨农、刘贞晦、梅冷生、王楳庵、吴洗凡，乐清黄胥庵，瑞安孙孟晋来访，留宿。以余夜不能久坐，先往卧，而客自坐夜话，甚为歉然。

十四日，二十癸巳，雨。

同杨雨农诸君至黄梅生家，姜啸樵、陈子琳亦来，午刻会酌于啸樵楼上。午后贞晦与诸人坚欲行，余与梅僧、啸樵留之不得。余本与两君议定今晚分宿其两家，而诸君形迹未化，似嫌来者过多，致有劳扰，决意而去。去后风雨颇大，过飞云江计又是逆潮，定受沾湿，深为悔恨。诸君三年契阔，远道而来，不能尽地主之仪，憾何如之！

六月十六日，廿二乙未，晴。

函致杨雨农、刘贞晦、梅冷生、黄胥庵、孙孟晋、吴洗凡，深谢前日招待不周之罪。梅庵不另信，附雨农、冷生、贞晦函中。

七月三日，初九壬子，晴。

致刘贞晦、吴洗凡、梅冷生、杨雨农、高性朴、王楳庵、黄胥庵、洪潜园信，各寄附以五古一首。又孙孟晋信。

十三日，十九壬戌，阴雨，夜凉。

和黄胥庵诗及《昙花》诗，分寄胥庵、贞晦、冷生、洗凡、雨农。

八月十五日，廿三乙未，晴。

梅冷生寄诗二首来，一和胥庵作，一送曹子和赴川。

十七日，廿五丁酉，晴。

复梅冷生信。十六日永嘉东门外有投弹。闻四川重庆被炸甚重，日攻川、滇甚急云。

九月十九日，廿八庚午，晴。

董品三来访，谓余脉息尚好。致黄胥庵、刘贞晦、梅冷生函并诗。

十一月十五日，廿七丁卯，晴。

得刘贞晦复函，附乐清李瑜子瑾四川信并诗。致贞晦、冷生函。

民国三十一年三月十日，廿四壬戌，阴。

瑞安张宋庼扬来访，言梅冷生女婿瑞安贾啸梅为匪绑去，被戕。

《刘绍宽日记》，温州市图书馆编，方浦仁、陈盛奖整理，中华书局二〇一八年二月版，第二册至第五册。

嘉业堂日记（一则）

刘承幹

一九二一年六月十四日

嘱醉愚作函谢徐仲可，复梅冷生、名雨清，瑞安人，来讨书者。汪滋生。

《嘉业堂藏书日记抄》，陈谊整理，凤凰出版社二〇一六年九月版，下册，413页。

符璋日记（五则）

符　璋

民国十三年四月初十日，壬辰，十三。

阴。诣严琴隐略坐。梅冷生以《章氏遗书》见还，闻明日赴省。

（六月）十六日，丁酉，十七。

天气反复，牙痛又作。林亮周来，谈卧云和尚与议员梅、王等四人言语冲突，徐知事为庇卧云，派警拘查，风潮大起。阅《大公报》所登颇详，知梅冷生等四人公电省长，请撤徐任矣。

十七日，戊戌，十八。

天气如昨。吕文起来，云卧云事无法调解，明日去温，沈、徐、曹各赠以赀，徐亦晋省，议员电讦是实。

民国十六年五月初六日，庚午，（六月）五（日）。

晴。严琴隐来，谈陈仲陶谋图书馆长不成及通告事。

十五日，己卯，十四。

阴，旋日出。诣次饶一谈，知陈、钱、梅、叶各人谋图书馆甚忙。

《符璋日记》，温州市图书馆编，陈光熙点校，中华书局二〇一八年二月版，下册。

疚庼日记（四九则）

刘祝群

民国二十四年四月廿九日

诣次饶丈、孙孟晋、吴天五、梅冷生。天五邀午餐于醒春居。午后，偕至圕馆看书，并捐赠《宛委别藏》一部于圕馆，计价五十圆。

五月初四日

《山志》排序例、目录，讹夺甚多，幸冷生允为校正，亦难得也。午后往圕馆看书，并送《苏平仲集》还孟晋。

民国三十年二月五日　初十日

报载，浙江图书馆长陈训慈叔谅辞职，委孙延钊孟晋接充。可称得人，闻之为书林幸，尤为师门喜。

廿一日　廿六日

梅冷生来书，云孙孟晋调充省图书馆长，渠接充温州籀园图书馆长，于前日十六交替云。

五月十七日　廿二日

孙孟晋自龙泉来书，属为探查其眷属在永嘉近状。

十八日　廿三日

复孟晋，并致函梅冷生，属其探查孟晋眷属在瓯之近状。

八月六日　十四日

籀园图书馆转寄到福鼎卓剑舟征题《太姥山全志》诗文小启。烽火弥天之日，竟有此等雅事，斯实吾道不孤之一征也。再三循诵，快浮大白而记之。

民国三十一年三月十三日　正月廿七日

前存籀园圕馆之《南田山志》五十部，曾经友人索去数部。兹以家中一无所藏，每有友朋来索，辄无以应。因命允慈向籀园取回十部，今日赍到。

四月廿八日　十四日

寄梅冷生，并乞以《丛书》转递薏园。

五月十九日　初五日

梅冷生来书，云周守良自香港脱险还永嘉，并以避嚣至吾邑西门陈宅少住。

二十日　初六日

复冷生，并柬守良。又寄王海髯，属冷生转付邮，以未详其现在何处也。

三十日　十六日

梅冷生书来，云次丈于下月九日受吊，永嘉耆旧均拟前往。惟时局如此，能否不避乱改期，真可恨也。

六月一日　夏四月十八日

寄次饶丈奠礼，由梅冷生转交。风鹤仓皇，不能前往，真可痛也。奠资寄去四十元，又振禾廿元，慎甫十六元。

民国三十二年五月六日　初三日

寄梅冷生书。黄迂叟七十生日，朋旧将集赀刊其诗集。迂叟有《辞谢》七律二首，末句云“忍死须臾待凯歌”，吾辈生逢乱世，真可哀也！

十八日　十五日

梅冷生来书，云得韩湘岩先生墨迹十二叶，极精新，所写诗俱见《滑疑集》，渠以三百金购得云。余见韩子墨迹行书中幅，而未见其小楷，极宜假以新法影照，铸之锌板，于韩子年谱脱稿印行，插入实美观也。

十九日　十六日

复冷生书，并与孟晋各以五十金属冷生为转寄，寿乐清黄迂叟七十。

六月十六日　十四日

孙孟晋去永嘉，晨起来告别，托以询梅冷生，近得韩湘岩墨迹，能否割爱。

七月廿五日　廿四日

孙孟晋还书馆，携来梅冷生藏韩湘岩先生手书册叶十二页，凡诗二十九首。当以《滑疑集》刻本校其字句，有无异同。今大略读过，于诗注中考见“乾隆辛卯冬，余自安庆府调守徽州，尚未赴任，壬辰春复奉旨调守松江”云云。又页尾有白文方印，曰“安庆、徽州、松江三郡太守章”。《县志》本传，误作十月调守苏州，遍考不详。今见先生手写诗稿册叶及印文，可以是正《县志》之误“徽”为“苏”，其快幸至不可状也！

廿六日　廿五日

终日坐观湘岩先生手写册叶，不忍释手。文字有神，先生殆以余撰其《年谱》，故发见手墨，以正志传之误乎。盖冷生于春间过装池见而得之，因得假之以观也。

八月三日　初三日

寄梅冷生，谢其假观册叶，为补订《湘岩年谱》极难得之考证。

十一月四日　初七日

梅冷生托孟晋传语，云端木太鹤小象旧藏之家，愿以让人，致书冷生，乞以磋商酬值，如力能及此，谨当归之，固桑梓敬恭之谊也。

十二月一日　十一月初五日

梅冷生来书，云端木太鹤画象为费子苕所作，甚精，索值千圆，宜设法归之。为诸启明作小幅一。

民国三十三年三月十七日　二月廿三日

前存籀园《南田山志》五十部，去年孙孟晋携来十部，今春又属焕椿取还十部，计尚存籀园卅部。后查允慈上年取回十部，计尚存籀园二十部。闻说仅存一部，因致函梅冷生，乞为检点。

四月二日　三月初十日

寄梅冷生，告以前存《山志》十包，每包五部，寇后来书，云无阙失。旋以雨苏索去二部；又由女孙允慈取回二包，计十部；孟晋、焕椿两次带回廿部；吕古音、池苏翁取去二部。以此计之，尚存十六部，今馆存仅一部，是阙失十五部，适为三包之数。可惜！

民国三十五年四月三十日　三月廿九日

寄梅冷生书，查寄存籀园之《南田山志》，并乞钞《渔村记》吴钺序之阙文，补入《韩湘岩年谱》，将以授梓。惟《南田山志》《先文成公年谱》两种，均经增订，拟再版，以纸贵工昂，未能付印为恨。

十一月十六日　廿三日

偕梅冷生冒雨诣籀园图书馆看书，有俞文豹《吹剑录外集》、知不足斋丛书本。郑元佑《遂昌杂录》，仅一册，凡二十九页，未知为全本否。可移写之，编入《括苍丛书》第三集。

廿二日　廿九日

偕冷生走访周守良及杨玉笙。

廿四日　冬十一月朔日壬寅

梅冷生偕往城东。有同邑刘仰山者，经商雄于赀，于华盖山麓辟园修广，杂莳花果，园中有亭名曰承先，与余亭名启后遥遥相对，亦一巧事。随过王咏山，时方杜门避谤，坐谭阅时，出示名人手札多叶，云："为丁辅之旧藏，劫后窘迫，鬻及于此。"忆前己亥夏初，辅之来山中观瀑，方索予藏端木叔总《上奚》《虚白》丈尺书两叶以去，云："愿得手札便面。"千人肆为雅谈，不过四年，物已易主，世事变迁，何速如是?致足叹也!

又走寻谢磊明，高标雅致，共读中郎《追魂碑》凡四本，以丽水许禹庭藏为佳，馀则钩摹，无足观者。出示叶文定公圹志，龙泉窑，碧色瓷制，修鲁尺十三寸，广十一寸，厚寸许，背朱砂红，文曰："大宋吏部侍郎叶文定公之墓，淳祐十年吉立。"三行，行六字，篆书，古色可爱。数年前，刘仰山造园，掘土出此，圬者持示磊明，因得之。物聚所好，鬼神使之，信不虚矣。瓷制圹志，见所未见。水心易名，或曰"忠定"，观此可以辨证明确。

廿五日　十一月初二日

杨玉笙来。周守良酒集，主宾十人，予年最长，老友贞晦次之，张约霞、胡衡尘、陈越民、张益三、郭伯厚，主人周守良，皆清季讲学温州中学及门弟子也。梅冷生、李伯雄，梅为旧游，李则初识。一席十人，予与贞晦同姓，馀八人，凡七姓，都五百八十岁。散席，偕冷生诣朱镜宙，字铎民，乐清人。出示册叶，为黄鲜庵提学旧藏，多清季名人手墨，并以新摹上石之章太炎小赋拓本见赠。

灯时，铎民、冷生偕来。铎民云，明日以修谱事赴乐清，亟来答访，与约明年入山观瀑。相期后会，能不爽否?检点行李，拟买舟归去，殊感交通沮滞之苦。

廿六日　初三日

谢磊明来谈，阅时而去。诣杨雨农、汪惺时告别。又向冷生借来《遂昌杂录》《吹剑录外集》，带回山庐移写，备汇入《括苍丛书》。

民国三十六年九月廿八日　十四日

晴，八十四。梅冷生来书，云籀园图书馆于今日致祭孙籀庼师，属往参加。来书于前廿二付邮，昨夜始到，交通沮滞，已不能及期，殊歉然也。

九月廿九日　中秋节

昨日复冷生书，并以法币五万圆托其转交高蕙园八旬寿礼。

十月十四日　九月朔日丙寅

乐清高蕙园今年八十，朋旧发启集赀，刻其著作以寿之，因馈五万圆寄梅冷生转交之。

民国三十七年四月廿三日　十五日

晨餐毕，诣梅冷生谈，悉俞寰澄已离沪上，云居台湾，未知其详也。杨雨农往沪，未遇。天雨不能出门访友，小楼闷坐看书，较之在家惊恐，则安心多矣。

廿九日　廿一日

冷生导访吴天五、近又字鹭山。周孟由。又至东城下，赁庑聊以下榻。

五月四日　廿六日

雨。假劲风阁藏《论衡》读之，以消客愁。将及旬矣，尚未毕业卷二十佚文篇，班叔皮《续太史公书》载，“乡里人以为恶戒，邪人枉道，绳墨所弹”一段，与余主张方志人物宜善恶并列之见相合，故吾邑志宜补汤思退传也。

徐厘侯、吴天五同设席于于园宴余，僭首席，宗贞晦、梅冷生、吴洗凡、郑伯琅皆至，肴核甚盛，可感也。

五月六日　廿八日

梅冷生持示杨龙友《洵美堂诗集》，为前丙子年贵阳陈庸庵夔龙据原刻本重刊者。中多官青田知县时作，而光绪年《县志》皆未收入，宜摘钞为《县志》补遗之资料。

五月八日　三月三十日

诣以景藩，偕至侯轩明寓答访，不值。途遇贞晦老友，持示所著《大若岩志》，梅冷生亦以《岐海琐谭集》见赠，破我客愁。旧温属六县设行政督察专员，今复以吾青及新设文成县隶之，任邑人杜伟为专员云。

五月十二日　初四日

梅冷生酒集籀园，杨雨农、刘贞晦、徐堇侯、吴天五、孙孟晋、蔡旅平，以余齿僭首席。杜时霞来谒。

五月廿八日　二十日

梅冷生来访，并钞示韩湘岩撰《经学三书》总序，此文《滑疑集》未见，嘉定唐秉钧辑《文房肆考》卷七文献门有此篇。序云上海唐桐园以所著《易诠义》《诗粹腋》《禹贡图书指掌》三书示韩氏，时乾隆癸巳冬日，韩序于上海使院之宣问斋。惜编《韩年谱》未见此作，倘能增订，宜补入之。属冷生撰《丛书》二集叙。复朱全性函，并附告以《丛书》编次。

十月十一日　初九日重阳日

晴，80。温州中学校创立于清光绪二十八年甲辰，至今历四十六周年。定以今日为校庆日，未知何昉。校长金嵘轩以余为光绪年老教师，特请参加，并演讲当年开办事实。因就所记忆者，略举以告学子。散会开宴，首席为专员翁光辉，余次之，同席朱铎民、江蓬仙、梅冷生、永嘉令陈文。

十二月三十日　夏历腊月己丑朔

午后冒雨走访梅冷生、郑碧琅，告以将移寓龙泉巷，虑其见过相左也。复至怀萱处一坐。

民国三十八年八月十六日　廿六日

晨携健男诣慎甫，久谈。归过籀园，晤梅冷生，云潘鉴宗将军之遗书万卷，今已尽归馆藏。中有丽水郑景崇少游撰《南田刘氏族谱凡例》一册，颇有可资参证。

八月二十日　廿六日

阴，82。书丽水郑景崇少游手稿后：

此丽水郑景崇少游之手稿也。所拟改编余家谱牒之体例，及议海宁陈氏谱之阙失，语多可采。观其复章质夷先生书，论吾浙续修通志，沈寐叟、徐班侯诸先生主持其事，竟谓《金石志》可以在家修成，是当日之续修，但求捃拾官书，幸未成编，犹免为世诟病耳。至于近年设馆重修，龙游余绍宋越园所定体例纲要及编目，见解卓越，果能循其途辙，以底手成，信是盛业。惜以珥笔乏人，历时七稔，自癸未冬，迄今己丑四月停止，鲜有脱稿。今则时事变迁，赓续成书，殆不可期。而越园亦已赍志以殁，深可悲也。昨诣籀园图书馆，梅冷生馆长见示此册，因交卷尾，以识过眼。

一九五〇年八月三日　二十日

霁，82。吴洗凡复书至，云《咏海棠》诗贞晦、梅庵、冷生、伯琅、景逊诸君子皆有和作，惜未获见示。

九月十四日，初三日

雨。雨农邀午餐，贞晦、漱泉、侠逊、冷生、洗凡、菊裳偕集。

九月十六日，初五日

晴，热度九十。取《丛书》廿部交洗凡。步还过德孚侄寓一坐，乘车而归。午餐少睡，精神稍复。梅冷生来，谈年来图书馆事业，渠受事迄今十稔，拟编善本书目云。

九月十七日　初六日

晴，88，热甚。还过龙泉精舍，梅冷生集雨农、洗凡，肴馔精美，谈至更阑而散。又遇郑伯琅、谢磊明。

九月十八日　初七日

晴，90。晨出，答访韩郁堂，谈至傍午。赴洗凡酒集，雨农、冷生、侠逊、克庵、伯琅、季材皆至，尽欢而散。

刘祝群著《疚庼日记》，影印本见《温州市图书馆藏日记稿钞本丛刊》，卢礼阳主编，中华书局二〇一七年一月版，第五十册至五十八册。

夏鼐日记（九七则）

夏　鼐

一九四二年十二月四日　（五）

今日天霁，天气渐寒。下午赴籀园图书馆，晤及昌镠，并承其介绍于馆长梅雨清冷生先生，聚谈良久。梅氏贻以《蔘绥年刊》及所校姜准《岐海琐谈》一部。

十二月十八日　（五）

上午至府前街文华堂，翻阅瑞安杨绍廉氏之旧藏古书，闻此批书籍由其孙售出，售价五千三百元（关于小学及金石之学，现下仍在杨氏手中）。此批书籍中无特殊佳书，《五峰集》（永嘉诗人祠堂丛刻本），有杨绍廉氏之朱笔校注，已于昨日为洪欣（曲□）所购去；郑秉卿亦购去数十册，梅冷生为图书馆选书数十种，放在一堆，尚未取走。余曾选出汲古阁原刊本《香□》一册、清初雍正间修《雁山志》一册，皆以议价不合放弃，索价二十余元：只购得有黄绍箕校语之孙氏《永嘉郡记集本》一册、孙氏《九旗古义考》一册，计洋八元。

一九四三年三月十六日　星期二

下午赴小同处，以贤修太夫人去世，商酌合伙赙赠。旋赴陈叔平先生处执绋，晤及从前十中教师陈铎民先生及省立图书馆馆长孙孟晋先生，余即以中博院名义，接洽温州古甓及仲容先生遗墨问题。据云现下均尚保存，将来可以赠送或售卖与公共机关，此事待战事平静后再谈。后来与孙孟晋及梅冷生先生，赴蝉街方介堪先生寓所访戴幼和家祥先生，乃清华国学研究所毕业同学，此次尚初度见面，谈至傍晚始返。

一九四六年四月二十日　星期六

晨间微雨，旋即放晴。午后至梅冷生先生处闲谈，约定下星期二至籀园观敬乡楼藏书，余略谈此次西北考察经过。旋即辞归。

四月二十三日　星期二

赴籀园图书馆，晤及梅冷生馆长，一观寄存此间之敬乡楼藏书，并借得叶嘉棆著《叶文定公年谱》（抄本）。闻孙琴西太仆亦撰有《年谱》，稿本藏于瑞安某氏，籀园有抄本，惜为孙孟晋氏所携去。又天一阁藏之弘治《温州府志》，籀园亦有抄本，惜亦为人所携去。余以此次西北考察之照相取出传观，馆员潘国存君及温中陈木庵君在座，观后闲谈一会，并借得《水心文集》及《年谱》，乃返舍。

四月二十四日　星期三

下午梅冷生及吴天五二君来。吴君乐清人，长于书法，与夏瞿禅氏比邻同居，来观余所携回之西北考察照相及唐碑拓片。旋同至谢磊明君处，谢君出外未归。余等观及其所藏之叶文定公墓砖，系绿釉磁砖，釉面有百裂纹，颓残若空，已断为二，釉下刻槽有黑色篆书三行："大宋吏部侍郎 / 叶文定公之墓 / 淳祐十年吉立。"又有清代名人书札四册，则购于沪上。谢氏所藏金石书籍颇多，工书法，兼善刻印，亦吾邑一名士也。

六月七日　星期五

阅《瓯海轶闻》卷六。午间宴请叶啸谷、梅冷生、沈炼之、徐希焘诸君。席间叶氏谈及三十二年家居时，以梅氏住于南湖杨雨农祠堂中晒书，而杨氏之家住花柳塘，曾作"大雅春风花柳塘，伊人秋水杨梅庵"。后梅氏作一联以嘲叶氏昆仲："求田问舍非啸谷：贪泉酿酒乃廉夫。"梅氏又述及少年时曾作"天""发"诗钟："白雪满颠悲发短，青云无路恨天高。"今年仅五十一，而鬓发斑白，家境中落，郁郁不得志，前语不啻诗谶也。

九月七日　星期六

上午至梅冷生馆长处，偕往访朱铎民先生。朱为章太炎之女婿，曾任甘肃财政厅长，现为华西副经理，告假在家，承示以所藏清末名人致黄漱兰父子之尺牍原信，及嘉定所得之新津出土汉石刻。

九月二十五日　星期三

下午至籀园阅书，并介绍兰英侄女工作事，以梅馆长不在，又至梅宅一谈。

九月三十日　星期一

下午梅冷生馆长偕朱铎民镜宙先生来谈。晚间至六房，为介绍兰英侄女籀园服务事也。

（编者按，经作者介绍，夏兰英入籀园工作，为期半年，至一九四七年三月离馆。）

十月二十三日　星期三

赴籀园，梅冷生及潘国存皆不在馆。

十一月八日　星期五

上午赴籀园，遇及梅冷生馆长，闻杨志林藏书善本及金石、说文类书籍，其遗族急欲出售，梅氏拟往接洽，为籀园购获此批书籍，惟其中颇多与籀园藏书相重复，故征求私人与之合购，将复本全数让与之。余颇有意，惜自力限制于经济能力也。

十一月十五日　星期五

至梅冷生馆长处接洽收购杨志林藏书事。

一九四七年一月十五日　星期三

至籀园，翻阅最近购进之杨氏藏书，闻以九十万元成交，颇多善本之书，金石书籍颇多，午间始出来。

五月二十五日　星期日

赴籀园晤及潘国存君，知梅冷生馆长仍在沪未返。

八月三日　星期日

上午陈穆庵君来，聚谈半日，留之午饭。饭后赴夫子庙泮池书店，为籀园图书馆购书，即请书店邮寄。

八月二十七日　星期三

今日为孔子诞辰放假。下午至泮池书店交涉籀园换书事。

八月三十日　星期六

下午赴夫子庙交涉为籀园换书事。又至国史馆宿舍陈穆庵先生处，同至街上购书。

九月二十八日　星期日

下午至陈穆庵先生处，同赴泮池书店交涉籀园购书事，幸得顺利解决。

十月二十六日　星期日

今日星期。至陈穆庵先生处，知籀园图书馆换书事仍未办妥，乃前往书店交涉，拣选了几部掉换的书，即令书店寄去。

一九四八年二月三日　星期二

下午与锄非君同赴双屿山，顺道访梅冷生先生。晚间祭灶。

十二月十六日　星期四

上午梅冷生先生来谈。闻谢磊明家于十一月七日失火，宝蕴楼所藏字画、碑帖尽归一炬，亦吾乡文化之一劫也。

十二月二十三日　星期四

赴籀园，晤及潘耒野君，获见谢磊明先生赠与馆中之叶文定墓砖及姜立纲石砚。旋梅冷生馆长来，闲谈一会儿。

一九四九年二月一日　星期二

归途至梅冷生先生处贺年，未遇。

二月八日　星期二

下午梅冷生先生偕陈穆庵先生来谈，又偕往访刘景晨、吴天五、王志澄、刘祝群诸先生。返家时已傍晚矣。

三月十九日　星期六

至籀园阅书，晤及潘耒野君，闻瞿溪潘国纲鉴宗之书，已允捐入籀园，有《四部丛刊》及《大藏经》。

三月二十三日　星期三

赴籀园，获睹新得之潘氏捐赠书籍，大部头书为日本弘教书院本《大藏经》，商务印《碛砂藏》，涵芬楼影印殿本《廿四史》、《四部丛刊》、《正谊堂全书》、《武林掌故丛编》等。潘耒野君正在整理中。

五月一日　星期日

上午旋与张君往谒梅冷生先生。返家午餐。

（编者按，张君，指张一纯。）

五月八日　星期日

晨间上街阅报，知铅山、上饶已解放。午后学联会开欢迎大会，会后游行。余赴籀园阅书，遇及潘国存君，馆中开放阅览如常。

五月十日　星期二

至籀园，遇及潘国存君，谓已有人来接洽接收，嘱将反动书籍抽出，不再借阅。

五月十六日　星期一

下午赴籀园，晤及潘国存君。闻籀园将有人接受，梅馆长嘱早编书目，以便移交。

五月二十四日　星期二

籀园潘国存君因在瓯中代理“托派”黄禹石君之功课，今日亦被逮捕。军管会下令将各巷口所设立栅栏门皆加拆除。

五月二十五日　星期三

赴籀园晤及梅馆长，闻潘君仍未释放。

七月六日　星期三

上午赴籀园阅书，已于六月二十八日接管，派有军事代表林大奇君，闻系暨大毕业。

九月二十六日　星期一

晚间拟赴董朴垞君处，中途遇雨，在梅冷生先生处闲谈，借雨伞返家。

九月二十七日　星期二

昨日下雨后，天气骤凉。上午将雨伞送还与梅先生。至府前维新号，取回董朴垞君所写之墓碑，其中一纸不合用。下午又去请他重写一纸，并闲谈一会儿。

一九五〇年二月十日　星期五

送信与梅冷生及张千里先生，以张、杨二君之托也。返家写信给杨杰及吴定良二君。

（编者按，二君，似指杨杰、张慕骞。）

二月二十三日　星期四

下午至籀园，遇及梅冷生先生，闻陈木庵先生已返温，往访未遇。

三月四日　星期六

梅冷生、潘耒野二君来，偕往海坛山杨府庙，访元丰三年赵屼碑之残石。梅先生拟移置之于籀园，与庙中主持者郭景汾君接洽。

三月二十八日　星期二

下午至永沣，则谷寅侯、陈剑生、梅冷生等皆在座，颇似一法国之沙龙座谈会。

八月七日　星期一

至永沣钱庄，晤及叶昌荫君。返家后，秀庵君在家等候余，留之午饭。饭后闲谈。赴籀园，途中遇梅冷生及谢磊明二先生。偕梅先生至籀园，与梅、潘二君闲谈，傍晚始返家。

八月二十六日　星期六

上午董朴垞君来，新由杭州返里，谈及组织温州文物委员会，偕往籀园访梅冷生先生未遇。

一九五二年九月三十日　星期二

上午赴温工，晤及锄非、立人及叶岑君，又至籀园访梅冷生馆长，未遇。

十月一日　星期三

今日国庆日。傍晚赴县学前观展览会，遇及梅冷生先生，稍谈。

十月九日　星期四

下午赴籀园，遇梅冷生先生，并稍观新没收诸家之书，以瑞安张慕骞君9000馀册，永嘉王希逸4000馀册，戴幼和3000馀册为最多。

十月十日　星期五

午间梅冷生先生来，邀后日文物保管委员会开会。写信复梁先生并续假二星期。

十月十二日　星期日

下午赴籀园开温州市文物保管委员会，由梅冷生先生主持，出席者有张一纯、方介堪、吴洗凡、陈逸人等，梅冷生先生报告一年来之工作，讨论修理江心寺及叶水心墓等事，最后由余报告中央关于文物保管之政策，及解放以来之考古工作。（据手稿图片订正）

十月十三日　星期一

下午冒雨与梅冷生、方介堪、吴洗凡、张一纯诸君至慈山，

访水心墓，已被铲平。绕道海坛山返家。（据手稿图片订正）

十月二十日　星期一

下午至籀园，知阅览室已于前日迁入石板巷黄宗石新屋中，梅馆长与林醒民君正在整理书籍。出来后，至瓯公，遇及叶正钦及俞成泮二君，闲谈一会儿，至石板巷新辟市立图书馆阅览室阅书。

一九五六年十月八日　星期一

苏醒石表叔来谈。梅冷生、方介堪二先生来谈，并约明日赴江心寺参观文管会陈列室。

十月九日　星期二

今晨微雨，江心之游作罢。上午苏醒石先生来，偕往沧河巷市立图书馆访梅冷生先生，未遇。无意中晤及汪远涵同志，正来借书。

十月十日　星期三

上午接梅冷生馆长来信，谓因今晨往工商联听报告，江心寺之游改为明日，微雨亦可往，孤屿秋光大好也。苏醒石先生来约明日游江心寺。

十月十一日　星期四

今日又雨。吴洗凡先生来，携来七律一首："侵晓浓阴未破时，江游胜侣尚迟迟。青山列几宜招饮，白石生辰合赋诗。姚景石结社大梁，尝以九月八日为白石老仙寿。异域接归人考古，君方自法归。故园秋好菊含滋。几回夏里尝相访，风雨鸡鸣最系思。右小诗写似郢政，丙申九月八日吴洗凡俶稿，时年七十又一。冷生、介堪约同赴江心，起身之晨作，奉怀夏作铭同志。”苏醒石及梅冷生先生亦来，时阴雨未霁。下午闻有六级风，但仍决定前往。经西门，吕灵士同志加入一起渡江，方介堪及吴兆英同志在江北迎接，至江心寺小坐，新收得晋咸宁朱曼妻买地券。参观陈列室，以新石器时代物及六朝瓷器为最出名，三代铜器无精品;六朝造像，乃戴夷乘所捐赠，乃是赝物;宋瓷龙泉窑，亦为平常品；平阳钱仓塔中所出之五代天福写经，为敦煌写本之外所罕见之物。名人字画，乡贤真迹颇可贵，外地名家除近人外，恐多不可靠。温州市文物处郁宗鉴处长亦来，并约来《温州日报》摄影记者拍了几张照相。午间设宴招待。饭后游文天祥祠、浩然楼及兴庆寺，最后参观烈士纪念祠。以恐风浪午后加猛，提前渡江返城。

十月十二日　星期五

傍晚梅冷生先生来约下星期一在市立图书馆座谈。

十月十四日　星期日

今日放晴。（前略）下午返家后，冯真、吴友三同志来谈，谢磊明、梅冷生、方介堪三先生亦来谈，至傍晚始去。

十月十五日　星期一

午后赴市立图书馆参加座谈会，系市文管会及图书馆召集，由梅冷生先生主持，出席者有金嵘轩、方介堪、谢磊明、汪远涵等三十来人。下午二时开始，五时三刻始毕，报告关于中央文物政策，列宁图书馆情况及图书馆方针编目，文管会及博物馆问题，最后解答问题。

十月十六日　星期二

上午至图书馆，晤及方介堪同志，知朱伯谦同志由杭州来，拟下午来看我。偕梅冷生先生至石坦巷书库，关于温州先哲遗著又有增加。

十月十八日　星期四

午间梅冷生先生来，约下午至石坦巷市立图书馆书库。饭后至大哥家，将祖父母真容加以翻照。旋至梅冷生先生处，获睹薛应旂重编的四卷本《高士传》、宋平子手稿、明末卢若腾《留庵文集》等。又偕至松台山散步闲谈，至华大利用餐。

十月二十日　星期六

整理图书，预备邮寄。午后梅冷生先生来。

十月二十三日　星期二

上午整理藏书，将集成版“廿四史”共400册赠送市立图书馆，守钦、守元来协助，捆30包。今晨有二家旧书铺前来接洽，购买不要的旧书。

十月二十四日　星期三

上午少兰姊夫来，陈德煊同志来，梅冷生先生来，为籀园选拣书籍。午后联合古旧书店来，拟收购剩余的书籍，洽价未妥，约明日再来。

十月二十六日　星期五

上午秀君收拾行装，籀园图书馆取去赠书。正用晚餐，谢磊明、周孟由、梅冷生、苏醒石诸先生约出来，在仓桥大鸿楼共进餐。

十月二十七日　星期六

上午继续校补《温州经籍志》。午后行李送运，共七件，由温赴金华，共计 9.41 元。方介堪、梅冷生、郁家鉴三同志来，送来龙泉县最近拆塔时出土的唐代写经（乾宁四年《太上洞玄灵宝无量度人上品妙经》）。将钱币及书画赠送给文管会。

十月二十八日　星期日

今晨三时馀大嫂即来送行，起身洗脸后，于四时余由家中动身，没有车子，步行前往。至车站，梅冷生先生已来，苏醒石表叔、王祥弟同志、仲光堂兄、诸声鑫表弟等来送。五时四十分开行，由车中外望，尚看到晓初堂兄及冯真同志来参加送行。中午抵丽水，下午四时半抵金华，梅冷生先生在车中吐了好几次，我因为胃病的关系在车中（永康、金华之间）也吐了一次。抵金华，住浙东旅社，一进去后，又大吐一次。晚间胃病仍作痛，今日除了几片苏打饼干之外未食他物，晚间喝二碗牛奶。

十月二十九日　星期一

晨间六时许将行李七件交运，六件送北京，一件送上海，计 51.12 元。7 时 23 分火车开行，车中阅 Seton Lloyd, Ancient Anatolia[西顿 · 劳埃德:《古代安纳托利亚》]。中午 12 时 8

分抵杭州，决定下车住一天，下榻清泰第二旅馆。出来进餐后，送秀君赴杭州化工学校张立人处。我回来后，将行李提单寄给正暄。梅先生赴浙江师范学院，据云夏瞿禅先生赴武汉，张慕骞先生赴苏州，沈炼之先生开会去了。

十月三十日　星期二

晨间 7 时 40 分由杭州动身，立人表弟及素娥来送，下午 1 时 17 分抵上海。下车后雇三轮至汉口路，找到旅馆，都是客满。梅先生去宣和印社找到方去疾先生，将行李暂寄印社，已三时许。至建国酒家用点心，同时设法找到孟渊旅舍一房间(217 号)。安顿好后，又雇车至淡水路三房。我赴上海图书馆，晤及王育伊同志，约定明日再来。

十月三十一日　星期三

晨间呼车至宣和印社，偕梅冷生先生至上海图书馆，将梅先生介绍给王育伊同志。我自己先回来，至福州路第五联合诊所疗治，据云十二指肠溃疡已复发，开了药水及药粉。返旅舍即卧床休息，仅饮牛奶。晚间梅先生来，托之送信给正寅侄。后来梅先生来说，正寅今晚夜班，明晨八时许来访。

十一月二日　星期五

上午偕秀君赴上海博物馆参观。午餐后至宣和印社晤及梅先生，赴大光明看电影《花木兰》。返舍休息，车票尚无消息。

十一月三日　星期六

返舍，知车票已送来，下午四时即可离沪。至宣和印社，梅先生不在，留言告别。

十一月九日　星期五

晨间梅冷生先生由上海来，即借宿自家。晚间院中迎新会首都剧场话剧，戏票即转让与梅先生。

十一月十一日　星期日

上午校阅《历史研究》寄来的两篇文章，梅先生的孙子明杰（光春，在钢铁学院）及陈湛如来看梅先生，即在自家午饭，饭后他们出来。我午睡后赴东安市场购物。晚间与梅先生闲谈。连日胃病未愈，精神不佳。

十一月十七日　星期六

今日下雪。上午梅冷生先生来所参观图书室，下午参观院部总图书馆。中午偕他去东来顺吃涮羊肉，大概是由于吃得多了，晚间胃病作痛，呕吐了几次，一夜不能安眠。

十一月十八日　星期日

上午梅先生的外甥叶正乐（在铁路局工作）来访，即在我家用午膳。晚间与梅冷生先生闲谈，梅先生今天已购定车票明晚离京。今天他整天在中国书店翻书及购书。

十一月十九日　星期一

赴医院治病，晤及张铁铉同志，来疗治血压过高症，顺便询问介绍梅冷生先生参观北京图书馆事。午后介绍梅先生去参观北京图书馆。晚间送梅先生上车南返。

一九五七年二月五日　星期二

下午梅冷生先生之孙由钢铁学院来，谓进城看病，借去十元。

三月三十日　星期六

下午至西单商场附近之鼎古堂，为梅冷生先生寻求《清词玉屑》，据云已售罄，在商场旧书摊一转，至东四七条宿舍访王明同志，这两天也以重感冒，请假在家。

一九五八年十一月二十日　星期四

下午写信给大哥及梅冷生先生。

一九六〇年一月八日　星期五

晨间梅冷生先生之孙明杰，由温州来京复学，送来信函一封、瓯柑一篓、《宋赵昌离圹志》等三份，留之午饭，饭后始去。

六月七日　星期二

下午同乡梅明杰同志来访。

七月十日　星期日

下午赴中国书店，为温州市图书馆购书事。

七月十一日　星期一

午后至中国书店，询问温州市图书馆购书事，即复信给梅冷生馆长。

一九六一年二月二十日　星期一

梅明杰同志来自家贺年，我以上班，未遇。

一九六二年一月二十五日　星期四

晚间拍一回电给梅冷生馆长，转告接洽请人为孙诒让先生遗著遗物展览会题词事也。

一月二十六日　星期五

中午将温州市图书馆的信及宣纸送到顾颉刚先生处，才知道他尚在广东未返，留下一字条。

二月二十七日　星期二

晚间梅明杰同志来，因即赴上海实习，家款未到，借去20元。

五月七日　星期一

素娟内侄女明日返里，今天上午来我家，以其医院离城过远也。取瑞安许刻本《真腊风土记》以校《古今说海》本，拟即交素娟带回温州交还给温州市图书馆。

六月一日　星期五

上午赴所，途中遇及李素娟内侄女由温州返京，肩挑两个大提包，多是别人托带的东西。我到所后，审查赴日考古图片展览的照片，所中同仁如苏秉琦、安志敏、佟柱臣、王伯洪等也一起商量。审查毕后，我提前返家，偕秀君及素娟一起至华侨大厦的大同酒家用餐。素娟谓归途至金华车站候车入睡，被人偷去手提包一个（我托她带给温州图书馆的许刻本《真腊风土记》即在其内）。

七月二十二日　星期日

傍晚，顾颉刚先生来，送来为孙诒让先生遗著遗物展览会的题词一幅，谓明日将赴大连休假。

九月二十三日　星期日

梅明杰同志来，谓日内即分配南下，借去 25 元。

十一月五日　星期一

接梅冷生先生来信，拟来京游览，去函表示欢迎。

十二月十六日　星期日

写信复梅冷生先生，并寄去苏惠廉夫妇著作二册。

一九六三年六月五日　星期三

上午治疗。去理发。返室，得家中来信并附来梅冷生先生一函，介绍许铁生同志。秀君云，许同志前日礼拜天曾来过自家。

六月十五日　星期六

赴东安市场及王府井大街购书。楷儿来，谓同乡许铁生同志来访，遂返家。铁生系许漱玉先生之庶子，在上海京剧院工作，此次来京参加编剧作家学习，据云主要系如何贯澈反封建精神。又谓漱玉先生已八十四岁，近由沪返温；马公愚先生之父温州耆宿马菊眉（兰生）先生今春去世，享年九十六岁；郑剑西先生已于一九五七年去世，亦在上海京剧院工作，即许铁生君之师傅，享年约六十岁。谈话颇久，辞别时还说月底离京以前，再来会谈一次。

一九六六年一月三十一日　星期一

晚间与秀君、炎儿一起去正中侄家，因玉琴侄女返里，送她水果、糖果、核桃肉等路上吃，并将显微照片托她带交梅冷生。

一九七四年十月二十日　星期日

下午任梓良夫妇及其女来访，携来梅冷生先生一信及虾尾一包。

十一月二十四日　星期日

上午在家读梅冷生先生的《劲风楼诗集》及《桃花诗》。

一九七五年四月十三日　星期日

温州一中语文教员黄立中来，携来梅冷生和胡福畴的信，及胡的《叶水心传》一文，并附有一诗。

一九七六年七月二十八日　星期三

接温州来电，知梅冷生先生已去世，到邮局拍一唁电。途中遇雨，今天继续有馀震。

八月十一日　星期三

接王祥第由温州来信，谓梅冷生（雨清）于七月二十二日去世，享年八十一岁。七月三十日开追悼会，会上有我和王栻等唁电、挽联三十多对。

一九八一年三月十七日　星期二

上午赴所，写了几封信。返家，遇及任志良先生，五年前由梅冷生先生介绍，曾来访问过我，乃温州文人，能诗词，已七十五岁，去年丧偶后来京住其女儿处。留之午饭。午后偕之赴所，拟取王海髯诗词集，遍觅不见，允找到后寄给他。

八月二十四日　星期一

晚间，同乡陈冰原同志来，送来任梓良先生一函及《劲风楼酬唱集》二部，他是温州师院副教授。

一九八三年八月二十七日　星期六

阅温州寄来《劲风阁遗稿》（梅冷生遗著），为胡福畴同志所编。

《夏鼐日记》，华东师大出版社二〇一一年八月版，卷四至卷七、卷九；《夏鼐日记·温州篇》，华东师大出版社二〇一三年八月版。

叶圣陶日记（一则）

叶圣陶

一九五七年四月十七日，星期三

晨间专员王绍甫、副市长苏松来访。二位问我人视察计划如何，我人固无定见，略为共商，结果为下午请市政府方面为我人略述概况再说，上午则先至江心寺，观文物保管会。

由苏君陪往。旅馆在市区之东南，江心寺在市区之东北江中。乘三轮直北折而东，至于江边，登渡轮过渡至江中小屿。

先入寺中。

晤文管会方介堪君与另一位，又晤梅冷生君。梅君熟悉旧闻及目录版本，少余二岁。至文管会小坐。

江心寺与文管会之间为文天祥祠，入而观之。有旧时之对联一副，有近人重书者，绝佳。“久要不忘平生之言，古谊若龟鉴，忠肝若铁石；敢问何谓浩然之气？在地为河岳，在天为月星。”上联下二语，据梅君言，系王应麟评文天祥文稿之辞也。

祠旁由浩然楼，登之。此楼名浩然，有二说。一说为纪念文天祥，一说为缘孟浩然尝至此。梅君为余诵旧时此楼之一联，谓将请人重书之。“青山横郭，白水绕城，孤屿大江双塔院；初日芙蓉，晓风杨柳，一楼千古两诗人。”屿上两端各有一塔，两诗人则谓谢灵运与孟浩然也。

在浩然楼吃面，然后渡江返寓。

《叶圣陶日记：一九五七年》，见《叶圣陶研究年刊：2018 年》，高友东主编，开明出版社二〇一八年十二月版，129 至 130 页。

南行日记（四则）

赵万里

一九六一年十一月三十日，星期四，雨

上午因感冒未愈，在寓所休息。

下午去沧桥河下温州市图书馆参观，馆长梅冷生老先生亲自招待。梅老先生高年硕学，记诵渊博，亲自开樟木箱搬书，热情可感。温州市图书馆藏古书达二十多万册，其中地方文献不少。这次看到的计有：

万历《温州府志》十八卷，明万历三十三年刻本，汤日照、王光蕴纂修。半叶九行，行十九字。缺前序。分舆地、建置、兵戎、秩官、祠祀、食货、治行、选举、人物、艺文、杂志等十一门。棉纸初印，为国内仅存之本。

隆庆《乐清志》七卷：孙氏玉海楼藏旧钞本，侯一元纂修。分壤地、廨宇、财用、秩祀、官师、人物、志馀七门。孙诒让墨笔批校。

康熙《青田县志》十二卷：康熙二十五年刻本，雍正六年增订。张皇辅、钱喜选纂修。

《雁山志》四卷：孙氏逊学斋钞本，明胡汝宁撰。雁山即雁荡山。明万历中据朱谏旧志重修，传本罕见。孙诒让据翰林院旧藏明刻本倩人重写，遂传于世。《四库全书》入地理类存目。

《仙岩志》十卷：明崇祯刻本，明李灿箕撰。仙岩山在瑞安县境。李灿箕任瑞安知县时据王应辰旧志重修。

十二月二日，星期六，晴

温州市图书馆收藏着不少地方文献和历史资料。如

《蜀有闻》八卷：旧钞本，清初金之翰撰。之翰字公藩，镇海人。记四川形胜掌故甚详。

《新镌增补宋岳鄂武穆王精忠汇编》十四卷：明万历刻本，明武林高应科编辑，永嘉陈有孚校正，三衢徐瑞鳌助梓。辑岳武穆事迹和后人怀古悼念之作。

《通漕类编》：明刻本，明王在晋撰。记明代漕运史料。

《蝴蝶梦传奇》：旧钞本，明末陈一球撰。一球，乐清人。题“雁荡非我道人、孤屿丹丘道人编次”。

《渔邨记》：乾隆刻本，韩锡祚撰。锡祚字湘岩。题“河千妙有山人漫笔，青田湘岩居士评点”。

书都罕见，纪之备忘。

十二月七日，星期四，晴

温州市图书馆藏明弘治间刻本《东瓯诗集》八卷，《续集》八卷，明赵柬编辑。这是一部地方诗文总集，流传绝少。中引

《琵琶记》作者高则诚诗二十五首，目次如下：

和赵承旨题岳王韵　积雨书怀　送徐方舟之岳阳　采莲曲　送越中吴本中　和李别驾赏牡丹　题画　次韵酬高应文　宿先公房晓起偶成　夏夜独坐简胡无逸二首　杨季常约至山中既而不果因以诗寄三首　题兰　赋幽慵斋　送张从善　题《明妃出塞图》　桶底图歌　西湖葛岭玛瑙寺僧芳洲有古琴二一名石上枯一名蕤宾铁为赋诗二首　题画　题画龙　题画虎　题《萧翼赚兰亭图》　白纻篇送顾仲明

《东瓯诗集》中又引宋人周行己诗一首、许景衡诗三首，赵汝回诗十首，有几首诗可补《四库》辑本周氏《浮沚集》、许氏《横塘集》，与《江湖后集》内赵汝回诗之缺，亦一并钞出。

十二月十日，星期日，晴

瑞安阁巷陈氏为高则诚外祖家。其家家谱后附《清颍一源集》二卷，中引高则诚诗二十六首，与《东瓯诗集》多复，疑《东瓯诗集》所引诗即从《清颍一源集》转引。因推断，明中叶时，高则诚《柔克斋集》在温州一带已不易得见全书矣。《清颍一源集》有传钞本存温州市图书馆，中有高氏传记，迻录如下：

高天锡号南轩，长子俊甫名彦，号梅庄。次子功甫，亦二子，长高明字则诚，次高诚字则明。南轩为吾杏所公半子，梅庄视吾则翁公为舅父，而少垣公又妻则诚以女，居又同里，故其诗从前附刊《清颍一源》。今从残缺中得二十六首，另行刷印，名曰《高氏家编》。

又从明人李灿箕《仙岩志》中抄出高则诚《重游仙岩寺》诗一首。我从事高氏《柔克斋集》校辑工作已多年，因见闻有限，未能毕工。今来温州，得读未见之书，为之大快。

原载《文物》月刊一九六二年第九期，总第一四三号，18 至 19 页。

项慈园自订年谱（两则）

项士元

一九二一年

是岁寒暑假，往返台、括间，道出温州，获交永嘉王隽庼、梅冷生，承介绍参加“慎社”，并顺道访郭景纯、谢康乐、刘诚意、端木太鹤诸古迹，亦有纪游诗多首。

（编者按，查《慎社交信录》，未见项士元。）

一九五四年

一月二日，温州图书馆馆长梅冷生来函，谓周中夏近在瑞安访问，得晋墓明器多件，又商交换图书事。

《中国簿录考》，项士元撰，徐三见点校，上海古籍出版社二〇一九年九月版，下册，一二五六至一二五七、一三二八页。

梅冷生年谱简编

卢礼阳

梅冷生（1896—1976），名雨清，号劲风，笔名微波、脉望，浙江永嘉县城（今温州市鹿城区）人。知名诗人，浙南图书馆事业的杰出代表。平生以继承永嘉学派的优良传统为己任，以文章气节相砥砺，倾力于地方文化建设，在诗词创作，方志整理，尤其是乡邦文献（包括文物）的征集保存方面劳苦功高，贡献卓越。

一九一六年参与创办《瓯海潮》周报。一九二〇年发起组织慎社、瓯社。一九二一年当选浙江省议会第三届议员，一九二五年递补为省自治法会议代表。一九三四年任《瓯风杂志》编辑。一九三五年三月，应聘籀园图书馆理事会理事。四月，任浙江第三特区（永嘉区）征辑乡先哲遗著委员会委员、总务兼印行股主任。一九三六年十一月起，任陕西省财政厅秘书、浙江省政府会计处秘书等职。一九四一年二月，任旧温属联立籀园图书馆馆长，并兼旧温属联立中学等校国文教员。

一九五〇年起，籀园图书馆更名为温州市立图书馆、温州市图书馆，继续主持馆务，直至去世。曾兼市文管会主任、副主任，温州市人民委员会委员，温州市政协常委、文史资料工作组副组长。民革成员，民革市委委员、省委候补委员。

晚年主编《馆藏古书目录》;辑录《温州区地方资料汇编》。有《劲风阁遗稿》行世，后增补为《梅冷生集》。

光绪二十二年（1896 丙申）一岁

夏历八月十六（九月二十二日），生于永嘉县道前街（今温州市鹿城区广场路）馀园。

父梅湰（1853—1922），字秀芝。世居郡之宣化里。著有《馀园诗稿》二卷。

母徐氏（1855—1931）。

大姐二十五岁，二姐十三岁。

光绪三十一年（1905 乙巳）十岁

应童子试，虽未获隽，已驰誉乡党。

光绪三十三年（1907 丁未）十二岁

春，作《偶书》，云:“嫣红姹紫满亭台，三月春光浩荡来。唯有牡丹爱富贵，吾家十载未曾开。”

中华民国元年（1912 壬子）十七岁

本年，就读于东瓯法政学校。

中华民国二年（1913 癸丑）十八岁

十月十六日，长子之荣生。

中华民国四年（1915 乙卯）二十岁

三月十三日，次子之芳生。

中华民国五年（1916 丙辰）二十一岁

孟夏，偶过冷摊，购钞本一册归。

十二月二十四日，与郑猷（姜门）、吴劲（性健）、林仲（默君）、沈翔（墨池）、郑任重（远夫）等创办《瓯海潮》周报。周报社设温州洗马桥仁济医院，经理吴劲。

《瓯海潮周报序》出自钱伯吹之手，略言："小善必录，大名偕宇宙并垂；有过必书，特笔懔春秋大义。里能记鼓，事无亥豕之讹；乘有照珠，阙补輶轩所采。瓯报之作，意在斯乎？"第一期卷首发表浙江警备队第六区统带戴任、永嘉县知事郑彤雯、浙江第十师范学校校长姜琦、永嘉警察局局长徐熙诸人贺词。

十二月三十一日，《瓯海潮》周报第二期出版，封面题签袁希濂。

中华民国六年（1917 丁巳）二十二岁

一月七日，《瓯海潮》周报第三期出版，封面题签戴任。

二月十一日，长女之华生。

六月十日,《瓯海潮》周报第十二期发表《编辑部启事》云：“东嘉新竹枝词收到各卷甚夥。谱梦得元和之曲，成瓯江风土之纪。冷生不敢糊涂为盲主司，当斋心三日，盥手铨次。”

七月一日 ,《瓯海潮》周报第十三期发表《东嘉新竹枝词》十五家一百零七首 , 系谱主值课、铨次。

夏，瓯海关监督署驻军，拟将冒广生辑刻《永嘉诗人祠堂丛刻》版片作为柴火。从监督署文案薛钟斗处获悉，即与驻军交涉，连夜移藏于九山籀公祠内。

十一月三十一日，《瓯海潮》周报出至第十七期，停刊。

先后在《瓯海潮》周报第五期（二月二十五日）、第九期（四月八日）、第十二期（六月十日）、第十四期（七月八日）发表《法与势》《谐评四则》《痛言》《西南问题》等时评四篇。其中《西南问题》一文《梅冷生集》失收。

此外，在《瓯海潮》周报第一、二、三期发表《记梅兰芳》，第一、二期发表《昙影》（短篇小说），第三期发表《呵冻小记》（两则），第三期、第五期发表《燕雏》（小说），第五期发表《浪语》（两则），第六、八、九期发表《秋棠影》（哀情小说），第六期、第九期发表《孤芳馆随笔》（八则），第五期、第十六期发表《谭屑》（两则）。笔记五篇，短篇小说三个，加上时评，合计十二篇。

中华民国七年（1918 戊午）二十三岁

冬，劲风阁落成。

本年，次女之萼（绿云）生。

中华民国八年（1919 己未）二十四岁

四月六日，夏承焘做客劲风阁，两人订交。

五月九日，旧温属公立图书馆正式开放，首任馆长永嘉王毓英。

五月中旬，出游杭州西湖。

九月十四日，与夏承焘商议组织瓯社。按，谱主与柳亚子时有通信，拟参照南社，在温州创立文学社团。

中华民国九年（1920 庚申） 二十五岁

年初，与薛钟斗商榷社务，薛写来一通封长信表示赞成，建议取名慎社。“以瓯江亦名慎江，不如以‘慎’为名。”

三月，作《慎社》第一集序。社刊交美成和石印局承印。

五月三日，应严琴隐招饮，与郑姜门、陈纯白、夏承焘、沈墨池、吴星池、郑昂青、叶雨田共九人同席，筹筑慎社社址经费。

五月十六日，过吴星池凌波小榭，与郑姜门、林佛伦、夏承焘诸社友，约定夏历四月十三日，假曾氏怡园举行慎社雅集。

五月十七日，夏承焘、陈纯白、徐心存、郑姜门、严琴隐先后来访，言各机关阅索《慎社》第一集者纷纷不绝。

五月二十九日，与陈纯白、夏承焘赴曾氏怡园布置会场。

五月三十日，慎社第一次雅集假座曾氏怡园举行，社友王毓英、郑姜门、王梅伯、龚雪澄、李仲骞、严琴隐、金南庵、胡澍春、沈云巢、郑昂青等三十九人出席。《慎社》第一集首发。慎社设书记、会计、庶务三部，其中书记部负责社刊的编辑工作。

六月中旬，平阳刘绍宽、黄梅生，景宁柳景元等入慎社。

六月下旬，社友林默君自厦门来书，提议设总社于沪上，搜集永嘉先贤遗著，另刻慎社丛书。不久，谱主函托夏承焘，就南京当地图书馆搜集永嘉先贤佚著，以为刻慎社丛书之预备。

七月十二日，社友夏承焘来函，报告九日抵达南京，入高等师范暑期学校就读。

七月，社友陈纯白来信，认为慎社“名为以文会友，然亦不可不具活动社会之思想”。

八月十九日，社友胡振霖宁波来函，问有否函约柳亚子来温出席第二次雅集。

八月，社友宋慈抱来信，谈《慎社》编辑体例，可按内容分政治、学术、记载、文艺和附录五门。

九月十四日，与平阳姜会明在如园举行诗钟会，同席有夏承焘、曾公侠、翟楚材、王梅伯、徐秋桐、徐心存、郑昂青、金南庵等。

九月中旬,《慎社》第二集出版,叙言出自新社友吕文起之手。按吕文起,前广东地方实业银行行长,由王毓英介绍入社。

九月二十八日,社友刘绍宽来访。

十月十二日,在夏承焘陪同下至府前大公报馆访晤社友周志侨。

十月十七日,慎社假座飞霞洞第二次雅集。此时社友增至七十三人。薛钟斗下榻馀园,共商《慎社丛书》事宜,拟定乡哲遗著十馀种,集同社之力刊行。

十一月六日,薛钟斗作古。作《哭储石》五律四章。

本年,列名《温州医士一览表》。

中华民国十年(1921 辛酉)二十六岁

二月底,《慎社》第三集截稿。交温州务本石印公司承印。

三月三日,刘绍宽、黄梅生、姜会明联名来函,介绍平阳吴醒玉入社。

三月十五日,王理孚致函王梅伯,请介绍入社。

三月,慎社第三次雅集于江心屿。新社友包括瓯海道尹林鹍翔。此时社友达八十七人。

仲春,与王梅伯、夏承焘、陈仲陶等小范围另组瓯社,从林鹍翔专攻填词。

春，青田社友杜师预三次来函，介绍邱翊华、陈益轩入慎社。

五月十五日，林鹍翔函复王梅伯，谈朱彊村、况蕙风作词原则，于瓯社社友颇有启发，后刊布于《瓯社词钞》卷首。瓯社社友共十五人。

初夏，梧埏永嘉第三高等小学校长李仲骞受当地人指控，谱主劝李辞职，而向林鹍翔推荐夏承焘接任。林下条子与永嘉县知事王家琦，予以发表。因当地拒绝城区人充任校长，未及一月，夏被逐回。

八月二十六日，浙江省议会议员第十选区复选揭晓，当选第三届省议员。

晚年口述："一九二一年，浙省第三届省议员竞选，我就是赖林鹍翔竭力支持，并利用慎社、瓯社个别社友帮忙，而获得贿选成功。"

暑期，浙江省立第十一师范学校国文教员临海项士元自丽水来访。

十月十二日、十五日，出席浙江省议会第四次、第七次选举会。

十月二十七日，出席省议会第四次议事会，就拨还烟酒附加税发言，主张依细则第七十四条迳咨省执行。

十月，鉴于警备队第五营管带李玉珍索诈股商，永嘉警察局长厉家桢纵警殃民，与省议员阮伊桐等向省长公署提出严重质问。

同月，瑞安黄氏蔘绥阁藏书上千部九一九五册移存籀园。次年春，正式捐赠。事前谱主提议王毓英前往争取。

十一月三日，吕文起函复谱主与陈翰香，答应如数提供运米护照（通行证）。

中华民国十一年（1922 壬戌）二十七岁

二月八日，在劲风阁举行诗钟会。

三月，慎社租用鼓楼（谯楼）为社址。

五月二十日，浙江外海水上警察厅厅长来伟良来函道歉。

五月，刘绍宽、郑姜门分别作《梅秀芝先生暨配徐孺人七旬征文启》《馀园记》。朱晓崖绘赠《长生无极图》贺寿。林鹍翔作《寿言》，语及谱主，有“一时无两，非阿私也”之誉。

六月，《慎社》第四集由温州美成和书局印行，系谱主委托严琴隐编辑。

八月五日，与吕文起、周志侨、王永山、杨雨农等十九人以温州民食维持会暨温属全体公民名义致电省长，反对劣绅包办米石，迅电道、县吊销已发护照。

八月二十二日，社友邱翊华复函，拟捐助慎社新筑二十元。

十一月九日，出席浙江省议会紧急会议。

十二月一日，陈纯白来函，请借四十大洋给夏承焘做盘缠。陈代筹二十元。

十二月三日，自杭州汇四十大洋与夏承焘。八日，夏承焘启程离京赴陕西供职。

十二月二十日，父故，享年七十。王理孚挽以联语。

中华民国十二年（1923 癸亥） 二十八岁

四月五日，夏承焘致函规劝，“出处取予之际，断不可同流合污，自丧其守”，“朋交中惟阁下处境进退有馀，才能又足领袖一乡，万不可妄自菲薄也。”

四月中旬，复函夏承焘，表示接受。

五月五日，与陈仲陶、严琴隐宴请瓯海道尹沈致坚。

五月六日，往东山书院词人祠堂参加祭祀，主祭人沈致坚。

六月八日，三女之英生。

十一月二十一日，列名浙江省公民大会（为廉耻运动）宣言。

中华民国十三年（1924 甲子）二十九岁

二月一日，馆长王毓英卒于任上。

二月十二日，夏承焘来函，言慎社不可注全力于社刊一局部。结集数百人为一团体，须为地方上做一点事，免使人讥我辈为风雅闲人。

三月三日，介绍夏承焘太太游淑昭入温州女子师范就读。女师校长木斡斋系慎社社友。

三月，严琴隐接任籀园馆长。

六月十四日，嘉业堂主人刘承幹就索书事复函。

六月二十三日，与夏禹锡、李金奎、林翀、白文俊等五百二十二人联名致电温州旅沪同乡会会长黄溯初、副会长林炎夫，呼吁保护郭公山古迹。

七月，与卧云和尚发生冲突。永嘉县知事徐麟祥庇护卧云，派警拘查，风潮大起。谱主等四人公电省长，请撤徐任。

十一月七日，徐麟祥辞永嘉县知事（次年署理乐清知事）。

中华民国十四年（1925 乙丑）三十岁

一月十日，张宗祥接任瓯海道尹。

一月中下旬，张宗祥走访籀园图书馆，目观书籍阙佚，编制紊乱，慨然兴叹。

一月二十四日（正月初一），在瓯社设午宴并举行诗钟会，道尹张宗祥，社友郑姜门、王梅伯、瞿楚材、陈仲陶、夏承焘、徐秋桐、严琴隐同席。

一月二十八日，赴道尹公署访科长王梅伯，并晤张宗祥。张言温属图书馆亟宜整顿，意于严琴隐、钱伯吹之外，择人继任。谱主告以平阳刘绍宽为最宜人选，张嘱其作书先行致意。

按，前任道尹沈致坚拟安排钱为馆长，后见舆情不洽，果断收回成命。

一月二十九日，致函刘绍宽征求意见。

二月一日，接刘绍宽复函，婉言推辞，并就如何改进馆务提出两条意见。

二月六日，晚往长发栈谒刘绍宽，商谈图书馆事。经各方劝驾，刘已有就意。

二月十六日，同省议员王永山、陈翰香组织永达人力车公司。

二月二十日，偕王永山、陈翰香赴道署谒张宗祥，陈人力车添设之经过。

三月十五日，在商会与士绅会商防止私贩米石办法。次日，与王则时、周志侨等十二人晋谒张宗祥，争取支持。

四月下旬，张宗祥致函刘绍宽敦促赴任。

四月二十四日，刘绍宽前往温州晋谒张宗祥，同日下午在馆长严琴隐的陪同下考察籀园图书馆，随后于五月一日接任馆长。

八月十日，陪夏承焘到图书馆访晤刘绍宽，递交夏承焘代撰之《征书通启》。刘绍宽随后刊印，并通过道尹张宗祥寄发，应征者有吴兴刘承幹、张石铭、周湘舲，海盐张元济，嘉兴陶拙存，杭县徐仲可，南海黄秩南诸人，赠书凡百数十种，中多精本。

十一月，省自治法会议代表叶杏南（新任天台县知事）辞职，以候补当选人资格递补。

十二月七日，以新补代表名义出席省自治法会议。

十二月十八日，以返里“葬亲”为名向省自治法会议请假七日。二十六日，父灵柩安厝。

中华民国十五年（1926 丙寅）三十一岁

一月十二日，刘绍宽来访。

本年，应温处卷烟公栈总董王永山（启文）之约，任公栈会计，为期两年。

中华民国十六年（1927 丁卯）三十二岁

一月底，张宗祥离任。

三月十四日，刘绍宽来访。

三月十八日，国民党永嘉县联席会议推瓯海公学教员陈经为图书馆馆长，并由代表戴荫良电呈浙江省政务委员会委任。

四月中旬，陈经接任温属图书馆馆长，刘绍宽向浙江省教育厅辞职。

五月十一日，就永嘉县党部联席会议更委温属图书馆馆长一事，旅杭旧温属六邑公民章味三、黄式苏、周锡经、林大同、刘景晨等十五人联名呈浙江省务委员会，吁请维持原案，馆长一职，拟由六邑教育局公举有学识者，呈请加委，著为定章，以昭慎重，不能由一县为政，致多争执。

夏，谋划任籀园图书馆馆职。

七月，姚平子任温属图书馆馆长。

十一月，游历苏州、扬州。

中华民国十七年（1928 戊辰）三十三岁

一月二十四日，夏承焘、游止水来访，谈诗词至暝归。语以在杭会晤林铁尊（鹍翔）情形。

十月七日，举行诗钟会。

中华民国十八年（1929 己巳）三十四岁

四月二十六日，与严琴隐等邀集同人于东山书院，祭词人祠、谢康乐祠，推刘绍宽为祭酒。

九月五日，刘绍宽来函，托转交谢磊明《印存序》。

十月，出差上海，与林鹍翔相遇于振华旅馆。林犹以词作为询。谱主答以弃词不为久矣。林愠见于色，连说："可惜！可惜！"其间，有七绝《题扇》，曰："生涯云水未能忘，十载依稀鬓欲霜。今日重阳来海上，故人为我写秋光。"

中华民国十九年（1930 庚午）三十五岁

六月，龙榆生拟请叶恭绰聘谱主为《清词钞》分纂，谱主复函夏承焘推辞。

夏，以四十余金购得七道士《日长随笔》一册。

八月初，购买公债失败。

十月十四日，访晤刘绍宽。

十月二十日，应孙孟晋之约赴宴。

中华民国二十年（1931 辛未）三十六岁

三月六日，与刘绍宽同至瓯海实业银行。

九月二十四日，刘绍宽来函，《爱晖亭序》托转王永山。

九月间，出差上海。

十月十五日，应黄溯初之约赴宴。

十二月底，母徐氏逝世，享年七十七岁。

中华民国二十一年（1932 壬申）三十七岁

一月十七日、二十七日，夏承焘两度来吊唁。其间刘绍宽、张震轩、夏承焘、游止水等致送挽联。夏承焘与吴鹭山相识于梅寓。

二月三日，开吊。

六月下旬至七月初，与谢磊明、吴鹭山陪上海美专教授黄宾虹游雁荡、观龙湫。黄宾虹题赠山水一幅。

九月二十八日，在新瓯潮报馆接待刘绍宽。

本年，复函上海市银行代经理朱铎民，劝其静养。

中华民国二十二年（1933 癸酉）三十八岁

一月二十八日，夏承焘代龙榆生《词学季刊》约稿。

五月七日，赴东山书院旧址，与刘绍宽、孙孟晋、柯逢春、严琴隐、吕维周、周驹材、王则时等商议东山图书馆事。

十一月十日，朱铎民就任甘肃省政府委员兼财政厅长，聘请谱主协助。

十一月二十日，陈谧、林庆云等人在瑞安求志堂（杨衙街十六号）举行瓯风社第一次筹备会，以平阳刘绍宽、王理孚，乐清黄式苏、高谊，永嘉梅冷生、陈仲陶，瑞安池志澂、林损、孙孟晋、李笠、李孟楚、宋慈抱、陈谧、张宋庼、陈准、林庆云等十六人为基本社员，启动《瓯风杂志》筹备工作。

十二月一日，在瑞安求志堂举行瓯风社第二次筹备会，推定陈谧为《瓯风杂志》总编辑，谱主与孙孟晋、宋慈抱、陈仲陶、夏承焘、李孟楚等六人为编辑；林庆云为总理事，陈准、张宋庼为副理事；并讨论征求社员方法。

中华民国二十三年（1934 甲戌）三十九岁

一月九日，姻亲周守良来函，转交朱铎民函，嘱其甘肃之行暂缓。因交通阻滞，谱主未成行。

一月二十日，旧作《送别宋二墨庵之高邮》发表于《瓯风杂志》创刊号“文苑”专栏。

一月三十日至二月三日，与陈翰香至杭州会晤之江大学国文系教员夏承焘。其间访晤林大同、陈纯白、张慕骞、朱晓崖诸人。

九月十六日，刘绍宽来访，赠以朱铎民母夫人墓志铭拓本。

十月二十八日，与刘绍宽、严琴隐、吕维周同至东山书院，会议修理院屋等处。

中华民国二十四年（1935 乙亥） 四十岁

二月二十日，第三特区为征辑乡先哲遗著事举行会议。晚应吕维周之招宴，与刘绍宽、刘景晨、孙孟晋、叶适庵、杨雨苏、郑姜门等议东山书院书社保管事。

三月，应聘为籀园图书馆理事会理事。

按籀园图书馆理事会，以第三特区行政督察专员及各县教育局长为当然理事，加聘地方热心图书馆事业之人士为聘任理事。聘任理事四名，另三名为刘绍宽、孙延第、徐堇侯。专员许蟠云为理事长。议定馆名为“旧温属联立籀园图书馆”，并更选馆长。

四月五日，许蟠云设第三特区征辑乡先哲遗著委员会，借中山公园办公。谱主应聘为委员，兼总务与印行股股长，协助副主任兼整理股股长刘绍宽工作。主任由许蟠云兼任。委员孙孟晋为征辑与保管股股长。

同日，第三特区艺术作品流动展览会开幕，与张震轩、叶墨卿、刘绍宽、刘景晨、黄梅生、孙孟晋等三十人为顾问。

春，刘景晨倡议补刻光绪《永嘉县志》，征求永嘉县长徐用（子勉）赞助。谱主受托校刻，历时八个月完成。

五月六日，孙孟晋（延钊）接任馆长。

同月，次子梅之芳入籀园工作。馆员共四人。

五月中旬，起草《征辑乡哲遗著募捐启》，与刘绍宽商议三次。

五月十三日、十七日，刘景晨两次复函，商谈《永嘉区艺术展览会书画纪念册》编印、《永嘉县志》补刻、乡著会及《敬乡楼丛书》后续工作等。

六月三日，征辑遗著会招考缮写生，三十一人应试。次日，刘绍宽阅卷，与孙孟晋同定分数，及格者十九卷，不及格者十三卷。谱主检卷呈交专员许蟠云核定，正取五名，备取五名。最后录取永嘉徐志良、李作宇、夏书、曾羽中，瑞安胡铮民、张樨竹等六人。

六月二十五日，出席第三特区征辑遗著大会，刘绍宽、高性朴、孙孟晋、童鹏超（永嘉教育科长）、黄庆瑞（瑞安教育科长）、朱华（乐清教育科长）等与会。决议铅印经微室遗著、何丹邱遗著，木刻补足《瓯海轶闻》，钟灵机印施六洲《雁山志》《岐海琐谈》。

七月二十五日，出席第三特区征辑乡先哲遗著大会，主任许蟠云主持，副主任刘绍宽，委员孙孟晋、翁纶，童鹏超、黄庆瑞、朱华、林仲章（平阳教育科长），共十人。

九月二十五日，《南田山志》《永嘉县志》两跋脱稿，并送请刘绍宽过目。

十月十日，夏承焘作词寿谱主四十。

十月中旬，光绪《永嘉县志》补刻本印成。跋语出自谱主之手。

十月二十五日，永嘉区公署举行征集委员会会议。按，永嘉区由第三特区更名。

十月二十六日，应陈穆庵、林志甄之邀，与瓯风社同人刘绍宽、孙孟晋、张宋庼、高性朴、陈仲陶、谢磊明、宋慈抱及刘祝群雅集于东山书院、江心孤屿，合影留念。晚应许蟠云之召，出席学艺会餐叙。

下半年，《高阳台·题半樱簃填词图》入选叶恭绰纂录《广箧中词》（卷四，二三叶），番禺叶氏丛书本。

中华民国二十五年（1936 丙子）四十一岁

一月一日，《郡斋征书记》发表于《浙瓯日报》元旦增刊，小结乡著会一年来的工作，提出及时缀辑乡邦文献，是“为先民留精神，即为国家留元气”。

一月六日，被永嘉区行政会议第四次会议推定为区志筹备员。会议由许蟠云主持，在县政府大礼堂举行。

一月十日，陈穆庵祖母林氏安厝，冒雨前往瑞安致奠。

一月二十五日，出席永嘉区征辑乡先哲遗著委员会第五次常会，议决发起修理叶水心祠墓，议选《永嘉诗徵》，推刘绍宽、刘景晨负责。

二月六日，赴永嘉区出席《永嘉诗徵》编纂会议、《永嘉区志》纂修会议，两会皆推刘绍宽主持，许蟠云与会。

二月十七日，出席《永嘉区志》修纂会，议决会址设中山公园中山纪念堂。

三月五日，纂修永嘉区志委员会正式成立，被推为常务委员。

四月五日，出席《永嘉诗徵》编辑会议，提议于八月毕选。

五月九日，瑞安戴炳骢近搜得戴氏遗著数种，送交谱主。

六月九日，高性朴携所抄乡哲遗著访晤刘绍宽，刘即转交谱主。

六月十三日，与张震轩造访许蟠云，为移抄天一阁藏弘治《温州府志》、嘉靖《温州府志》、永乐《乐清县志》，申请专署资助一百元，许批与一百二十元。

六月，作《岐海琐谭》跋。次月，《岐海琐谭》由永嘉区乡著会印行。

七月上旬，朱铎民来访。

七月二十五日，出席永嘉区征辑乡哲遗著会议，该会宣告结束。

九月十三日，高吹万获赠《岐海琐谭》，回函称："尝念学术陵夷，万方一概，而永嘉之学至今未衰，则全赖刘先生与先生等之提倡。"刘先生，指刘绍宽。

按，徐寄庼复函表示："我公搜罗乡邦文献，俾垂久远，其功不在禹下。凡属乡人，无不感佩。"

九月二十二日，刘绍宽《厚庄诗钞续集》委托谱主代为付梓。

十月，为专员许蟠云代拟《瓯雅》（即《浙江永嘉区艺术流动展览会书画纪念册》）序。按《瓯雅》，系谢磊明、林志甄与谱主三人编辑，不久由上海宣和印社付梓。

十一月初、中旬，出差上海、杭州。其间，十五日与孙孟晋、夏承焘往沧洲旅馆拜访章太炎夫人，听谈章太炎身后及章氏讲学会将来办法。

十一月中旬，应陕西省政府委员兼财政厅厅长朱铎民之邀，赴西安任陕西省财政厅秘书。高谊作《赠梅冷生赴陕叙》。

十二月十二日，西安事变发生。朱铎民以患病为由请辞，十五日办理移交；谱主亦不再担任陕西省财政厅秘书，离开西安。

中华民国二十六年（1937 丁丑）四十二岁

一月上旬，返温州。

一月十二日，吴鹭山、周季材设午宴接风，刘绍宽、陈铭石、刘赞文、徐堇侯、池仲霖、郑伯琅同席。

一月十三日，刘绍宽来访，谈陕变见闻。

三月二十三日，偕朱铎民访晤刘绍宽。

四月十日，与瓯风社同人游仙岩，于陈止斋读书台故址合影留念。

五月下旬，有人伪托孙孟晋、梅冷生函致姚味辛，谓刘绍宽家失火，乞助资六百金，姚味辛以原函寄杨雨农，杨将函转交专员许蟠云饬查。

六月下旬，应周守良之约，出差上海、杭州。

七月，经周守良推荐，任浙江省政府会计处秘书。

十月，致刘绍宽函，宁波中学教员赵柏庼代垫天一阁藏旧方志抄书费需归还。

中华民国二十七年（1938 戊辰）四十三岁

五月七日，列名《募修叶水心墓启》。此启系刘景晨、夏承焘合拟。

中华民国二十八年（1939 己卯）四十四岁

三月，避居霞坊。

四月三日，与张宋庼、陈穆庵赴平阳，访晤刘绍宽、王理孚、游越珊等。

九月，“九一八”事变八周年纪念，浙江省政府委员许蟠云赋诗求正。

十月三十一日，夏承焘之父去世。

十一月十九日、十二月三日，前往夏家吊唁。

十一、十二月，应永嘉县党部之聘在业余学社讲授国文。

中华民国二十九年（1940 庚辰）四十五岁

一月十六日，前瓯海道尹、瓯社盟主林鹍翔在沪逝世。二十二日，夏承焘来函告知。

三月初，致函刘绍宽，将于三月十七日在永嘉诗人祠堂公祭林鹍翔。

三月十七日，与瓯社社友于永嘉诗人祠堂公祭林鹍翔。

秋，朱铎民函托复核《李诗选注》钞本，再行归还孙孟晋。

十一月中旬，函托刘绍宽为谢磊明之子谢师约函荐于浙江贸易委员会副主任殷公武。

中华民国三十年（1941 辛巳）四十六岁

二月四日，浙江省教育厅委任梅雨清为馆长，孙孟晋调任浙江省立图书馆馆长。

二月十六日，就馆长职。从此开启征集、收藏乡邦文献，利用图书馆服务社会的事业，慎社时期表彰桑梓文献、阐扬永嘉学术的夙愿有了具体落实的平台。

二月间，郑重其事地找梅之芳谈，以父子一馆共事不便，示意他离职另就。梅之芳次日毅然离馆。

三月二十一日，撰《我与籀园图书馆》，提出“守旧还要谋新”的办馆方针（《籀园月报》第二卷第二、三期合刊，署名梅雨清）。

三月二十五日，夏承焘来函，提议图书馆印一征书启，乐意代为征集图书。

四月十九日，温州第一次沦陷。永嘉县城沦陷前夕，抢运籀园藏写本乡先哲遗书及新旧重要书籍五千余册，寄存近郭农家。另将部分古籍，伪装藏在籀园谷仓内，并将工友王永福老母的木床横堵通道，随后避居下河乡亲戚家。

四月二十四日，王永山牵头筹备伪永嘉县临时商会。谱主闻讯派长子进城，劝王不要落水。

四月底，日寇撤离温州，王永山避居上海租界。

五月五日、七日，先后致电浙江省教育厅、永嘉县政府，报告沦陷期间本馆损失及经过情形，仅普通书籍并器具略受损失。

五月十五日，籀园藏书整理就绪，照常开放。

五月二十五日，致永嘉县善后委员会公函，填报本馆遭寇损失调查表。

五月三十一日，鉴于近年常有军队借馆屋驻兵，致函温台防守司令部恳请给示制止驻兵。

六月四日，温州防守司令部回函，同意出示禁止驻兵。

六月十三日，与黄式苏、刘景晨、杨雨农、孙孟晋、王荣年、吴洗凡结伴往平阳看望刘绍宽、黄梅生，一宿而归。

七月七日至十三日，孙、梅办理交接手续，立有文卷、图书、板片、出借图书、待查图书等五种移交清册。图书、报刊、挂图、拓片计 8241 种 49559 册。

七月二十九日，致函瑞安县政府财务委员会常务委员孙经畬，接洽籀园瑞安涂税征收事宜。

八月三日，孙经畬回复。

同日，电复永嘉县政府，本馆准备撤退永临区水浦乡。

中华民国三十一年（1942 壬午）四十七岁

一月，经高谊介绍，聘潘国存为馆员。

三月，亲家瑞安贾啸梅（女婿贾润湜之父）为匪绑去，遇害。

同月，樊祖鼎入馆工作。

五月，浙江省主席黄绍竑拟重印发行《永嘉县志》《瓯海轶闻》，籀园图书馆呈请专员公署派人，运回因避日机轰炸而移藏郭溪区天源乡周岙的两书版片。

七月十一日，温州第二次沦陷。将籀园善本、珍本、乡先哲遗著等捆扎装箱，连夜运至郊外霞坊，分藏在亲戚叶家阁楼。

八月二十四日，向浙江省教育厅、第八区行政督察专员公署、永嘉县政府呈报本馆损失及经过情形，善本及重要图籍于沦陷前运庋乡间，免遭寇劫，惟仅存普通书籍及器具略受损失。

九月一日，籀园照常开放阅览。

九月十九日，为“七一一”事变本馆经费拮据，呈专员公署文，请准予在救济教育文化事业费项下拨款五千元，以作扩充图书与宣传事业之需。

约九月，以七八千元购得馆后菜园地四亩，筹建二层馆舍一座，拟名“湖山清集楼”，兼作讲演厅、旅行社。

十月十一日，邀夏承焘同往霞坊搬运籀园寄存图书。

十一月七日，托夏承焘转达游止水，欲聘彼为图书馆分组（馆）主任，明年接其馆长任。当时谱主拟在温州东山书院谢公祠、永嘉词人祠堂（瓯社）设立籀园图书馆东山分馆，将计划书呈送永嘉县政府。

十二月四日，刘昌镠、夏鼐来籀园，经刘介绍认识夏鼐，贻赠《蓼绥年刊》《岐海琐谈》。

中华民国三十二年（1943 癸未）四十八岁

三月十六日，与孙孟晋、夏鼐赴蝉街方介堪寓所访戴家祥。

春间，以三百大洋购得青田韩湘岩墨迹十二叶。

五月二十五日，预备将馆藏《周礼正义》锌版及重要木版、铅印本先行运至楠溪庋藏，以免意外。日前晋谒专员兼保安司令张宝琛，面陈本馆困难情形，张表示筹拨临时疏散费五千元，以资应付。兹以第一批急待起运，呈请准予先行筹拨二千元。

六月十五日，张宝琛批示，准予先拨贰仟元。

八月至九月，乘学者名流休假回籍之机，邀请举行学术讲座七次。八月二十二日，夏承焘主讲《苦节诗人林霁山》，八月二十九日王季思主讲《时势与事业》，汪远涵主讲《战争新闻和新闻战争》，贾祖璋主讲《进化学说》，九月十二日，徐桂芳主讲《空间与时间》，潘上元主讲《成本会计》，蔡孔耀主讲《油脂之热裂工业》。

十一月至十二月间，应三十三师师长萧冀勉之邀，为松台山抗敌阵亡将士纪念碑撰文。润笔费两千元，移作图书馆购书经费。

十二月二十八日，汪远涵、远潍昆仲将其亡弟远滨积蓄一万元，捐赠籀园图书馆购书。籀园特设专柜陈列。

是年，增购图书计七百四十六册，其中从永嘉文华堂书肆重价收购原瑞安杨氏宗鄦楼藏书《遂初堂集》等五百册。受赠泰顺许笃仁全部遗稿。编线装书目录草稿（与平装书统一分类）。受永嘉县修志委员会之托，以馆藏版片重印《永嘉县志》。

中华民国三十三年（1944 甲申） 四十九岁

一月，永嘉县志纂修处借南湖杨氏祠堂办公，谱主兼任协纂。总纂刘景晨。

五月一日，永嘉县志纂修处迁入籀园图书馆办公。

六月十九日，访夏承焘，坚约其兼任永嘉县志纂修处协纂。

七月三日，出席县志纂修处第一次处务会议，议决由游止水往景德寺运县署档案，马眉仲调查工厂，胡衡忱调查矿山，戴家祥调查氏族，宋慈抱作经籍志及杂记，由谱主与夏承焘合编人物传。

八月十五日，嘱夏承焘整理许笃仁遗稿。

九月九日，温州第三次沦陷。把先前转移瑞安仙岩寺（今属瓯海区）的馆藏善本珍本一万两千余册，抢运至大峃龙川（今属文成县）文昌阁存放，委托馆友潘国存保管，并在当地开放。而后借住瑞安高楼第八区临时行署中。

中华民国三十四年（1945 乙酉） 五十岁

二月十六日，浙江省政府主席黄绍竑，以省政府名义专函慰问永嘉、乐清两县避难乡间人士，饬交第八区行政督察专员兼保安司令公署转发。

三月五日，第八区专员公署奉省政府令，馈赠谱主、王梅庵、张景飞、池仲霖、黄式苏、夏承焘等六人慰问金各壹万元，刘景晨、杨雨农等七人由县酌送旅费，吴百亨等六十七人专函慰问。

四月，赴龙川看望馆友潘国存。

六月十七日，日军退出温州。

上半年，在瑞安高楼领衔呈文专员张宝琛，以王永山有母年迈，望子心切，请准其投案自首。联名者包括杨雨农、汪惺时，共九人。

七月十五日，珍本及重要图籍从龙川运回，即日起照常开放。

七月下旬，张宝琛批：“准为所请”。王永山从上海返回温州“自首”。

八月十四日，永嘉县志纂修处结束会在籀园举行。

八月二十八日，致函永嘉前县长吕律，催其缴还任内借去《墨子间诂》凡十册及盖章保证许学镳等信用借书《近代世界史话》《鲁迅全集》等十六册。

八月二十八日至三十日，参与发起温州菩提学会，聘潘镜开居士，下午假座籀园图书馆作佛学学术演讲。

八月，由于保管疏忽，敬乡楼烬馀藏书《太师张文忠公集》十册、《永嘉陈先生两汉博议》五册等失窃。谱主闻而叹曰：“此吾友生平心血，何可任其散亡？”

九月至十月，累计举办六场学术讲座。

九月二日，夏承焘主讲《不游雁荡是虚生》。

九月九日，俞寰澄主讲《中国古代经济思想》。

九月十六日，王季思主讲《词之正变》。

十月十四日，李雁晴主讲《如何认识文字产生的时与地》。

十月二十一日，徐震池主讲《原子弹之探讨》。

十月二十八日，徐桂芳主讲《自然数之性质》等。

十一月一日，代表图书馆与敬乡楼继承人黄沙氏订立合同议据，即日将敬乡楼藏书卅八箱并散帙四部计六四四六册寄存馆内，为期三年，刘景晨、汪惺时担任“见议人”。编《敬乡楼寄存书目》二册。

九月三十日至十二月十日，《思远楼》《进士第》《春园叙乐图》《钱忠介诗词》《草鞋钱》（入画楼漫笔）等篇发表于《温州日报》胜境副刊第一期至第六期。

十一月三日，浙江省高等法院第一分院复函，同意发还查封吴江冷逆产案内吴江冷去年八月十五日所借之《新史学与社会科学》一书。

十二月二十八日，鉴于道前房捐估值太重，呈文永嘉县税征收处，要求派员复查减额以便缴纳。

本年，应聘在私立瓯海中学兼课。

中华民国三十五年（1946 丙戌） 五十一岁

一月二十五日，永嘉县政府传令嘉奖谱主在日寇陷温前抢运藏书，不避艰险之举。

四月二十三日，夏鼐如约来籀园查阅敬乡楼寄存藏书。次日，偕吴鹭山访晤夏鼐。

七月七日，黄溯初追悼会在瓯海医院举行。谱主撰祭文，并以籀园图书馆与个人名义分送挽联。

七月二十七日，夫人叶氏病故于瓯海医院。次日出殡。加上保王永山一事不慊于温州各校学生，欲辞馆长之职。

八月二十日，籀园图书馆与温州大学生联谊会（一称“专科以上学校学生联合会”），在五马街国货公司合办中心阅览室。事先应该会之请，出面与国货公司经理翁来科接洽。

九月七日，偕夏鼐访晤朱铎民。

九月二十四日，偕夏承焘访晤周守良。

九月二十五日晚，夏鼐来访，介绍侄女夏兰英入籀园图书馆工作。次月夏兰英入籀园工作，因薪水微薄，半年之后离馆。

九月三十日，偕朱铎民访晤夏鼐。

十月上旬，染上登革热。

十月，撰《(黄溯初）事略》，后收入《敬乡楼哀挽录》。

十一月十六日，刘祝群来籀园查书，拟编《括苍丛书》第三集。

十一月二十二日，陪刘祝群访晤周守良、杨玉生。二十六日，陪朱铎民访晤刘祝群。

十二月三日，前往小南门码头迎候来温州公干的省政府主席沈鸿烈。

中华民国三十六年（1947 丁亥） 五十二岁

一月，以九十万元为籀园购得瑞安杨绍廉家藏秘籍数十种。

四月，陈君捐款八十四万四千元，指定预购郑振铎编《中国历史参考图谱》。

五月，得省教育厅拨款一千万元，赴上海、杭州访购图书，为时二旬。方去疾陪往商务印书馆、光明书局、开明书店、中国文化服务社、正中书局、来青阁等家门市部，购回《明实录》《玄览堂丛书》《合众图书馆丛书》《王静安先生遗书》《吉石盦丛书》《国粹学报类编》等。

赴沪之前托刘景晨致书上海参议会副议长、温籍金融家徐寄庼，请于籀园图书馆给予关照。不料徐反应冷淡。

六月初，返温，向刘景晨面述沪杭访书经过。

六月三日，璧还方节庵所赠《伏庐鈢印》一部，理由是“太好太费”。

七月，《访书日记》发表于《地方新闻》报。此前投送温州几家大报，均不接受。

同月，侨居永嘉之符石青（度钧），将其父宜黄符璋（笑拈）日记、诗文未刊稿，移归馆中保存。

八月，旅沪同乡李鸿文将旧藏《湘绮楼日记》十六册、《故宫博物院史料》旬刊四十册、《李文清公日记》十六册、《历代方镇年表》五十三册，托林醒民携赠籀园。

王国桐、金逸中托俞寰澄在沪访购《燕京学报》三十一册，各种《引得》七十四册，捐赠籀园，共价三百八十万元。

同月，陈穆庵、夏鼐受托在南京夫子庙为籀园采购图书。

九月六日，老友陈纯白接任永嘉县长。九日，陈纯白委托夏承焘转达，请谱主为县府主任秘书之意，未允。

九月二十八日，在籀公祠举办孙仲容百年公祭，印行纪念册。

十月中旬，黄达权委托父执陈守庸将寄存籀园的敬乡楼藏书三十八箱计六四四六册全部捐赠该馆。其中有明汲古阁影宋钞本《六书故》、嘉靖本《新安左田黄氏正宗谱》等珍本、善本四十一种，乡贤钞本一百四十部。

约十月，叶慎抱寄赠《叶留朴堂藏书目录》。

十一月初，获悉玉海楼藏书将移赠浙江大学文学院，致函孙孟晋诮其好高骛远。

十二月初，夏承焘应孙孟晋之托，致函谱主解释，并表示将来运书时，可将关系温州文献及与浙大重复之书籍，遗赠籀园。谱主随后回信称，籀园分玉海楼藏书，须得相当精本。

十二月五日，永嘉轮船同业公会购赠《中国抗战画史》及《第二次世界大战画史》精装本各一部。

十二月中旬，经夏承焘与孙孟晋、浙大三方商妥，允将关系温州之文献及与浙大文学院重复之书籍，分赠籀园。

十二月二十八日，永嘉各界会议决定筹募基金一亿元，以维持馆务，并推陈纯白、刘景晨、邱鸣和、金嵘轩等十一人组成董事会，负责筹募基金。

中华民国三十七年（1948 戊子） 五十三岁

一月五日，出席旧温属联立籀园图书馆筹募基金董事会首次会议，陈纯白召集，刘景晨、金嵘轩、吴天五、庄彪等九人与会。推陈纯白为董事长，专员余森文为名誉董事长，林醒民为董事会秘书，并以董事会名义致函乐清、瑞安、平阳、泰顺、玉环五县县长暨法团首长，各筹募基金；函请前次与会者将认募数募足，汇入瓯海实业银行。本月图书馆经常费用，暂向银行息借五百万元应急。

三月二十九日，方节庵来函，言《中国历史参考图谱》第五辑从来青阁购得一套。

四月二十九日，偕刘祝群访晤吴鹭山、周孟由。

五月二十八日，访晤刘祝群，刘邀谱主撰《括苍丛书》第二集叙。

六月七日，旧温属联立籀园图书馆董事会筹募基金报告在《浙瓯日报》一版刊出，具名董事长陈纯白、馆长梅雨清。募款总共二亿七千一百七十五万元正。其中“梅秀芝先生百年纪念”一户计贰仟万元，为数居首。

七月五日，为满足读者暑天夜读的要求，阅览室晚间开放。

十月十一日，出席温州中学四十六周年校庆活动。

十二月，省教育厅社教工作十年计划中，拟将籀园图书馆改为省立。

一九四九年（己丑）五十四岁

一月九日，《题介堪（书画）展》七绝两章发表于《浙瓯日报》展望副刊。

一月十日，夏承焘来函，告知潘鉴宗夫人赠书意愿。

二月八日，偕夏鼐访晤刘景晨、王理孚、刘祝群、吴鹭山。

二月中旬，函复夏承焘，委托其争取将潘鉴宗养心寄庐藏书捐赠籀园。

三月二日，致函夏承焘，潘夫人捐赠条件洽妥：一登报，二每书盖捐赠印章。

三月二十二日，养心寄庐藏书五六三七册捐赠籀园，大部头书为日本弘教书院本《大藏经》，商务印书馆印《碛砂藏》，涵芬楼影印殿本《廿四史》、《四部丛刊》、《正谊堂全书》、《武林掌故丛编》等。

随后，编《永嘉潘氏养心寄庐捐赠籀园图书馆书目》。另外编缮《养心寄庐字画目录》，字画一百五十件，名家有赵子昂、唐伯虎、董其昌、八大山人、陈老莲、金农、吴昌硕、任伯年、沈曾植、张季直等。五十年代温州市文管会成立，养心寄庐字画一并移交文管会。

约四月，老友朱铎民赴台之前将咏我堂藏品悉数捐赠籀园。其中藏书二三七六册、字画一八二件、碑帖八二份、其他物品四五件。为此编缮《接收保管朱铎民家藏文物清册》。后将咏我堂字画、碑帖等藏品一概移交市文管会。

五月一日，夏鼐、张一纯来访。

五月六日，原第五区行政督察专员兼保安司令叶芳在温州西湖头临时指挥部召开秘密座谈会，应邀出席。与会者另有金嵘轩、谷寅侯、陈纪芳、刘景晨、陈躬农、杨雨农、王纯侯、吴百亨等。刘景晨首先发言拥护和平起义，继之金嵘轩、谱主、陈纪芳等均表示赞同。

五月九日，温州和平解放。

六月十二日，温州市军管会文教部派范宝泉、林大夏来馆了解情况。

六月十八日，捐赠劲风阁藏书二〇一九册，为籀园图书馆所未备。编有《永嘉梅氏劲风阁捐赠书籍目录》一册，中有明版、清初写刻本多种；清人诗文集四百多种及曾衍东稿本《小豆棚》六卷等，较珍贵。

六月二十八日，籀园图书馆由军管会接管，军事代表林大奇（不驻馆）。

十月，设流动图书车，送图书报刊到中山公园等公共场所，供读者借阅。

是年，收受吕氏于园藏书三四六五册。

本年，长子梅之荣赴台经商。

一九五〇年（庚寅） 五十五岁

三月四日，偕潘国存、夏鼐往海坛山杨府庙，访元丰三年赵屼碑之残石，拟移置于籀园，与庙中主持者郭景汾接洽。按后取存文管会。

夏，馆名改为温州市立图书馆。

七月，借用国货公司三楼开办书报阅览室（至一九五一年）。

九月十六日，与刘祝群谈年来图书馆事业，受事十年，拟编善本书目。

十月，市第四次人代会协商委员会决定，筹组市文物保管委员会，聘请吴鹭山、方介堪、孙孟晋、夏鼐、谢磊明、吴洗凡等为委员，谱主充主任，会址暂设籀园。

按物资清册统计，馆藏线装书六〇六五〇册、普通图书一一一九三册、报刊七一二四册、金石书画一二四件。

一九五一年（辛卯） 五十六岁

一月上旬，温州农村土地改革，个别工作队竟然将乐清倪悟真居易轩古籍六万卷焚毁，谱主获悉，连夜草就关于保护温州地区古迹文物图书的建议。翌晨，由军事代表林大夏陪同，谒见军管会主任李培南，李表示接纳，即写手令，交代图书馆派人迅速下乡，抢救古籍文物。

一月十二日，温州地委宣传部连夜通知各县及土改工作队加意收集保护。谱主随即率馆员到近郊点收戴家祥白鹃楼、王希逸雪蕉斋等多家藏书。

之后，又奔赴各地，陆续点收瑞安张震轩杜隐园藏书，戴炳骢、张组成等残留古籍，瑞安陈介石烛见知斋、林公铎叔苴阁、项慎初染学斋藏书，平阳刘绍宽厚庄、王理孚念庐、吴承志培英图书馆等藏家部分古书。为此忙忙碌数月之久。温图古籍骤增至二十万册。此外，派员到温州造纸厂检回名贵图书多种。

二月十日，温州市文物管理委员会成立，兼主任委员，办公地址设籀园图书馆。市文管会举行首次工作会议。

四月十日至十三日，以特邀代表身份出席温州市第一届第五次各界人民代表会议。

四月十八日，妙果寺古塔出土文物在国货公司三楼展出，有佛像、佛座、舍利子、瓷盒、石刻、钱币、铜镜等近百件。

四月下旬，出席温州市第一届第五次各界人民代表会议市协商委员会扩大会，发言表示拥护人民政府坚决镇压反革命。

五月二十五日，浙南日报城市组来函约稿（关于镇压反革命的书面意见）。

七月十二日，在国货公司三楼书报阅览室举办“抗美援朝摄影展览”，为时九天，分八个单元，展品两百五十一件。

七月十四日，继《妙果寺宋塔介绍》之后开列《运送妙果寺塔古物清单》分两箱，报送华东军政委员会文化部。第一箱十件运出，第二箱未起运留存文管会。

七月三十日，市民政局来函，谈市立图书馆房产登记手续。馆舍依过去“籀园”名称系属私有地，现改市立图书馆名称应为公有地。

十月一日，举行“民主建设展览”，展出字画、古籍、古砚、碑帖、金石、陶瓷器等文物多件。

十月十八日，宋慈抱来函，提议仿陆氏《皕宋楼藏书志》之例，为《籀园藏书志》及《温州经籍志》补编。

十月二十五日至二十七日，出席温州市第一届第六次各界人民代表会议。当选为温州市协商委员会委员。委员共廿七名，主席黄先河。

十二月十四日，温州市人民政府办公室来函，陈易捐献古字画十八张，请即派人领取。

十二月十八日，以市文管会主任委员名义呈请华东军政委员会文化部核拨专款，以便收购文物图书。

是年，经与孙孟晋商议，玉海楼馀书二万二千册全部捐赠图书馆，计丛书一三七部五〇七五册、经部书二三五部三五六二册、史部书四三九部七八六〇册、子部书一二七部八六三册、类书一〇部六〇三册，以上共九四八部一七九六三册；集部约四千册。内有孙衣言、孙锵鸣及孙诒让著作手稿与批校本五十余种，明版书及钞校本为数尤多。点收时编有《收存玉海楼书目》上下两册。上册现存，下册著录集部书，现已佚。此外，市文管会在南门城下寮复生造纸厂内发现《植物名实图考》等三百馀册。

一九五二年（壬辰） 五十七岁

二月五日，陆雨之将祖传杨雨岩《连床忆旧图》捐交文管会保藏，刘景晨应邀为之作跋，交代捐赠缘起，并赞赏吴君洗凡、梅君冷生“皆能成人之美”。

三月，将新收的胡宗藩《存斋偶编》杭州聚文堂刊本借与胡珠生，胡阅后撰成《李尚扬自述笺证》(次月见报)。

七月七日至十一日，出席温州市第一届第七次各界人民代表会议。

七月十九日至十一月二十八日，李佩秋来函（片）十一通，谈受托在沪为温图征集或代购图书事宜。

八月六日，致方介堪短柬，交代他明早去西山工地检查瓷器标本。

九月，在温州市文管会工作会议上提出，本会改组，拟辞卸主任兼职。

十月十二日，在籀园主持温州市文物保管委员会会议，张一纯、方介堪、吴洗凡、陈逸人、夏鼐等出席，报告一年来之工作，讨论修理江心寺及叶水心墓等事，最后由夏鼐报告中央关于文物保管之政策，及解放以来之考古工作。

十月十三日，冒雨与夏鼐、方介堪、吴洗凡、张一纯至慈山访叶水心墓，已被铲平。

十月十八日，市立图书馆迁入石坦巷黄宗石新屋，分馆辟有新书外借处和报刊阅览室。

十月二十日至二十二日，张慕骞获悉家藏杜隐园藏书被没收移交图书馆，来函恳求分别捐赠与寄存，以便通融。

十月二十七日至三十一日，出席温州市第二届第一次各界人民代表会议，当选市协商委员会委员，兼文教卫生研究委员会委员。

十二月十七日，旅沪企业家李鸿文来函，捐赠图书两千四百多册，戴夷乘及郑平的古佛，仍交同义利公司托运。

十二月二十二日，代市长曾绍文签发温州市人民政府命令，即府办(52)字4838号文："兹任命刘景晨为本市文物保管委员会主任，梅冷生、方介堪为副主任。"

本年，市政府拨款八千元购买沧河巷金氏民房作馆舍，前后三进计一二三三点五平方米。

一九五三年（癸巳）五十八岁

元旦，温州市文管会移设于江心屿兴庆寺，并在新会址举办首次陈列展览。

一月三十日，《浙江省1953年度文化事业经费暂行管理办法》颁布，规定图书馆经费直接向市财政局领报，核定图书馆每月业务费为一百万元。

二月，借书证取消特种保证金，改为无保信用借书。

三月，朱韦辛任副馆长；张达生副馆长离任。

四月十日，受市文管会主任刘景晨之托致书中科院考古所研究员、副所长夏鼐，希望夏与文化部文物事业管理局疏通解决文管会经费。

四月二十七日，温州市文物管理委员会分赠瑞安县立中学图书清册，共计中文书六一二九册，外文书二一四册，阁帖残壹束。瑞安县立中学兼校长徐炳全、经手人董朴垞。

五月，迁入沧河巷新馆。设外借处、综合阅览室、儿童阅览室。

七月，孙孟晋致函梅冷生、方介堪、吴兆瑛，谈浙江省文物保护单位调查表的填写，并动员谱主加入民革组织。

九月，吴昭征（铎）任第二馆长。

十月十九日，举办纪念鲁迅逝世十七周年图书展览和学术座谈会，编印《馆藏鲁迅著作书目及鲁迅研究索引》。

十一月六日，台州市文管会委员兼征集组组长项士元（慈园）复函，谈及温州文管会工作，并托代为介绍刘景晨。

十二月下旬，致函项士元，商谈温州台州两地交换图书事宜。

是年，收受捐赠古籍四五〇一册；接收移交来的古籍五六三七〇册；将古籍复本与云南、广东图书馆、浙江省文管会、江苏省文管会、台州文管会、宁波古物陈列所等交换计六三二册；采购新书六〇四三册（内线装书一〇六册）。实存图书：出纳处一〇二三四册、推广组六四八三册（内连环画一九五四册，馀系通俗本）、儿童阅览室一五八六册（连环画、小册子）、线装书二一五三一五册。

本年，黄宾虹贻赠画幅。

一九五四年（甲午） 五十九岁

一月二十五日，张慕骞来函，已向浙江师范学院（杭州大学前身）院长办公室洽办证明文件。

二月，同意张慕骞以浙江师范学院教学需要为由，归还原杜隐园藏本《历朝纪事本末》《越缦堂日记》《国学基本丛书简编》《饮冰室合集》《八十一老人真叟自述文》等三十四种计四百五十三册。

二月，将馆藏明陈函辉像、黄绍箕《三游洞诗手迹》、丁辅之《松图》、朱晓崖《半樱簃填词图》、张红薇《月影芭蕉图》、杨志甫《东山贩社图》等移交文管会。

四月，将馆藏汪询篆书屏，康有为联、张謇联、汪香泉花卉直条、竹禅和尚画竹、江弢叔小中堂、罗三峰《芙蓉白鹭》、余启祥山水等移交文管会。

六月，就本市人民代表内部安排民主人士名单，中共温州市委函复省委统战部，谱主作为“地主阶级分化出来的开明士绅”，代表性比王亩仙大，担任代表较为妥当。

七月三日至九日，出席温州市第一届人民代表大会代表第一次会议。

七月，假座市人民大会堂，举办古典文学名著《水浒》讲座，由陈纪业主讲，戴秀川演唱温州鼓词《黑旋风李逵》，谢印心演唱大鼓《武松打虎》，听众千余人。

十月，与市科普协会合办《台湾问题讲座》三讲。

是年，举办“祖国宝岛台湾展览”。

一九五五年（乙未） 六十岁

三月十四日，戴家祥来函，商借张文伯《毛公鼎斠释》手稿参考。

六月，在温州市第一届人民代表大会第二次会议上当选市人民委员会委员。

八月二日，致函市文教局，要求今后以号（梅冷生）行。次日，文教局转人事局办理。十二日，市人事局就此报告市人民委员会，请予核示。

九月，与市中苏友协电影院联合举办“果戈理和他的作品《钦差大臣》”文学报告会，由叶曼济主讲。

十月一日（夏历八月十六日），六十初度。老友哲道人仲春赋诗祝贺。

十月，举办图书灯谜晚会。

十一月中旬，复吴鹭山函，表示欲辞温市图书馆，入浙江文史馆。

按，结果到点未退，得以留任。即使“文化大革命”之初，中风卧床，主政者也没有考虑更动，因之挂名，直至病故。终身馆长，作为一种象征，耐人寻味。

十二月十八日，项申甫遗孀包通华来函，暂借人民币拾伍元。

下半年，馆名改为温州市图书馆。

是年，温州地区公安局因工作需要，调去馆藏解放前报纸《浙瓯日报》《温州日报》《阵中日报》《地方新闻》《工商报》等。（现存温州市档案馆）

编制《馆藏中国农书目录》。

一九五六年（丙申）　六十一岁

一月，为贯彻国务院处理反动、淫秽、荒诞图书指示精神，浙江省成立图书杂志审查委员会，抽调十六人组成宣传、审查、检查三个组，开展书刊图画的审查工作。温图副馆长朱韦辛任检查组组长，为期半年多。

二月二十六日至二十九日，出席温州市第一届人民代表大会第三次会议，受推为主席团成员、提案审查委员会委员。

三月二十日，吴景文上海来函，如遇张凤慧女史书画，乞代购贮。

四月二十四日，致函马公愚，询问冒广生赠件。

四月二十八日，马公愚复函，冒广生赠件由方去疾取去，交与陈传书带瓯，叶恭绰嘱查温州手工纸产销情况。

五月，浙江图书馆馆长张宗祥在杭州作书一幅，托朱韦辛返温之际转交。

六月，经手收购并拨交文管会的有胡宝仁山水帐额、曾赤城花卉文禽立轴、汪香禅菊花、朱晓崖仕女绢本、马孟容燕子扇面等十八件。

同月，中山大学教授董每戡应邀在图书馆做专题讲座。

七月，将馆藏孙衣言联语、章炳麟篆联、马一浮四尺联、陈衍四副屏、张宗祥行书横幅、黄绍箕文稿等移交文管会。

同月，加入中国国民党革命委员会。

八月三十一日，民革温州市支部成立，任支部委员。主任委员王思本。

九月，委托平阳陈德辉寻觅家藏朱曼妻薛买地宅券。陈寻获后转让市文管会。

十月十一日，偕吴洗凡、吕灵士、方介堪等陪夏鼐参观江心屿文管会。

十月十五日，下午在市立图书馆主持座谈会，系市文管会及图书馆召集，金嵘轩、方介堪、谢磊明、汪远涵等约三十人出席。听取夏鼐报告关于中央文物政策、列宁图书馆情况及图书馆方针编目、文管会及博物馆问题。

十月十八日、二十日、二十四日，访晤夏鼐，为图书馆挑选图书。

十月二十六日，接受夏鼐赠集成版“廿四史”共四百册。

十月二十八日至十一月十九日，出差杭州、上海、北京，其间由夏鼐陪同至上海图书馆；在京借宿夏鼐家，参观中科院图书馆、中科院考古研究所图书室、北京图书馆，并赴中国书店采购。

十一月二十一日，南返途中，苏州勾留一日，次日快车抵沪。逗留数日。

十二月一日、二日，南归经过杭州，会晤夏承焘、吴鹭山、张宗祥诸人。

十二月上旬，致函夏承焘，托荐张宋庼为省文史研究馆馆员。

十二月二十六日至二十九日，出席温州市第二届人民代表大会第一次会议，当选为市人民委员会委员。

十二月三十日，三女梅之英去世。

是年，收受公路兵团赠书两千馀册、市文化馆图书室藏书近万册，市中苏友协赠与俄文版《苏联大百科全书》三十三卷（全书五十卷，未出齐部分由温图续订）。

平阳、乐清等县图书馆相继成立，温图为之提供地方文献资料和四部丛刊等共六千馀册。向本市中学以及瑞安、平阳、永嘉各县立中学、温州市佛教协会、中医门诊部（后改为市中医院）提供书籍两千馀册，长期寄存，供参考研究。

一九五七年（丁酉）　六十二岁

一月，苏渊雷回温省亲，应邀在温图作“论司马迁及其文章”报告。

同月，民革温州支部升格为市委会（筹），筹委会由十一人组成，召集人柯逢春，副召集人梅冷生、王思本、赵玉堂、张千里。

三月六日，致函苏渊雷，邀请为温图讲楚辞。

四月十四日，函复夏鼐，请将刘景晨赋《满江红·丁酉清明慈山叶水心先生墓下作》推荐《人民日报》发表。

四月十七日，陪同全国人民代表、教育部副部长叶圣陶参观江心屿、文管会。

六月初，赴杭出席全省图书馆工作会议。

六月上旬，致函夏承焘，托荐谢磊明为省文史研究馆馆员。

七月初，以曾向张宝琛保王永山，被批判为立场模糊。

七月，省文管会委员陈训慈来函，得知温图未藏郭钟岳著《借铎》光绪刊本，因征得收藏者朱赞卿同意，转赠温图。

八月十五日，在温州市二届人大二次会议上做自我检查，说：“刘景晨是平生知己，过去互相敬爱，所谓文章道义之交，不结合在政治上。这次他向党猖獗进攻，出乎意料之外。我就从私人感情出发，极力为他弥缝，但是他看我力量不够，先约柯主委去谈一次，第二次同柯去，是我自告奋勇的。可说我对他公仇一点没有。后来揭发是大势所趋，无可如何，也还是为了自己前途，转过来替自己打算。”按，柯主委，指民革温州市委副主委柯逢春。

九月，夏承焘致函转达浙江人民出版社意向，要求月内寄交宋平子集书稿。

十一月八日，平阳县图书馆收条，上书“今收到温州市图书馆古籍计七十四部共二百七十四本”。

十二月十日，致函苏渊雷，邀请为温图讲唐诗。告以宋平子遗集已约友人着手。按，友人，当即胡珠生。

是年，举办中国文学讲座，自先秦至请代文学计二十题，二十余讲。自二月二十四日开始，约半月一讲，由马锡鉴、王皋彤等十馀人主讲。

一九五八年（戊戌） 六十三岁

春节，在沧河巷市图书馆举办诗文讲座，并有灯谜会。

三月七日至十日，出席市二届三次人代会，受推为主席团成员，并在会上发言。十五日，发言摘要以《赶紧自我改造》为题发表于《温州日报》三版。

五月二十日至二十四日，出席温州市第三届人民代表大会第一次会议。

六月三日,赴杭州出席浙江省图书馆工作者协会成立大会。

七月一日，儿童阅览室由中山公园中苏友谊馆再迁到华盖山少年之家，改称儿童分馆。藏书两万馀册。

八月二十三日，副馆长朱韦辛离任。

九月十四日至十七日，赴杭出席民革浙江省第四次代表大会。

九月，何浩任副馆长；吴昭征（铎）第二馆长离任。

是年，大办钢铁期间，抽调人员送生产技术用书和文艺作品到炼钢炉旁，巡回借阅。

一九五九年（己亥） 六十四岁

一月,与市劳动人民文化宫合编《图书工作通讯》(油印八开二版，每月一期，共出四期)。

一月二十九日，省文化局副局长许钦文来馆考察。

五月,陆续编印《中文杂志目录 1949—1959 年》《期刊目录 1882—1949 年》《馆藏古书目录》(十册，次年四月出齐)。

五月三十日，浙江人民出版社回复夏承焘，谱主所编《宋平子集》，共《六斋卑议》及《六字课斋津谈》两种，后者不合时宜，拟仅印《卑议》。

夏，宋平子集出版事项，改与中华书局上海编辑所接洽。中华上编所预付定金五百元，谱主将定金连同宋平子文稿交胡珠生整理。

六月二十七日至三十日，出席市政协第二届第一次全会，当选市政协常委。

十月二日，中华书局上海编辑所委托夏承焘审查胡珠生所编《宋恕文集》。

十月底至十一月上旬，赴杭出席全省民革会议。

十二月二十五日至二十八日，出席市政协第二届第二次全会，兼任社会联系工作组副组长、

是年，副馆长何浩改任第二馆长。

本年，应中华书局之请，出借《水心文集》孙衣言笺校本和《水心年谱》，以便出版《叶适集》。编印《温州市图书馆四十年》（油印小册子）。

一九六〇年（庚子） 六十五岁

一月八日，托孙梅明杰赴北京钢铁学院复学之时，送交夏鼐信函一通、瓯柑一篓、《宋赵昌离圹志》等三份。

二月八日，复函苏渊雷表示思念。按，苏渊雷原在华东师大历史系执教，一九五八年四月被错划为右派，同年八月调黑龙江哈尔滨师范学院任教。

三月二十六日，复上海秦翰才函，乐意协助誊抄张宋庼撰黄、鲍两部年谱稿。

四月二十八日，撰《温州光复概述》（收入《辛亥革命回忆录》第八辑，文史资料出版社一九八二年四月出版）。

七月十日、十一日，夏鼐两赴中国书店，代温州市图书馆查询购书事，并复信谱主。

八月一日，刘景晨含冤辞世。与王思本站在百里坊口大榕树下等候，当送葬队伍上街时，两人默默跟送了一程。事后，刘景晨长子刘节登门道谢。

本年，为《温州旧俗史料》编写小组提供资料。

一九六一年（辛丑） 六十六岁

春，三游雁荡，赋诗怀念落难的苏渊雷、吴鹭山:“琼楼玉宇逐臣心（指苏），斫桂人从谪籍寻（指吴）。苏子吴郎南北雁，天风鸾鹤闷清音。”吴鹭山点评:“冷生爱友朋如性命，每诵此诗，为之腹痛。”

上半年，委托张宋庼、周梦江编印《温州市图书馆善本书录》，收善本书一九九种二八六三册。

八月二十三日，中华书局上海编辑所来函，恳请借用章太炎信札及《亘史》。

九月，在民革温州市第二次党员代表大会上当选为第二届市委委员。主委洪彪，副主委柯逢春、龚显奏。

十月二十九日至十一月七日，赴杭州出席民革浙江省第五次代表大会，并当选民革省委候补委员。

十一月三十日下午，北京图书馆善本部主任赵万里来访。

是年，举办善本书展览会、金钱会资料展览会；设立特藏室，入藏善本书二二七种三七四八册，编写《温州市图书馆善本书录》续编，并制订《古旧图书保管办法》等。

一九六二年（壬寅） 六十七岁

一月二十五日，夏鼐来电报，转告接洽请人为孙诒让遗著遗物展览会题词事。

一月二十七日，清光绪二十年孙诒让恳请开复杨镜澄、黄庆澄上学台禀转交文管会之前，留有跋语。

二月八日，中华书局归还《水心文集》八册。

三月七日，复张宗祥函，谈孙诒让遗著遗物展览会，略称："春节为孙籀公遗展会忙碌一时，尚觉学术空气不甚浓厚，座谭赴席多为面子应酬而来，只得草草终场耳。"

三月十七日，致函夏鼐谈到孙诒让遗著展览会事："籀庼先生著述展览会应者不多，题词仅有张冷僧、谭戒甫二公。"

四月五日，收到夏鼐代约的郭沫若题辞，复函道谢，并遵嘱检寄瑞安许刻本《真腊风土记》借与夏鼐。

春，图书馆与文管会联合举办"孙诒让遗著展览会"，郭沫若、顾颉刚、张宗祥、谭戒甫等名家寄赠题词。四十多人与会座谈。

五月，内侄女李素娟（中医研究院附属医院）返里探亲，夏鼐托其将瑞安许刻本《真腊风土记》代为交还温州市图书馆。归途至金华车站候车时失窃。

六月，第二届市政协设立文史资料工作组，十二月六日正式宣告成立。组长由市政协副主席、民盟市委会主委金嵘轩兼任，副组长五人，柯逢春、梅冷生（以上两人民革）、陈逸人（民盟）、谢圣弢（宗教界），宋津梁（民建）。

十月三日至七日，出席温州市第四届人民代表大会第一次会议。

十月八日至九日，出席第三届温州市政协第一次全会，当选为市政协常委。

十一月中旬，赴杭出席省历史学会年会。

十二月六日，致函夏鼐，商借英国传教士苏慧廉著作两册，供温州宗教界参考。

十二月十六日，夏鼐复函，寄出苏慧廉夫妇著作两册。

十二月二十九日，杭州徐波人来函，言《蚕桑验要》一册、《童温处公遗书》二册，直接由轻工业厅付邮归还。

十二月，出差上海，采进密韵楼影印宋本《草窗韵语》，并主动为读者陈学文代购《丛书集成初编目录》（商务印书馆版）。

同月，为纪念孙诒让诞生一百十五周年，杭州大学教员雪克专程来温州接洽，市政协副主席金嵘轩主持座谈会，应邀出席。会上受委托与董朴垞两人陪雪克赴瑞参观玉海楼。

本年，古籍三七四〇种四三九三一册改按分类排架；整理古籍复本一〇六五五册，完成登记、贴签工作。

一九六三年（癸卯） 六十八岁

春，赴平阳参观城西公社，与老友马翊中相聚。马赋诗纪事《梅冷生先生来平参观城西公社枉过奉赠一律》，原注：“先生曾将温市图书馆古书复本寄赠县馆，约有二万馀册，高情雅谊，殊可感也。”

五月十四日，许思言（铁生）复函，报告参加文化部戏曲编剧讲习会进修情况。

六月十五日，开始记馆务日记，可惜至八月三十一日戛然而止，只有短暂的两个半月。

六月二十四日，王国桐自香港寄赠钱穆著作《先秦诸子系年》《秦汉史》《庄老通辨》等三部。

六月，致函夏鼐，介绍上海京剧院编剧许思言前往拜访。

上半年，抄集资料六十七件，二十八万二千二百二十字，抄费四十六元二角八分。编辑《温州区地方资料汇编》，分政治、军事、经济、历史、山川、文化、民情诸目，收录地方掌故史料，颇有价值，惜未成书。（兹后有续抄）

七月四日，上午赴民革出席文史资料拟题会。

七月十日，吴鹭山自长春来访。

七月十三日，郁宗鉴来馆报到。

七月十八日，状元桥海军某部韩天衡来函，言“梅冷生”“沧江白发”两枚印章刻成，托借阅方若著《校碑随笔》。

七月二十一日，赴华侨饭店出席民革组织生活会。柯逢春批评谱主与识莲来往事。

八月二日，致函夏鼐，李希程自编年谱《退思纪年》，约其戚林小兰抄写，按件计酬，每一元写六千字。

八月六日，赴市政协出席各民主党派、人民团体开展事业活动经验交流会。

八月七日，唐澄士函恳向省文史研究馆推荐，以递补馆员李孟楚之缺。

八月八日，与第二馆长何浩商谈工作，认为现代资料比古书复本价值较高，旧杂志应整理保全。何表示说列入六四年计划。

八月九日，夏鼐托次子持赠《东瓯记游》显微照片一卷，并偕往叶水心祠堂参观，新近失火，神像早毁，难以拍照。

八月十四日，乐清周起渭函来（附郑空性介绍信），托探《瞿振汉起义》弹词，去冬已送市文化处，有无录用消息。

八月十五日，同何浩谈，今年在馆内可算是清理年，明年争取一个研究年。

八月二十日，编印《古书复本目录》四辑。

八月二十九日，以市政协常委身份列席市人委第十四次扩大会议，听取增产节约及农业报告，在讨论中，发言建议各公社可试验三季稻。

九月份起，古籍借阅工作划归阮延陵，腾出时间校理文史资料抄件。

十二月，市人民委员会文化处转达市委文件，谱主由图书馆业务八级提为七级，自八月份起执行。

一九六四年（甲辰） 六十九岁

四月二十三日至二十五日，在民革温州市第三次党员代表大会上当选市委委员。主委洪彪。

四月，患心脏肿大症，住雪山疗养院疗养。闻悉表甥许思言返里，悄悄出院相见。

五月十五日，全国人大常委会副委员长、中国科学院院长郭沫若做客温图，并题词留念。谱主递上温图馆藏善本书录，因纸质粗劣，油印模糊，难以辨识。郭笑称："这是一本天书。"

六月二十五日至二十七日，出席温州市第五届人民代表大会第二次会议。

六月三十日，口述《记汉奸王永山》，孙孟桓笔录，全文十六页，六千五百字（一九八五年九月收入《温州文史资料》第二辑，编辑改题《汉奸王永山其人其事》）。

八月二十五日，广州六榕寺住持觉澄法师来函，松台山永嘉大师塔院应建立永嘉大师纪念碑，请谱主出面协商促成。

九月十八日，口述《我在温州创办慎社与参加瓯社的经过》，孙孟桓笔录，八页，三千三百字（一九九一年十二月收入《温州文史资料》第七辑，编辑改题《"慎社"与"瓯社"》）。

同日，撰《关于一九一七年温州宣告自主的一个文件》，附《瓯海公报》丁巳十月十六日布告剪报（一九八五年二月收入

《温州文史资料》创刊号，改题《一九一七年温州宣告自主的一份布告》)。

九月，清理一批古书复本，出售古旧书店得款四千五百元，上交。

十月，孙孟晋《温州宋儒年表》稿本交谱主携去。

十一月七日，上海图书馆馆长顾廷龙得悉温图藏鲍廷博手校《渑水燕谈录》《侯鲭录》委托上海古籍书店修理,来函盼修好后借读数日。

十一月中旬，松台山抗敌阵亡将士纪念碑被市建工局与园林管理处拆除。

十一月二十五日，市文化处召开全市图书馆工作会议，加强图书为三大革命运动服务。各基层图书馆负责人参加，会前参观温图整理图书情况。

十二月，温州师范学院移交图书八九一五册。

一九六五年（乙巳）七十岁

一月，致函夏承焘，了解张慕骞病情，嘱归还张震轩诗集九册。

夏，将青年画师林秉达《螃蟹图》寄赠张宗祥留念。张重病在身，八月间趁病情一度好转，勉力书就毛泽东词《十六字令》其二，寄请谱主转赠林秉达，一周之后，讣闻传到温州。

九月，图书馆处理一批废书（含零散期刊和重复报纸）共六千六百余册。

秋，口述一副七言联赠送读者陈朱鹤，曰：“孤屿已崇文信国；巽山应念郑延平。”（《梅冷生集》失收）

一九六六年（丙午）七十一岁

一月三十一日，夏鼐托侄女夏玉琴返里之时将显微照片带交谱主。

二月二十六日，复夏承焘函，藏书大半已捐归馆库，如须参考《南社集》，可用馆际互借办法。

三月四日，夏承焘赋词《虞美人·寄冷生》，小注称：“与冷生缔交五十年，相聚首者不过三数年，阔别十余年中通书不满十纸，然论平生故人，第一仍数我冷生。”

四月，得半身不遂症。

夏，“文化大革命”初起，许思言作为《海瑞上疏》编剧，首当其冲被报纸点名批判。谱主托至亲捎口信：“不要太惊慌，这是一股风，风刮过了，今天被打倒，明天也就没事了。”

十二月，“文革”全面开展，图书馆停止外借，正常业务活动中止。

下半年，温州市政协机关瘫痪，谱主提前将市政协文史工作组征集的文史资料存稿两百三十一篇，计二八三七页（一百零八万字）转交市图书馆保存，得以躲过一劫。

一九六七年（丁未）七十二岁

三月，第二馆长何浩离任。

是年，温州古旧书店撤销，温图收购其全部图书两万馀册（内古籍约六千册）。

一九六八年（戊申） 七十三岁

四月十八日，图书馆向温州区军管会查抄物资处理办公室提出《关于清理破四旧运动中查抄图书的请示报告》。

年底，班长韩万生作为军代表进驻温图。韩鸣鞭为业，动员职工群众斗梅。第一次，要把梅抬到馆里，遭职工群众反对；第二次，改为去梅的床头，又遭到群众拒绝；第三次，逼迫梅绿云代父来馆听取批判，结果无人发言，草草收场。

一九六九年（己酉） 七十四岁

年初，全市刮起“红色风暴”，韩万生率群众专政队来石坦巷抄家，掠去香港王国桐来信，及梅绿云早年相亲的男方照片。

上半年，被迫从南首二楼搬到北首一间小屋居住，终日处于邻居煤球炉的烟火中。

七月，温州地、市革委会政工组文艺革命办公室决定成立“温州市文物图书清理小组”。

十二月四日，温州地、市革委会文艺革命领导小组决定调整图书文物清理小组成员，由黄信川（军代表）等九人组成；

黄信川任组长，余金明（工宣队）、周泳然任副组长。温图黄东君参加。

十二月二十五日，图书文物清理小组完成重要文物、图书、文献资料的战备装箱工作。计文物二十四箱、古书四十二箱、平装图籍十二箱、报刊二十三箱，共一百零一箱。并向市文艺革命领导小组提出《关于文物图书战备落实工作的请示报告》。

是年，温图、文管会合并，称温州市文化系统革委会图书文物组（后改为温州市文物图书馆）。

一九七〇年（庚戌） 七十五岁

一月二十七日，温州市文物图书馆革命领导小组建立，组长张正银，副组长余金明。

十月一日，图书馆恢复对外开放。开放书目约三万二千种，古籍和解放前图书不出借。

十二月十日，温州地、市革委会政工组文艺革命办公室批复温州市文物图书馆革命领导小组关于"解放梅冷生的报告"，认为其性质属于人民内部矛盾，同意给予解放。随后从一楼搬回二楼居住。

一九七一年（辛亥） 七十六岁

十月间，中秋前后，陈增杰经吴景文介绍来进谒，谱主表示借阅古籍给予方便，兹后吩咐次子之芳到馆办理借还手续。

十一月，张正银离任；缪璧人接任组长。

是年，县前头新馆舍在原解放电影院废墟上动工兴建。

一九七二年（壬子） 七十七岁

四月五日，王敬身之女师利来探望，谈江北岸桃花之美。

十月，吴百亨来探望。

下半年起，每周日下午，劲风阁同人雅集，经常与会者包括王敬身、林镜平、徐堇侯、孙棣丹、朱哲夫、任梓良、苏渊雷、吴鹭山和陈冰原等人。

一九七三年（癸丑） 七十八岁

一月，作组诗《桃花词》八首。

二月四日（正月初二），作《广桃花词》八首。随后又成《广桃花词续》八首。三组诗传诵一时，和者纷集。

二月，夏承焘托人将《词问》手稿转交谱主，并提议谱主撰《病榻梦痕录》。

四月，方介堪应约作《桃花图》，题七绝一章，并跋曰："冷生先生近制咏桃花诗二十四首，和者益多，洵雅事也。嘱作斯图，以为引首。谨题一绝，即乞兼正。癸丑暮春三月，方介堪初画桃花第一纸，时年七十有三。"

五月二十三日，名中医白仲英逝世，谱主感叹：不能及时劝说仲英先生将家藏医书捐献归公，是平生一大憾事。

六月至九月，图书馆准备搬迁，暂停对外开放。

十月一日，县前头新馆对外开放，建筑面积一千五百平方米。

十月，吴百亨逝世，赋诗悼念。

本年，作《忆望江路兼怀黄溯初先生》，自注："往年夏作铭于海坛山获得宋温州太守赵屼（赵抃之子）断碑三截，中纪海坛广阔尺寸。余取存文管会中，闻今为围豕之用，惨已！"

一九七四年（甲寅）　七十九岁

四月二十二日，前馆长孙孟晋致函夏承焘表明捐献之意，夏即于当日来函转达。

五月一日，温图派阮延陵专程赴杭，点收孙孟晋珍藏多年的先人遗著及其自著手稿。其中有孙衣言手修《盘谷孙氏家谱》八卷、《逸老丛谈》手稿一卷、诗文手稿及日记（同治元年七月至二年十二月）各一卷；孙诒让《讽籀馀录》手稿和《艺宧室检书小志》《论语正义补谊》稿本合一册，以及孙孟晋手编《经微室遗集》、编撰《瑞安五黄先生系年合谱》等手稿，共两百三十九册。

初夏，吴鹭山自乐清来探视，因作《浣溪沙》词相赠。

六月十日，温州市委派温州冶金厂工宣队四人进驻温图。

八月底，以流毒性感冒病毒入脑，神志不清。

九月上旬，病情有起色。

十月一日，生日。林镜平赋诗《梅老寒疾痊愈，兼迎寿诞，中秋后一日谨呈小诗，用博一粲》为赠。

十月，托任梓良赴京之时将信函一通及虾尾一包转交夏鼐。

十二月二十二日，作七律《至日作》，末联："喜有人谈永嘉学，文钞旧记水心藏。"自注："胡君福畴来问市图书馆藏有《水心文钞》否，余答以有。"

本年，作《寓楼招客食鲥鱼感作》四章，其二曰："干戈劫里数恒河，记为梢婆叹逝波。自别致和堂下饮，瓯风残客亦无多。"自注："志甄于抗战前创办《瓯风杂志》，邀余为助。每年三四月间，余至瑞安，林志甄必邀梢婆制庖。梢婆者，少时以善扮龙舟梢婆得名，制鲥鱼绝佳；抗战时过之，梢婆已逝。志甄言及，犹为感伤。今志甄墓木已拱，《瓯风》同人亦零落殆尽。惟夏瞿禅、孙孟晋及余尚存。'致和堂'系明李灿箕书，志甄家中堂额，今取存文管会中。"

一九七五年（乙卯） 八十岁

二月上旬，致函夏承焘，谓病体稍痊，经济拮据。

二月十三日，夏承焘汇款百元。

四月，托温州一中教员黄立中出差之便，面交信函与夏鼐。

五月上旬，归还夏承焘百元。

秋，夏承焘、苏渊雷赋诗贺八旬大寿。

八月中下旬，叶遐修寄赠陈石遗《宋诗精华录》。

十二月，得悉慎社社友谷寅侯突发脑溢血去世，心绪不宁。

一九七六年（丙辰） 八十一岁

四月，读者黄世中至石坦巷寓所探望，病榻中犹殷勤致问近读何书、是否愿意调入市图书馆。

初夏，许思言写来五千言长信，倾诉“打倒在地，踩上一脚”的痛苦心情。谱主接信后，请人代笔复函，托许就近打听上图顾廷龙馆长的安危。

夏，郑少梅来劲风阁拜访。

七月二十二日，下午六时病逝。

七月二十八日，夏鼐拍发唁电。

七月三十日，举行追悼会，中共温州市委宣传部部长刘展如致悼词。

一九七九年

九月，胡珠生《青帮史初探》发表于《历史学》季刊第三期，附注:“本文写成，得力于张政烺师、袁定中同志及故梅冷生翁等的支持。敬此致谢，以示不忘！”

一九八一年

一月，夏承焘《我的学词经验》发表于《文史知识》创刊号，提到慎社社友的帮助:“在温州任教期间，我先后参加了当时的诗社组织——慎社、瓯社。社友中如刘次饶、林鹍翔、刘景晨、梅雨清、李仲骞等，于诗学都有甚高造诣，经常与他们在一起谈论诗词，收获很大。我的诗词习作也开始在《慎社》杂志上刊载。”

按，刘景晨并非社友，夏承焘晚年回忆偶误。

一九八三年

三月十六日，夏鼐复戴家祥函，谈苏惠廉夫妇的两本英文著作，五十年代在北京旧书铺中遇到，皆记述在温州传教事，购得寄赠籀园图书馆，那时梅冷生先生当馆长，正搜集温州先哲遗著，拟续编《温州经籍志》，此种书亦可列入“外编”中，梅老曾动员叶云帆等代为迻译。叶公以事忙而书颇不易译，故搁置至今。

八月，胡福畴编《劲风阁遗稿》油印本印行，顾廷龙题签。

一九八六年

九月二十二日，在市图书馆举行梅冷生先生逝世十周年纪念会。温州各界人士一百三十馀人出席，民革温州市委主委王思本主持。

任梓良辑录《桃花词》，温图复印成册，赠送与会者。“桃花词”三字系夏承焘一九七六年十二月所题，胡福畴作跋。除梅先生桃花诗二十四首外，还有王敬身、任梓良、孙棣丹、吴鹭山、夏承焘、朱哲夫、王定侯、徐堇侯、叶一羽、方介堪、胡明初、林声宇、郭宰平、苏渊雷、陈冰原、邱菊初、林镜平等十八家和作，合计一百八十八首。会前市政协、民革市委、市图书馆发起征文，会后编印《怀梅集刊》。

一九八九年

十月，郑张尚芳《回忆我和图书馆》发表于《七十春秋录》，提到谱主给予的帮助："在我自学语言和作温州方言研究时，需要用到好多资料，除了有的书向馆里借之外，还要多方面搜集，梅冷生老馆长曾几次把自己的书慨然相赠，或介绍他熟识的温州藏书家让我去借。"

一九九三年

二月，胡珠生编《宋恕集》，由中华书局出版，卷首《编者的话》交代"温州市图书馆馆长梅冷生氏托我整理也有二十八年"，"由衷感谢已故梅老的信托"。

一九九五年

秋，上海韩天衡应温图之邀题"烟霞不遮梅香"六字，跋曰："三十六年前，吾从戎瓯海，经方翁及剑丹兄引见，时向梅翁冷生先生请益，且多次得借印谱善本多种抚习。今吾从艺有寸进，而于前辈扶持之恩，则不可忘也。值先生百年诞辰，敬书六字志缅怀。乙亥秋，韩天衡。”

九月八日，梅冷生先生诞辰一百周年纪念座谈会，由温州市政协、民革温州市委、市文管会、市图书馆四家联合举行。

二〇〇六年

十二月，潘国存编《梅冷生集》，收入温州文献丛书第四辑，由上海社会科学院出版社出版。

二〇〇七年

一月十九日，《梅冷生集》首发式举行，温州市文化界人士和亲属一百馀人与会。

二〇一〇年

五月十九日，温州图书馆一行五人前往文成大峃文昌阁旧址考察。

二〇一六年

八月二日，卢礼阳《建议将梅冷生墓地列为文保单位》，列为温州市政协十届五次会议第五一六号提案。

二〇二〇年

一月，卢礼阳编注《梅冷生师友书札》，由浙江古籍出版社出版。

二〇二一年

七月，国家古籍保护中心编《抗战时期典籍文献抢救保护研讨会文集》，由北京大学出版社出版，收入卢礼阳《温州文脉传承史上的壮举——梅冷生守护籀园藏书事略》。

二〇二二年二月十四日至三月二日初稿

三月二十九日改定

编后语

晚近温州文化圈流传“事必言籀，言必怀梅”一语，所谓“籀”，即指籀园图书馆（温州市图书馆前身）；而“梅”，则为老馆长梅冷生先生。

梅先生早年编杂志，办社团，从政（省议员、省财政厅秘书），经商（办人力车公司、开卷烟公栈、做债券投资），直到四十六岁，接孙孟晋先生之后做籀园第七任馆长，至一九七六年病逝，长达三十五年之久。这是他人生最后也是最重要的一站。正是在这个岗位上，梅先生为挚爱的乡邦文献事业，惨淡经营，甘于牺牲，谱写了籀园历史上的辉煌篇章。梅先生爱书、爱馆、爱才、爱乡的“四爱”精神，已经内化为籀园人的基因与动力。因此以“籀园守门人”冠之梅冷生先生，恰如其分。

梅冷生与金嵘轩，可谓温州二十世纪两张有口皆碑的“地方粮票”。当今社会缺乏梅先生与金先生这样胸襟与作为的乡贤。就某种意义而言，“地方粮票”比“全国粮票”（如夏鼐、姜立夫、洪式闾、苏步青、夏承焘等)，还要独特而重要，因为他们守望家园，默默奉献，对文脉传承、城市建设、社会发展，其作用难以替代。市文史研究馆推出《一代词宗夏承焘》《考古泰斗夏鼐》之后,将《梅冷生》《金嵘轩》列入出版项目，显得顺理成章，眼光独到。承接《梅冷生》的编辑任务，于我而言,与编辑《籀园芳馨——温州图书馆百年馆庆文集》、整理《梅冷生师友书札》等一样，既是机缘，更是补课，义不容辞。

经过断断续续的工作,特别是最近两三个月全力以赴,《籀园守门人梅冷生》终于编选完成。作者既有慎社社友刘绍宽、陈寿宸、郑姜门、宋慈抱、夏承焘、杜师预、陈仲陶，社外友人王敬身、吴鹭山、苏渊雷、汪远涵、叶云帆、杨苏流、林炜然,更有籀园(温图)同人(其实是追随者)樊祖鼎、潘国存、黄东君、阮延陵、张宪文、陈锡仁，乃至大江南北同声相应的友好，如高吹万、黄宾虹、陈训慈、张宗祥、项士元;当然还有哲嗣梅之芳、外甥许思言、世交吴常云;更多的是息息相关的读者，如冯增荣、胡福畴、周梦江、胡珠生、沈沉、黄世中、沈克成、陈增杰、陈学文、陈朱鹤诸先生。

梅先生的事业，并不局限于籀园。后来兼任温州市文管会主任(副主任)、市政协文史工作组副组长，梅先生不负众望，做出开创性的贡献,不愧为“天遣的文化使者”。集内既有怀念文章，也有题跋、酬唱，还有时人日记(自编年谱)的专题摘编，题材不拘一格，内容亲切可读。这几组诗文，从不同角度、不同侧面生动展示梅冷生先生的人生履历、交游与事业，对于我们领略籀园前辈的品格、境界，都不乏有益的启迪。

本书共收入七十四篇（首）文章，外加时人日记（年谱）一组十家。四篇选自《慎社》、三篇选自《劲风阁遗稿》、六篇选自《怀梅集刊》、三篇选自《七十春秋录》、五篇选自《怀梅录》、四篇选自《梅冷生集》（附录），三篇选自《温州日报》、八篇选自《温州读书报》、两篇选自《籀园》馆刊，还有若干篇选自《温州文史资料》《鹿城文史资料》及其他书刊，一一注明出处。新约陈锡仁、张烈、汪履嵩三位先生口述或撰写了回忆。老馆友阮延陵先生的访谈，未收入《籀园芳馨》，这是首次披露。对于各位作者付出的辛劳，在此表示敬意。

限于篇幅，徐淇《赠梅冷生表叔》、潘国存《梅冷生先生与温州地方文献》、张乘健《籀园慧月》、潘猛补《梅冷生先生与温州图书馆》、曹凌云《梅冷生：舍生忘死护古籍》、金陵《一篇遗稿见精神》等数篇文章未能收入。

在编选过程中，得到许多人士的关心。梅先生曾孙梅海兄不仅送我《怀梅集刊》复本，而且主动将汪远涵、杨苏流、阮延陵、许思言、胡珠生、潘国存等多篇文稿输入电脑，大大减轻我的工作量。北京吴宏英女士、杭州潘德宝兄、龙港陈文苞兄分别提供《叶圣陶日记》（一九五七年）、《梅冷生之尊人秀芝先生暨其母氏徐太夫人七旬双寿诗》（高吹万）、《题东晋朱曼妻薛买地宅券拓本》（陈德辉）等。南航兄代为检索《温州日报》相关文章的见报日期，便于我按图索骥，开展工作。王长明兄、张朋强兄，则为《梅冷生年谱简编》提供多条珍贵资讯。沈沉先生、路伟兄、方长山兄、方韶毅兄、胡文胜兄也给予耐心的帮助。同事杨红、王昀、吴景裕兄为我提取报刊、图书、档案，不厌其烦，同样令人难忘。对诸位师友一如既往给予的支持，表示衷心的谢忱。

本书还收入新作《梅冷生年谱简编》，以便读者查考。以前做刘景晨年谱，刘先生生年考定一八八一，比旧说晚一年。编《吴鹭山集》，生年有一九一〇与一九一一两说，最后考定为后者。如今做梅冷生纪念集，发现生年也有出入，《温州市志》《浙江图书馆志》及几乎所有纪念文章均作一八九五年，唯独依据馆藏档案编的《离任正副馆长、书记名录》作一八九六年。经查考刘绍宽、夏承焘、叶圣陶多家日记及哲道人寿诗，并向家属了解，梅先生与大姐、二姐各递差十二岁而且全属猴，有“家里三只猴，吃穿不用愁”之说，可以断定一八九六年为是。但集内文章的生年一仍其旧，未予更改，这是需要特别说明的。

卢礼阳

二〇二二年三月三十一日，温图研究室

温州市文史研究馆

温州学人印象丛书

考古泰斗夏鼐……王世民 编

一代词宗夏承焘……方韶毅 编

籀园守门人梅冷生……卢礼阳 编

一代师表金嵘轩……夏海豹 陈伟玲 编

图书在版编目（CIP）数据

籀园守门人梅冷生 / 卢礼阳编 . -- 上海 : 文汇出版社 ,
2022.12
（温州学人印象丛书）
ISBN 978-7-5496-3918-2

Ⅰ . ①籀… Ⅱ . ①卢… Ⅲ . ①梅冷生—纪念文集
Ⅳ . ① K825.41-53

中国版本图书馆 CIP 数据核字（2022）第 217094 号

籀园守门人梅冷生

出　　品　温州市文史研究馆
编　　者　卢礼阳
责任编辑　苏　菲
装帧设计　何天健
排版制作　胡文胜

出 版 人　周伯军

出版发行　文匯出版社
　　　　　上海市威海路 755 号（邮政编码 200041）
经　　销　全国新华书店
印刷装订　温州市北大方印务有限公司
版　　次　2022 年 12 月第 1 版
印　　次　2022 年 12 月第 1 次印刷
开　　本　889 毫米 ×1194 毫米　1/32
字　　数　300 千字
印　　张　16.5

ISBN 978-7-5496-3918-2
定　　价　68.00 元